古典文獻研究輯刊

三二編

潘美月・杜潔祥 主編

第33冊

《國語》單穆公、伶州鳩論樂二章彙證（上）

郭萬青 著

國家圖書館出版品預行編目資料

《國語》單穆公、伶州鳩論樂二章彙證（上）／郭萬青 著 --
初版 -- 新北市：花木蘭文化事業有限公司，2021〔民110〕
序 4+ 目 2+200 面；19×26 公分
（古典文獻研究輯刊 三二編；第 33 冊）
ISBN 978-986-518-414-8（精裝）
1. 國語 2. 研究考訂
011.08　　　　　　　　　　　　　　　110000615

古典文獻研究輯刊
三二編　第三三冊　　　　　　　ISBN：978-986-518-414-8

《國語》單穆公、伶州鳩論樂二章彙證（上）

作　　　者　郭萬青
主　　　編　潘美月、杜潔祥
總 編 輯　杜潔祥
副總編輯　楊嘉樂
編　　　輯　許郁翎、張雅淋　美術編輯　陳逸婷
出　　　版　花木蘭文化事業有限公司
發 行 人　高小娟
聯絡地址　235 新北市中和區中安街七二號十三樓
　　　　　　電話：02-2923-1455／傳真：02-2923-1452
網　　　址　http://www.huamulan.tw 信箱 service@huamulans.com
印　　　刷　普羅文化出版廣告事業
初　　　版　2021 年 3 月
全書字數　390299 字
定　　　價　三二編 47 冊（精裝）台幣 120,000 元　　版權所有・請勿翻印

《國語》單穆公、伶州鳩論樂二章彙證（上）

郭萬青　著

作者簡介

郭萬青，山東寧津人。聊城師範學院本科、廣西師範大學碩士、南京師範大學博士，碩士師從王志瑛教授，博士師從方向東教授。現為唐山師範學院中文系教授，河北省「三三三人才工程」第二層次人選。主持省部級以上項目 6 項，在國內外權威刊物及其它學術期刊上發表論文百餘篇。出版有《〈國語〉動詞管窺》《〈國語補音〉異文研究》《近百年來〈國語〉校詁研究》《唐代類書引〈國語〉研究》等專著 7 部，曾獲河北省優秀社科成果三等獎等。

提　　要

　　《國語・周語下》中「單穆公諫景王鑄無射而為之大林」和「伶州鳩論律」二章是最重要的先秦音樂史料，是後世音樂理論的源頭。因此，對這兩篇文獻進行版本校勘，並進行語義解釋的匯錄、古樂注釋或相關論題研討的匯錄，釐定文字、研討語義，並匯錄相關古樂學研究成果，為古樂研究、《國語》研究提供關於這兩篇的較為全面的資料。

「本成果係 2017 年度國家社會科學基金項目『日本《國語》研究史』（17BZW080）階段性成果」

自 序

　　先秦的多數要籍，在清代以及近現代都有集大成的總結著作，而且有的有好幾部。《國語》只有近代學者徐元誥的《國語集解》和楊樹達的《國語集解》。前者綴輯清人成果較多，惜乎未全；後者只是倩鈔胥鈔撮前人舊說，並未考校，且僅有鈔本傳世，未得流布。自 20 世紀 30 年代以來，《國語》傳本及版本、《國語》舊注以及相關研究成果不斷發現，同時《國語》研究又取得了不少新的進展，需要對之進行總結。1979 年，著名語言學家、文獻學家、章黃學派的重要傳人徐復先生（1912～2006）就提出專治《國語》可會為「集注本」的設想。至於 1986 年，徐老又進一步提出《國語會注考證》的設想（見徐老《〈國語譯注〉序》。撰於 1986 年 1 月 8 日，見載於徐老《徐復語言文字學叢稿》以及薛安勤、王連生《國語譯注》卷首）。從徐老提出這一設想到今天已經三十多年了。這一期間，《國語》研究取得了很多新進展，以前沒有被注意到的《國語》傳本和版本也多被發現。全面利用《國語》的各種傳本、版本對之進行校勘，全面總結歷代《國語》的研究成果，推動《國語》的全面整理與研究，或許當下正是時候。

　　我本農家之子，又處身偏僻，生性疏懶。勉強大學畢業，在本縣任教職。讀書且難，遑論學問。2003 年，負笈桂林，從王志瑛老師學，稍知語言文字之學。於 2004 年開始接觸《國語》，並確定為碩士畢業論文選題。三年碩士學習期間主要考查《國語》動詞語法問題，最後以學位論文《〈國語〉動詞語法試述》畢業。工作之後，一方面修改碩士學位論文，一方面對小學要籍引《國語》資料進行整理。2008 年，將碩士學位論文修訂易名為《〈國語〉動詞管窺》，在成都四川大學出版社正式出版。此後，開始將歷代《國語》研究成果陸續錄入電腦。而小學要籍引《國語》資料的成果

輯成《斟正》一書，計劃於 2012 年底在北京一家出版社出版，最終擱淺，後來改到新北花木蘭文化出版社，易名為《小學要籍引〈國語〉研究》於 2014 年 3 月出版。2009 年，開始整理和研究《國語補音》異文，至 2012 年成《〈國語補音〉異文研究》一書。這本來是河北省哲學社會科學項目，預計研究期限一年。書稿完成之後，打算盡早出版結項，於 2012 年底簽約臺北蘭臺出版社，於 2015 年 1 月正式出版。2010 年，在高校任教四年之後負笈南京隨園，從方老師學，稍知古典文獻整理及考據之學。此後一段時間，把更多精力放在唐宋類書徵引《國語》資料和近百年來《國語》校詁研究方面，最後完成的就是博士學位論文《唐宋類書引〈國語〉研究》以及在南京鳳凰出版社出版的《近百年來〈國語〉校詁研究》。2012 年底，幫助賈繼用兄到南京圖書館查資料，瞭解到南京圖書館的《國語》收藏，於 2013 年 4、5 月份在南京圖書館集中看《國語》藏書。畢業之後的第一個暑假，對在南圖看書所得進行集中整理，是《〈國語〉考校——以明本四種校勘條目為對象》之所由來。博士畢業之後，一方面繼續修改《唐宋類書引〈國語〉研究》，一方面在原有基礎上進行《國語》匯校集解輯評的整理工作。後來，歷代序跋部分有了一定體量，遂單獨析出，別為《〈國語〉歷代序跋題識輯證》，由濟南齊魯書社出版。而博士論文也將唐代部分單獨析出，顏其名為《唐代類書引〈國語〉研究》，亦由濟南齊魯書社出版。當然，這些都只是研讀《國語》過程中的一些小東西，不敢稱研究。但接觸《國語》時日較久且較專一，對於《國語》的研究軌跡以及《國語》傳本以及版本流傳情況較為熟悉，這也是事實。

　　傳統的校理輯評形式是最能直觀反映《國語》具體問題歷時研究脈絡的。通過臚列排比歷代研究成果，可以對《國語》具體問題、具體語詞、具體典章制度以及相關問題的研究有很清晰的脈絡線索，更能促進具體問題的深入探討與研究。另外，可以為進一步完成《〈國語〉匯校集解輯評》作體例、理論上的探索以及材料積累。對於我自身而言，既是對歷代《國語》研究的總結，也是對《國語》更為全面系統的學習，並在此基礎上對《國語》的一些具體問題提出自己的一些不成熟的見解。是《〈國語〉匯校集解輯評》之所為作。然全書卷帙浩繁，出版不易，且屬稿草創，尚有未周。乃以《周語下》「景王將鑄無射而為大林」及「伶州鳩論律」二章關涉古音律之學，而古音研究往往為從事傳統文獻研究者所忽略，故單獨析出，

增改補綴，論次排比，顏其名曰《〈國語〉論樂二章匯證》，俾有益於《國語》兩篇之研讀，而《國語》古樂思想之得以充分發掘與發揚。稿成，蒙花木蘭文化出版社不棄，允為刊布。在出版學術專著絕大多數都要依賴出版經費的大背景下，花木蘭文化出版社能夠免費為普通學者的學術成果搭建平台，實在是壯舉和義舉，謝謝出版社的每一位成員！當然，由於學力不逮，又生性疏懶，其中錯謬之處肯定不少，惟祈四方博雅君子不吝賜教！

　　黃侃先生有八字真言：「刻苦為人，殷勤傳學！」為其一生讀書治學、傳學的真實寫照。這八字真言也應該作為今日讀書人的座右銘。雖不能至，心嚮往之！願以此自勵！

　　　　　　　歲在丙申，己亥月立冬日，火盆陳邨人識於麥望館
　　　　　　　　　　　　　　　　　　　丁酉端月再識
　　　　　　　歲在庚子季春穀雨前兩日，又識

目

次

引　言

一、《國語》簡介

　　《國語》，又稱《春秋外傳》、《春秋國語》、《春秋外傳國語》。舊傳魯國史官左丘明著就《內傳》，而先所輯百國資料不忍棄去，故又纂輯異同，以為《國語》。全書分周、魯、齊、晉、鄭、楚、吳、越八語，一共二十一卷。現在一般認為，《國語》一書非成於一時一地一人之手，左丘明大約作了輯纂的工作，但絕非其所著成。由於《國語》和《左傳》內容多有相同之處，故而常常被後人拿來和《左傳》進行比較，並因之而有「外傳」之名。

　　韋昭（204～273）《國語解敘》謂：「其明識高遠，雅思未盡，故復採錄前世穆王以來，下訖魯悼、智伯之誅，邦國成敗，嘉言善語，陰陽律呂，天時人事逆順之數，以為《國語》。其文不主於經，故號曰《外傳》，所以包羅天地，探測禍福，發起幽微，章表善惡者，昭然甚明，實與經藝並陳，非特諸子之倫也。」在這一段話中，韋昭對《國語》的時間起訖、內容、性質、價值等作了較全面而精準的概括。此後，關於《國語》的性質及其與《左傳》的關係等等，一直是《國語》研究的熱點話題。

　　清代學者在《十三經》之外，又別立有十五經、二十一經的名目，《國語》都列入其中。近代著名語言學家黃侃先生（1886～1935）在其《文字學筆記·小學所須之書籍》中亦謂：「吾國書籍之要者，不過廿餘部。《十三經》而外，益以《國語》、《大戴記》為十五。」（《黃侃國學講義錄》，北京：中華書局2016年版，頁43）也把《國語》列入經書之列。要之，《國語》是一部重要的先秦文獻，這是毋庸置疑的。《國語》在史學、文學、語言、思想、教育等各個方面都具有重要的學術價值。《韓非子》《呂氏春秋》《禮記》等典籍中有一些篇

章和《國語》內容相同。《新書》《史記》《新序》《說苑》《漢書》等兩漢時期的重要典籍中，有一些材料也直接來自《國語》。

二、《國語》研究

賈誼（B.C.200～B.C.168）《新書》、司馬遷（B.C.145～B.C.90）《史記》等書已經採用復述的方式對《國語》的部分內容進行了轉述與重構，但還不是真正的研究。東漢三國魏晉時期，鄭眾（？～83）、賈逵（30～101）、服虔、虞翻（164～233）、唐固、王肅（195～256）、孫炎、韋昭、孔晁等人為《國語》作注，班彪（3～54）、王充（27～97）、劉熙、傅玄（217～278）等人探討《國語》性質，北魏劉芳為《國語》作音，形成了《國語》研究的第一個繁榮時期。經過南北朝隋唐五代時期，最終只有韋昭《國語解》保留完整，一直流傳到今天，其他各家注漸次亡佚。

隋唐時期，劉炫（？546～？613）、劉知幾（661～721）、趙匡、啖助（724～770）、陸淳（？～806）等人對《國語》與《左傳》關係、左丘明的作者身份等問題提出了質疑。柳宗元（773～819）則從儒學正統的角度對《國語》的 67 篇提出批評，寫成《非國語》二卷，實際上開啟了《國語》評點的先河。《國語音》對《國語》1000 餘處文字進行注音，並進行異文考校、語義探討，首次以注家對《國語》的不同傳本進行了區分。隋唐時期的類書對《國語》資料多有徵引，為《國語》文本比對提供了材料。至於兩宋時期，宋庠（996～1066）校訂《國語》並在舊傳《國語音》一卷的基礎上撰作《國語補音》一書，參考《國語》眾本，對《國語》音義、異文等都有辨析。宋庠《國語補音》是《國語》音義研究方面的集大成之作，也是仿照陸德明（？550～？630）《經典釋文》體例最為成功的著作之一。司馬光（1019～1086）、晁補之（1053～1110）、李燾（1115～1184）、朱熹（1130～1120）、戴仔等人分別對《國語》性質、編纂、價值等提出建設性意見，黃震（1213～1280）、葉適（1150～1223）也在自己的著作中對《國語》的相關條目以及性質、文體等等進行了平議補充。又黃震的《黃氏日鈔》頗具創造性地設立「讀雜史」的名目，第一次把《國語》歸入雜史，為《摛藻堂四庫全書薈要》把《國語》歸入史部別史類、《四庫全書》把《國語》歸入史部雜史類提供了依據。真德秀（1178～1235）《文章正宗》是比較早的文章類編，其中卷一、卷四、卷五、卷六共選入《國語》35 篇，並在參照韋昭注的基礎上對相關篇目進行了

評注，對相關篇章進行了標目，應該是最早對《國語》具體篇章進行標目的文章選集。另外，宋代的官修大型類書《太平御覽》、《冊府元龜》以及私修各種類書、相關文獻徵引了大量的《國語》內容，為研究宋代時期《國語》文獻的基本面貌提供了資料和依據。此外，宋元時期，有一部分學者對柳宗元《非國語》存有不同見解，著書反對，如葉真、江端禮、劉章、虞槃等人就著有《非非國語》、《是國語》等書。明代中後期，隨著評點學的興起，《國語》的評點著作也比較多見，如穆文熙（1532～1617）、孫應鼇（1527～1586）、陳仁錫（1581～1636）、鐘惺（1574～1625）、張邦奇（1484～1544）、石星（1538～1999）、劉懷恕、焦竑（1541～1620）、王世貞（1526～1590）、陳子龍（1608～1647）等人都對《國語》進行過評點，此後明清之際的王鐸（1592～1652）以及清代的金聖歎（1608～1661）、徐與喬（1619～1691）、儲欣（1631～1706）、孫琮（1636～？）、俞長城（1668～1722？）、浦起龍（1679～1762）、林雲銘（1628～1697）、高嶋（1793～1850）、余誠等人也從文章學、評點學的角度對《國語》進行了評點。明朝中後期以至清代前期，成為《國語》評點學的繁榮時期。

　　清代是中國傳統學術的總結時期，也是《國語》研究的第二個繁榮時期。陸貽典、何焯（1661～1722）、王懋竑（1668～1741）、惠棟（1697～1758）、盧文弨（1717～1796）、陳樹華（1730～1801）、段玉裁（1735～1815）、王念孫（1744～1832）、顧之逵（1752～1797）、孔廣栻（1755～1799）、牟庭（1759～1832）、黃丕烈（1763～1825）、顧廣圻（1770～1835）、陳奐（1786～1863）、汪遠孫（1794～1836）、翁倓、李慈銘（1829～1894）、吳曾祺（1852～1929）、章鈺（1864～1937）、王籛（1875～1929）等都對《國語》進行過校理，對《國語》異文有所辨析考正。王念孫、王煦（1758～1837）、王引之（1766～1834）、臧庸（1767～1811）、嚴元照（1783～1817）、黃模、董增齡、陳瑑（1792～1850）、俞樾（1821～1907）、陳偉（1840～1889）、譚澐、吳曾祺等人對《國語》進行了考校訓注。

　　與此同時，日本在林道春（1583～1697）訓點本《國語》刊刻之後，《國語》研究也呈現出繁榮之勢。林道春之後，太宰春臺（1680～1747）、渡邊操（1687～1775）、關脩齡（1727～1801）、千葉玄之（1727～1792）、冢田虎（1745～1832）、戶崎允明（1724～1806）、中井履軒（1732～1817）、恩田仲任（1743～1813）、皆川淇園（1734～1807）、葛西質修文（1764～1832）、

秦鼎、龜井昱（1774～1837）、高木熊三郎等學者對《國語》進行了研究，這些學者多有《國語》專門著作或《國語》批校行世。這種研究風潮一直影響到日本近現代，如林泰輔（1854～1922）、飯島忠夫（1875～1954）、桂湖村（1868～1936）、塚本哲三（1881～1953）、鈴木隆一（1904～）、新美寬（1905～1945）、大野峻、谷口洋、小方伴子、高橋康浩、吉本道雅等人對《國語》的性質、版本、成書、思想、勘校、著作等等進行過研究。此外，林泰輔、桂湖村、塚本哲三、大野峻等人還進行了《國語》注譯等普及工作。朝鮮集賢殿曾於明正統庚申（1440）以別本校舊藏本，此後又翻刻了張一鯤本等。朝鮮的一些學者對《國語》材料應用較多，專門研究者較少。2001年以來，世明大學中國語學科教師李紀勳著力於《國語》以及《非國語》的研究，有多篇論文發表。

隨著20世紀近代學術的影響，尤其是高本漢（1889～1978）《左傳真偽考》的引入，馮沅君（1900～1974）、衛聚賢（1899～1989）等人以歷史比較語言學的方法探討了《左傳》與《國語》的關係。此外，劉節（1901～1977）、卜德（1909～2003）、孫海波（1909～1972）、楊向奎（1911～2000）、孫次舟（？～2000）、童書業（1908～1968）、劉禹昌、金德建（1909～1996）、蘇淵雷（1908～1995）、蒙文通（1894～1968）、陳小松、張心澂（1887～1973）、傅庚生（1910～1984）等人從不同的角度對《國語》的諸多方面問題進行了研究，沈鎔（1886～1949）、徐元誥（1878～1955）、楊樹達（1885～1956）等為之訓注集解，徐元誥《國語集解》是第一次公開出版的比較全面匯集清代《國語》研究成果的著作。

1958年以後的一段時期，中國大陸地區的《國語》研究幾希，只有傅庚生《國語選》、楊宏文《國語國策故事選譯》、馬達遠（1917～2006）《國語故事選譯》等選本。中國臺灣的施之勉（1891～1990）、張以仁（1930～2009）、顧立三、林之謙、葉國良、趙潤海、夏鐵生、王靖宇、陳一弘、趙雅博、陳雅萍、彭俊傑、唐玉珍、蔡瑩瑩、鄭金仙、張高評以及馬來西亞的鄭良樹等對《國語》的版本、性質、與《左傳》關係、人物、校勘、虛詞、訓詁、敘事等諸多方面開展了詳盡研究。尤其張以仁的研究涉及到《國語》的多個方面，張氏一生發表《國語》研究論文30多篇，出版《國語》研究著作6部，誠為20世紀《國語》研究之重鎮。

1980年以來，中國大陸地區《國語》研究又得到新的發展，學者們對《國

語》作者、《國語》性質、《國語》語法、《國語》訓詁、《國語》校勘、《國語》
思想、《國語》制度、《國語》文學等各個方面展開了深入的研究。尤其 2000
年以來，《國語》研究論著更是大量湧現，僅 2014～2015 年兩年時間內，中
國大陸地區的學者就出版有《國語》研究論著 9 部。可見，中國大陸地區的
《國語》研究迎來又一個繁榮時期。這一時期的研究可以概括為十個方面：
（一）《國語》與相關典籍的比較或綜合研究；（二）《國語》版本研究；（三）
《國語》校理與傳統訓詁研究；（四）《國語》語言研究；（五）《國語》思想研
究；（六）《國語》制度或社會文化研究；（七）《國語》文學研究；（八）《國
語》引相關典籍研究；（九）相關典籍引《國語》研究；（十）《國語》性質、
成書、作者及其相關研究。

　　徐元誥的《國語集解》對清代人的成果進行了總結，但限於時代的因素，
很多有價值的資料並沒有能夠收入。此外，徐氏《集解》校勘未精，又往往好
據異說輕改文字，存在著諸多弊端。自徐元誥《國語集解》出版以來的 80 多
年裏，《國語》的各個方面都有了更多的研究成果，以前沒有被注意到的材料
也被發掘出來。事實上，在 20 世紀八十年代的時候，著名語言學家徐復先生
（1912～2006）就有進行《國語》會注考證的設想（見徐老《〈國語譯註〉序》，
1986 年 1 月撰，收錄於《徐復語言文字學叢稿》，南京：江蘇古籍出版社 1990
年版，頁 407～408）。從徐老有此設想之後的三十年間，《國語》研究又取得
了很多新的進展和成果。因此，需要一部匯注本輯合歷代的《國語》研究成
果，從而推動《國語》的進一步研究。

三、《國語》的傳本

　　目前可知的版刻前時代的《國語》傳本包括慈利竹簡本、肩水金關漢簡
本和敦煌殘卷本三種。慈利竹簡本是目前所見的《國語》傳本中最早的文本，
也是保留字數較多的形式。該簡出土於 1987 年，時共出土 4371 件，較完整
的簡大約存字二萬多，《國語》僅保有《吳語》殘片。其中《吳語》部分大約
存有 300 字左右。根據蕭毅研究，該殘片一共 307 個字，其中包括語句中本
來有字而脫漏的 27 個字。實有 280 字。慈利竹簡本是目前存世最早的《國
語》傳世殘本。此後一段時間內的《國語》傳本，目前可見的則為肩水金關漢
簡本。此本目前所見者只有 12 個字，估計是其他典籍中的引文，也或者是《國
語》殘簡。肩水金關漢簡本的字數更少，對於今傳《國語》文本很難談到價

值。此後可見的傳本為今甘肅敦煌研究院藏敦煌殘卷寫本。此本為《周語下》部分內容，包括正文 802 字，注文 1081 字。該本早在 20 世紀 60 年代就有蘇瑩輝的研究文章對之進行了初步的研究，此後饒宗頤、王利器（1911～1998）都進行過專門的研究，張以仁、陳鴻森的論文中也都涉及到該殘卷。拙稿《甘肅藏敦煌殘卷寫本〈國語·周語下〉校記》即在參照上述幾家說法的基礎上，參照今傳本《國語》多本進行勘校疏理。這個寫本的價值具有以下幾個方面：（一）用以與今傳《國語》各本比勘；（二）豐富了《國語》舊注的內容；（三）為韋注的比較研究提供了參照。

版刻時代的《國語》傳本由於分類標準不同，故而系統類別亦不相同。如果從寫本與刻本的角度而言，則版刻時代的《國語》傳本可以分為寫本和刻本。寫本主要為清代四庫館臣編纂的《四庫全書》系列本，現在比較容易見到的為《摛藻堂四庫全書薈要》《文淵閣四庫全書》《文津閣四庫全書》和《文瀾閣四庫全書》等四種叢書中的《國語》。刻本則從宋代開始一直到晚清，代不乏精刻本。其中刻本又可以分為活字本和雕版刻本兩種。活字本目前所見唯有日本國立國會圖書館所藏的朝鮮集賢殿校本《國語》，這個本子是明道本在明早期的傳本，可藉以與黃刊明道本相比勘，發現並解決黃刊明道本的諸多問題。另外還有朝鮮哲宗十年（咸豐九年）活字本，該本是張一鯤本的覆刻本。此外就是雕版刻本，包括今存最早的宋刻宋元遞修本以至於清末的寶善堂重刻明道本等。從字體的角度，雕版刻本又分為軟體字刻本和硬體字刻本。軟體字刻本包括國家圖書館藏宋刻宋元遞修本、日本靜嘉堂藏宋刻元明遞修本、北京大學圖書館藏大倉文庫原藏宋刻元明遞修本、明金李刻本、明許宗魯本、黃刊明道本及其覆刻本，硬體字本則包括李克家本、文盛堂本、綠蔭堂本、寶善堂本等。

如果從版本系統的角度而言，則包括兩大版本系統，即公序本和明道本。明道本的版本系統比較單純，包括集賢殿校本、抄本、校宋本和雕版刻本。抄本即毛鈔本、錢抄本、傳抄本。校宋本比較複雜，包括陸敕先校本、何焯校本、惠棟校本、顧之逵校本、顧廣圻校本、段玉裁校本、黃丕烈臨校本、顧廣圻臨校本、安徽圖書館藏校本、丁少山校本等，其中以陸敕先校本較早且學術價值較高。刻本即黃丕烈讀未見書齋重刊天聖明道本以及後來的覆刻本、重刻本等，覆刻本如日本上善堂本、崇文書局刻本、永康退補齋刻本、蜚英館石印本、博古齋石印本、掃葉山房石印本、錦章書局本、會文堂本、鴻寶齋

本等，重刻本則為光緒二年（1876）尊經書院本、光緒乙未（1895）寶善堂刻本。抄本目前無緣得見，而且其中錢鈔本的下落不明，毛鈔本則經由陸心源（1834～1894）的皕宋樓舶載而東，藏在日本靜嘉堂文庫。日本學者河田羆（1842～1920）編訂的《靜嘉堂秘笈志》對毛鈔本有著錄，但是著錄文字較簡單，所提供的信息有限。

　　公序本的版本系統則相對較為複雜一些，尤其明代早期公序本各本之間的關係及其版本來源問題，線索比較模糊。從文本內容上看，可以分為韋注本、韋注補音合刊本、白文本、評注本、選本或刪注本、注疏本等，韋注本包括明弘治本、明正德本、許宗魯本、金李本、詩禮堂本、《摛藻堂四庫全書薈要》本、《文淵閣四庫全書》本、《文津閣四庫全書》本等；韋注補音合刊本分為兩類，其一為《補音》附於《國語》之後，如宋刻宋元遞修本、宋刻元明遞修本、明德堂本、正學書院本、《文淵閣四庫全書》本、《文津閣四庫全書》本等；另外一種為《補音》散入《國語》正文各相應位置，如朝鮮集賢殿校本、張一鯤本、李克家本、綠蔭堂本、文盛堂本、成文堂本、朝鮮哲宗十年本、書業堂本、綠蔭堂本、秦鼎本、高木本等；白文本，目前所見刊本中只有吳勉學本一種；評注本則包括穆文熙評本及其系列版本，如《國語鈔評》、劉懷恕本、鄭以厚本、道春點本、千葉玄之本等，此外還包括公鼎、呂邦燿的《國語髓析》，但《國語髓析》不錄注文，和穆評系列不同；選本或刪注本則包括《百家類纂》本、姜恩本、二乙堂本、閔齊伋本、陳仁錫本、盧之頤本、孫琭本、徐興喬本、高嶙本等；注疏本只有一種，即董增齡《國語正義》，且董增齡也並未完全遵循「疏不破注」的成例，對韋昭注頗多研討。從版本形態上，可以分為鈔本、雕版刻本和活字刻本，抄本則唯《摛藻堂四庫全書薈要》本、《文淵閣四庫全書》本、《文津閣四庫全書》本，其他皆為雕版刻本和活字刻本。如果從版本系統上進行分類，則可以分為遞修本、弘治本、明德堂本、張一鯤本、《四庫全書》本等子系統。弘治本、明德堂本下可以有許宗魯本、金李本、童思泉本、詩禮堂本、《國語鈔評》等；張一鯤本下則可以分為張一鯤本及其覆刻本、李克家本、劉懷恕本、文盛堂本、綠蔭堂本等，劉懷恕本下又可以分為鄭以厚本、道春點本、千葉玄之本、秦鼎本、高木熊三郎標注定本等；《四庫全書》本下則包括《摛藻堂四庫全書薈要》本、《文淵閣四庫全書》本、《文津閣四庫全書》本及其他幾大閣的本子。《國語》的流傳脈絡，大體可以以下表標識：

宋代刊本之前《國語》流傳軌跡

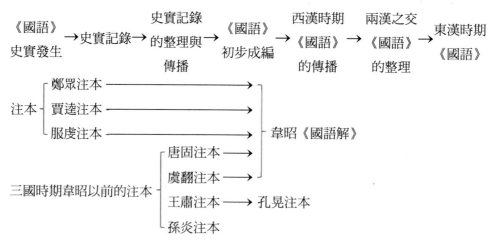

宋以來韋昭《國語》刊本系統沿革

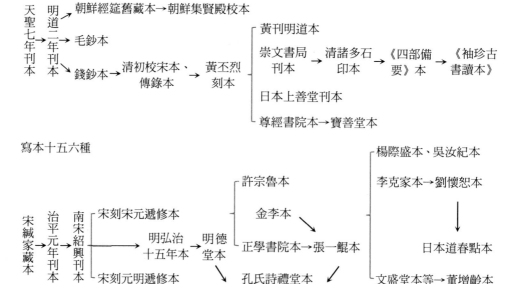

　　就版刻時代的《國語》版本系統而言，是單純的，因為《國語》只有明道本和公序本兩個版本系統。但是就《國語》公序本內各本之間的前後承襲關係而言，正如上文所言，問題比較複雜。首先，今傳遞修本和明道本之間有許多地方是相同的，包括許宗魯本也存在著這樣的現象。那麼就有一個早期公序本、公序本和明道本之外的其他《國語》各本、明道本的前後承襲問題；

其次，公序本內部各本的關係問題。如果籠統地分類，我們可以提出幾個關鍵人物，比如宋庠、許宗魯（1490～1559）、張一鯤、穆文熙、秦鼎。但是就今天是否有真正的宋庠校本存在這一點而言，恐怕還難以下肯定的結論。至少從現存最早的宋刻宋元遞修本上還無法做出這一推斷。第三，各國語之後首錄《補音》對各國的解釋。此前中國本土學者一直以為是張一鯤本開其端緒。通過日本國立國會圖書館藏朝鮮集賢殿校本，才知道在明正統年間（1436～1449）已有此例。從所參據到的《國語》傳本上，我們知道以朝鮮集賢殿校本為最早，而且朝鮮集賢殿校本隸屬於明道本系統。而在中國本土，直到沈鎔的《國語詳注》，才借鑒到公序本方式，在八國語各語之下引錄《補音》釋文；第四，鄭以厚所刻穆文熙《國語評苑》雖然以劉懷恕本為底本，其細端也還不同，劉懷恕刻本的底本是張一鯤本，但是劉懷恕本和張一鯤本也並不完全相同，因為劉懷恕刻本某些地方參考了李克家本；日本的道春點本和千葉玄之本肯定不同，因為千葉玄之在道春點本的基礎上有所改易；道春點本和鄭以厚本、劉懷恕刻本也肯定不完全相同，借鑒了上善堂覆刻黃刊明道本的秦鼎本、高木熊三郎本和千葉玄之本、冢田本就更有諸多不同之處；清代的公序本中，孔氏詩禮堂本有康熙間刻本和乾隆丙戌（1766）刻本的區別，這兩次印本不完全相同，即便同署為乾隆丙戌刊刻的詩禮堂本各本也還存在差別。明代姜恩刻《監本音注國語解》實開公序本借鑒明道本優長之處的先河，只是該本影響似乎不大。此後《四庫全書》本中的《摛藻堂四庫全書薈要》本則在以詩禮堂本為底本的基礎上進一步吸納了包括明道本、張一鯤本、許宗魯本在內的諸多版本的優長之處。但是《四庫全書》本各本之間吸納明道本以及其他《國語》版本成分多少並不相同，以《摛藻堂四庫全書薈要》本吸納最多，《文淵閣四庫全書》本、《文津閣四庫全書》本次之，故而《摛藻堂四庫全書薈要》本、《文淵閣四庫全書》本、《文津閣四庫全書》本《國語》文本之間存在著差異，此三本和其底本詩禮堂本也存在著諸多不同。又集賢殿校本「經筵所藏《國語》與《音義》一本」中的《音義》和《補音》究竟是什麼關係？凡此，仍然需要通過仔細尋繹《國語》各本之間的關係，進行進一步深入研究。

　　《國語》校理的工作，目前可知最早的是劉向（B.C.77～6）、劉歆（？B.C.46～23）父子。真正有校勘條目流傳於世的是韋昭《國語解》。韋昭《國語解》中有23條涉及到《國語》的校勘問題。可知，在韋昭的時代，《國語》

就已經出現了文本異同。至於《國語舊音》，徵引賈逵、孔晁、虞翻、唐固之本與韋注本相勘正，涉及到校勘的條目有 190 多處。至於北宋宋庠，則以公私所藏十五六種與同年生緘所藏本勘正，今存於《國語補音》的異文勘校條目，數量相當可觀。至於清早期，王懋竑（1668～1741）對張一鯤本之重刻本進行了勘正。此後惠棟（1697～1658）、王引之（1766～1834）、汪中（1745～1794）、劉台拱（1751～1805）、段玉裁（1735～1815）、陳樹華、黃丕烈（1763～1825）、汪遠孫（1794～1836）、千葉玄之、秦鼎、李慈銘（1830～1894）、林泰輔、鄭良樹、張以仁等也都對《國語》進行過勘正。由於時代的局限，有些很有價值的本子，這些學者們並沒有參照到。如朝鮮集賢殿校本是目前可知存世最早的《國語》明道本刻本，這是此前的學者所不能參考到的。張以仁為 20 世紀《國語》研究巨擘，但是其所依據的黃刊明道本底本也只是世界書局影印的蜚英館石印本，並非黃丕烈原刻。而在公序本方面，張以仁只參照了金李本、秦鼎本、董增齡本。宋刻宋元遞修本、宋刻元明遞修本、許宗魯本、吳勉學本、詩禮堂本等具有重要版本價值的公序本版本，張以仁也並沒有參照到。

　　因此，需要對歷代的《國語》勘校成果進行匯輯，並輯合今傳《國語》各本、小學要籍、名籍傳注以及類書引述的《國語》材料進行勘校，並且比較異同，在此基礎上力求對《國語》文本進行釐定。

四、《國語》分篇章校理的可能性與必要性

　　上文已經對《國語》校理的必要性進行了論述，茲不贅言。無論從《國語》傳本與版本的查詢上，還是從《國語》資料的搜集與整理上，今天比前人都有更為便利的條件，獲取材料的方式已呈現出多樣化、便捷化的趨勢。此外，著者本人多年來一直以研讀《國語》為職事，對《國語》的基本研究狀況有比較全面的瞭解，並且著者本人也對《國語》的諸多問題有過一些粗淺的思考，做過一些研究。無論從《國語》傳本、版本以及相關資料收集、獲取的角度，還是從輯纂者個人學養的角度，進行「《國語》校理輯評」都是可能的。

　　《國語》共分周、魯、齊、晉、鄭、楚、吳、越八個部分，各部分之間具有很強的獨立性，可以分別進行研究。此前，已經有學者就《周語》《晉語》《鄭語》分別進行了獨立研究。如徐仁甫（1901～1988）《晉語辨正》（《晉陽學刊》1984 年第 2 期）、彭益林《〈國語·周語〉校讀記》（《華中師範大學學

報》1985 年第 5 期）、《〈國語·晉語〉校讀記》（《華中師範大學學報》1986 年第 5 期）、夏德靠《〈國語·周語〉結構、語言藝術略論》（《黔西南民族師範高等專科學校學報》2007 年第 1 期）、李書安《〈國語·晉語〉文學成就研究》（寧夏大學中國古代文學專業碩士學位論文，2003）、馬金霞《〈鄭語〉疏證》（南開大學歷史文獻學專業碩士學位論文，2007）、李書安《〈國語·晉語〉的傳記藝術及其文學價值》（《求索》2010 年第 5 期）、吳建國《〈國語·晉語〉論》（哈爾濱師範大學中國古代文學專業碩士學位論文，2013）等，學者們已經分別對《國語》中的《周語》、《晉語》、《鄭語》等進行了獨立研究，說明《國語》各語是可以獨立進行研究的。

　　《周語》的篇幅雖然只占《國語》全書的 1/5，但是《周語》的學術價值在《國語》八語之中卻是最高的。《周語》三卷 33 篇，涉及到籍田禮、蒐禮、聘禮、賜命禮、獻捷禮等先秦時期的禮制，涉及到畿服、規諫、隧制、幣制、樂制等相關制度，其間還有上古傳說、天文星象等相關內容。可見《周語》內容豐富，具有很高的史料和史學價值。

　　從過去的研究上看，在《國語》八語之中，學者們對《周語》用功最深。今檢黃刊明道本《國語》韋昭注一共 5629 條，其中《周語》三卷 1300 條，占韋注總條目的 23%；王懋竑《國語存校》共 375 條，《周語》117 條，占 31.2%；渡邊操《國語解刪補》共 592 條，其中《周語》167 條，占 28.21%；關脩齡《國語略說》考校部分共 1892 條，其中《周語》408 條，占 21.56%；董增齡《國語正義》共 1425 條，其中《周語》三卷 434 條，占到 30.47%；恩田仲任《國語備考》334 條，其中《周語》46 條，占 13.77%；王引之《經義述聞》176 條，其中《周語》46 條，占 26.1%；汪中《國語校文》63 條，其中《周語》41 條，占 65.1%；黃丕烈《校刊明道本韋氏解國語劄記》678 條，其中《周語》201 條，占 29.65%；汪遠孫《國語明道本考異》3198 條，其中《周語》744 條，占 23.3%；張以仁《國語斠證》1026 條，其中《周語》329 條，占 32.1%；俞志慧《國語韋昭注辨正》339 條，其中《周語》64 條，占 18.9%；拙撰《〈國語〉考校——以明本四種校刊條目為對象》共 1333 條，其中《周語》284 條，占 21.3%。可見，學者們對《周語》的研究，和其在《國語》中的地位是相等的，甚至超過了《周語》在《國語》中所占的文本比重。

　　因此，對《周語》進行校理，是對《國語》全面整理與研究的有力促進與推動。並在確立體例的基礎上，進而促進與完成《國語》的全面整理與研究。

這也是《〈國語〉論樂二章彙證》一書撰作的主要動機和目的。

五、本書的基本工作方式

本書以國家圖書館出版社 2006 年出版的《中華再造善本工程》影印國家圖書館藏宋刻宋元遞修本為工作底本，按照集賢殿校本、張一鯤本等把《補音》打散置於《國語》及注相關條目之下的方式，把宋元宋刻遞修本《國語》所附《補音》的《周語》部分散入相應正文之中，把宋庠《國語補音敘錄》置於韋昭《國語解敘》之後、《國語》正文之前。在此基礎上，匯集多種本子進行比對勘校。

先迻錄王懋竑、戴震、盧文弨、惠棟、薈要本、李慈銘、顧廣圻、關脩齡、千葉玄之、渡邊操、秦鼎、高木熊三郎、林泰輔、吳曾祺、張以仁、鄭良樹、彭益林、俞志慧等各家校語，然後再根據所參之本重新進行勘校。所參照的本子有敦煌殘卷本、明正德堂本、明許宗魯本、明正學書院本、明姜恩刻本、明金李本、明童金泉本、明《百家類纂》本、明鄭以厚本、明李克家本、明閔齊伋本、明張一鯤本、二乙堂本、清詩禮堂本、清文淵閣本、清四庫薈要本、清文津閣本、清綠蔭堂本、清董增齡本、日本道春點本、日本千葉玄之本、日本上善堂本、日本冢田虎本、日本秦鼎本、日本高木熊三郎本、朝鮮集賢殿校本、黃刊明道本及其覆刻本、寶善堂本、吳曾祺《國語韋解補正》、沈鎔《國語詳注》、徐元誥《國語集解》以及《四部叢刊》影金李本、《叢書集成初編》本、《四部備要》本、《國學基本叢書》本等公序本、明道本系統版本，並旁參小學要籍、經史傳注以及類書等徵引《國語》文句為參證。

六、本書所參《國語》各本及其簡稱

本書所參《國語》各本較多，為了節省篇幅且易於區別，故多用簡稱。現將所用各本簡稱與其版本基本情況依次臚列，作一介紹。

（一）本書所參《國語》各本

1. 遞修本。目前所知的《國語》遞修本有宋刻宋元遞修本、宋刻元明遞修本，其中宋刻宋元遞修本只有一部，張元濟（1867～1959）曾予著錄，今藏在北京國家圖書館。2006 年，北京國家圖書館出版社輯印《中華再造善本工程》第二輯，即收入該本，此後又出版《中華再造善本總目提要》，李致忠對此本進行了著錄（中華再造善本工程編纂出版委員會編著《中華再造善本總

目提要・唐宋編》，北京：國家圖書館出版社 2013 年版，頁 239～242）。本書
所採底本即是此本。關於此本詳細，拙著《小學要籍引〈國語〉研究》（新北：
花木蘭文化出版社 2014 年版，頁）及《〈國語補音〉異文研究》（臺北：蘭臺
出版社 2015 年版，頁 132～135）有詳盡考辨，此處不贅。宋刻元明遞修本，
目前可知至少有三部。其中之一即北京大學圖書館收購的日本大倉文庫藏本，
該本的明補部分有確切紀年，為弘治十七年（1504）南監補刊。原為晚清日
照丁少山舊藏，後流入日本，歸入大倉文庫。日本學者尾崎康《日本現在宋
元版解題・史部（上）》（《斯道文庫論集》第 27 輯（1993 年），頁 235～290）
有對該本的詳細著錄。北京大學圖書館購入該本後，組織專家學者編寫了《北
京大學圖書館藏大倉文庫書志》，也對該本進行了著錄（北京：中華書局 2014
年版，頁 300）。《書志》所提供的信息未如尾崎康詳細。另外一個本子為日本
靜嘉堂文庫所藏，這個本子尾崎康也有著錄。從尾崎康的著錄來看，靜嘉堂
文庫本和大倉文庫本並不完全相同。此外，吉林圖書館藏宋刻元明遞修公文
紙本《國語補音》一部，這個本子原為朱筠（1729～1781）所藏，後輾轉入藏
吉林圖書館。該本只有《補音》，《國語》已經佚去。對於這個本子，錢保塘、
繆荃孫（1844～1919）、傅增湘（1872～1950）都有著錄。該本應該和大倉文
庫本是同一版本。另外，臺灣「國家圖書館」藏有一部宋紹興十九年（1149）
刊、明弘治間南監修補本，該本為殘本，只有十九卷，缺卷一、卷二。這個藏
本行款、版式等與大倉文庫本同。本書所用《中華再造善本工程》影國家圖
書館藏宋刻宋元遞修本一部，用「遞修本」三字簡稱之。如出現與靜嘉堂藏
宋刻元明遞修本比較的時候，以「靜嘉堂本」，與遞修本區別。

　　2. 明德堂本。明德堂為明代的刻書坊。瞿冕良（1924～2012）《中國古籍
版刻辭典》（增訂本）云：「明德堂，明浙江海寧人許相卿（1479～1557）的室
名。相卿字伯臺，號雲村，正德十二年丁丑科進士進士，仕至兵科給事中。正
德十二年丁丑科進士（1517）刻印過宋宋庠《國語補音》2 卷（半頁 11 行，
行 21 字）。嘉靖十五年（1536）刻印過自撰《史漢方駕》35 卷。卒後，子聞
造刻印過其遺稿《雲村先生文集》14 卷《年譜》1 卷《遺事》1 卷《賁隱存編》
4 卷（9 行 18 字）。」（蘇州：蘇州大學出版社 2009 年版，頁 553）瞿氏提供
資料較詳。實際上，許相卿《補音》二卷是附諸《國語》之後的，該本《國
語》分為七卷，合《補音》共九卷。《中國善本書總目》有著錄。安徽省圖書
館藏有該本，為章伯鈞（1895～1969）贈書，書中多處有朱筆校改，根據明道

本進行文字改易，實為一個校宋本。北京國家圖書館藏有明德堂本《補音》二卷，為孔繼涵（1739～1783）跋本，中間經孔廣栻（1755～1799）過錄陳樹華《國語補音訂誤》全部條目。另外，南京圖書館藏有丁丙（1832～1899）跋之《國語》二十一卷，該本所貼浮簽云：「明刊大字本。」並謂「殆明正德翻宋刻本也」。後附《補音》三卷，缺《越語》部分。《國語》本文缺頁也頗多。筆者經過校對該本《補音》與正德十二年刻《補音》二卷發現，二本除了分卷上不同之外，並無其他差異。則許相卿明德堂本有兩種刻本，一種《國語》二十一卷（附《補音》三卷），一種為《重刊國語》七卷（附《補音》二卷）。又上海國際商品拍賣有限公司 2000 年 12 月 13 日曾經在上海國際貴都大飯店上牌一部明德堂刻本《國語》七卷（附《補音》二卷），為白皮紙，裝為十冊，鈐有「董堂」、「汪由敦」、「九峰舊廬藏書記」、「綏珊六十以後所得書畫」、「綏珊考藏善本」、「杭州王氏九峰舊廬藏書之章」、「琅園秘笈」、「泉塘耀松楊祉昌經眼」等印。書前有弘治十五年（1502）李士實序文。這個本子和國家圖書館藏孔繼涵跋本《國語補音》是同一個本子。該本當即以弘治十五年李士實序本為底本。今所參有南京圖書館藏丁丙跋本、北京國家圖書館藏顧廣圻校本。顧廣圻校本詳見下。

3. 朝鮮經筵校本。該本的具體刊刻年代不可考。根據書中識語，該本是朝鮮經筵於正統庚申（1440）夏開始校訂的，這段識語也見於《朝鮮王朝實錄・世宗實錄》，李紀勳《朝鮮時代〈國語〉流通》（《東方漢文學》第 42 輯，頁 279～356）引述之。這個本子的詳細情況，拙撰《〈國語〉考校——以明本四種校勘材料為對象》（新北：花木蘭文化出版社 2015 年版，頁 8）、《明清時期〈國語〉明道本的鈔校與刊刻》有較詳細考辨與著錄，可參。需要特別指出的是，這個本子屬於《國語》明道本系統，雖然在校訂過程中依據公序本進行了改易，但就其主體特徵而言，該本仍然是《國語》明道本系統的本子，而且應該是《國語》明道本系統中存世最早的版本，只是不夠醇正。該本也是目前可知最早把《補音》散入《國語》正文之下的《國語》傳本。

4. 百家類纂本。浙江圖書館藏明隆慶元年（1567）含山縣儒學刻本《百家類纂》本，明沈津編纂《百家類纂》，其中收《國語》若干篇章，在《百家類纂》卷二「儒家類」中。除了《鄭語》未錄之外，其他各語皆有收錄。《百家類纂》本《國語》錄有注文 86 處，大多採自韋注。但由於該本是明本中刊刻較早的，仍具一定參照價值。

5. 許宗魯本。許宗魯嘉靖四年（1525）宜靜書堂刻本，該刻本在眾多《國語》刻本中獨樹一幟。全書採用所謂「古字」，實際上有很多是形聲字去掉形符以膺之。其版刻字形為篆書直接楷化字。這樣就使得有些本來易認的文字難以被辨識，因此閩中王鍌（曾任刑部郎中）為之作《國語古文音釋》，對該書中的 525 個字進行了辨識。該書不刻《補音》，只是把《補音敘錄》、《補音》各語前國家世系摘錄附於書前。這個本子和明弘治本、明德堂本有些地方是相同的，尤其和明德堂本之間相同之處甚多，恐怕就是以明德堂本為底本刊刻而成的。關於其詳細，可參拙撰《〈國語〉考校——以明本四種校勘材料為對象》（新北：花木蘭文化出版社 2015 年版）、拙稿《宜靜書堂本〈國語〉考略》（《國學週刊》總第 35 期，第 B11 版，2013 年 11 月 28 日）。

6. 顧校明本。該本今藏國家圖書館，四冊，前三冊為《國語》，後一冊為《補音》。四周雙邊，雙黑魚尾。半頁十行，行二十字。《國語》部分書眉錄有顧廣圻校語 46 條。《補音》書後有瞿熙邦題識一行，云：「癸酉秋分，以顧千里影宋鈔校本過錄。熙邦記。」瞿冕良《中國古籍版刻辭典》謂「熙邦」是瞿鏞（1794～1846）的字。而蔡貴華編著之《中國文獻學資料通檢》則謂瞿熙邦是瞿鏞的曾孫，未知孰是。審瞿鏞《鐵琴銅劍樓藏書目錄》卷九「雜史類」下著錄有《國語》一部。云：「《國語》二十一卷，《補音》三卷（明刊本）。題韋氏解，有序。《補音》則宋庠以唐人舊本補輯。書中注明，《補音》者，乃宋氏增也。明人刻《國語》，散附各條下，多脫誤。此正德刊本，尚仍宋本之舊。惟校讐未善，間有謬字。如《魯語》『蹻跂』注云：『賈本作跛，布我反。』注云：『跛，蹇也。』舊為賴古堂藏本。（卷首有『櫟園周氏藏書』朱記）。」（《續修四庫全書》第 926 冊，頁 182）仲偉行、吳雍安、曾康編著《鐵琴銅劍樓研究文獻集・瞿氏校跋書目・瞿鳳起校並跋之書》下云：「《國語解》明刻本臨顧廣圻校。」（上海古籍出版社 1997 年版，頁 135）此本實為明德堂本之一。因本書既參南京圖書館所藏明德堂本，復參國家圖書館所藏顧廣圻校勘本，故此本以「顧校明本」別之。

7. 正學本。為嘉靖五年（1526）陝西正學書院刻本，附有《國語補音》三卷。該本半頁九行，行二十字。左右雙邊，白口。版心中書「國語×」，下書本卷頁碼。全書依次為韋昭《國語解敘》、唐龍（1477～1546）《國語序》、《國語》全書、趙伸後序。傅增湘《藏園羣書經眼錄》卷四云：「《國語解》二十一卷（吳韋昭撰，缺卷五至九），《補音》三卷（宋宋庠撰）。明嘉靖五年陝

西刊本，九行二十字，白口，左右雙闌。前有嘉靖五年唐龍序，言侍御史雨山郭公自微以是書布之學官。序後有『華州學正吳嘉祥、韓城縣教諭魏琦同校』二行。是知為秦中刻本也。（邢贊亭藏書，甲戌）」（北京：中華書局 2009 年版，頁 235）今檢上海圖書館所藏正學書院本，唐序之後並無傅氏所錄二行文字。嘉靖五年（1526）十一月，唐龍由陝西按察使司副使晉遷山西按察使，撰寫此序當即在陝西任上。「檄華州吳學正嘉祥、韓城縣魏教諭琦枕，於正學書院黜聰覃力，逾三月而始校成」。清葉昌熾（1847～1917）《緣督廬日記抄·戊子十二月》云：「廿九日，……前在廠肆得明刻《國語》，再同有二本，出以對勘。再同一本前有嘉靖五年孟冬初吉蘭溪漁石子唐龍序，云：『侍御史郭公自微觀風於秦，推其緒於是書，而布諸學官。』後有嘉靖丙戌冬十二月束萊趙伸序。又一本無序跋，似明初本，行款與嘉靖本同，疑即為嘉靖本所自出。兩本皆附宋公序釋音，別刻在後。余本則釋音附入當條之下，且有刪節，非其舊矣。」恐傅增湘所謂二行文字在趙伸序後也未可知。經過比對可知，該本實出明德堂本。而該本又當是張一鯤本的底本。

8. 姜恩刻本。瞿冕良《中國古籍版刻辭典》（增訂本）云：「姜恩，明四川廣安州人，字君錫，嘉靖二年進士，任武功縣令。嘉靖四年（1525）刻印過焦延壽《焦氏易林》2 卷（半頁 12 行，行 24 字）。」（同前，頁 445）姜恩刻本《國語》在明代《國語》刊刻史上具有比較特殊的地位。該本全錄《國語》正文，韋注則刪削較多。另外，該本吸納明道本成分較多，比《摛藻堂四庫全書薈要》本還早，但該本似乎影響較低。本書相關位置已有論證，可參。嘉靖以前，《國語》傳本未見有韋注刪削本。《國語》傳本對韋注進行刪削改易，或自姜恩刻本始。此後的盧之頤本、陳仁錫本、鍾人傑本等即便沒有受到姜恩本的直接影響，但論《國語》刊刻史上這種編錄體例的先導之舉，姜恩刻本可謂居首。

9. 金李本。拙著《小學要籍引〈國語〉研究》、《〈國語〉考校——以明本四種校勘條目為對象》已經涉及，此處不贅。文獻載籍中關於金李及其澤遠堂的記載較少。蘇鋆輝《敦煌寫本國語解殘卷》謂：「據昌瑞卿先生見告，此澤遠堂刊本係出自宋紹興監本；亦即四部叢刊所據以影印者。然則此南宋監本，既非自明道本出，豈別有所本歟？抑又有進者，澤遠堂本國語解不僅正文多與寫本同（如『故聖人樹德於民』之『人』作『王』），即注文亦有同於寫本（如『以遂八風』句注云：『遂，猶順也。』）者。是尤足供研究斯學者之考

索矣。」（見載於氏著《敦煌論集》，臺灣學生書局 1969 年版，頁 301～303）
昌瑞卿即昌彼得（1921～2011），湖北孝感人。歷任中央圖書館特藏組主任、
臺灣故宮博物院圖書文獻處處長、副院長等。其云金李本出自宋紹興監本，
當有依據。審許培基《蘇州的刻書與藏書》云：「金李，蘇州人。其『澤遠堂』
於嘉靖七年（1528）復宋刻的韋昭注《國語》二十一卷，宋體字摹刻精妙，宋
諱都缺筆，惟淳字不缺，因其源出於南宋初本。」（《文獻》1985 年第 4 期，
頁 211～236，本條在頁 220）有的學者以金李澤遠堂為藏書樓，故以澤遠堂
本《國語》為家刻本（見江澄波等編著《江蘇刻書》，南京：江蘇人民出版社
1993 年版，頁 129）。清人臨校、校宋有用金李本者，如沈寶研校宋本、黃丕
烈臨校本等即以金李本為底本。後來商務印書館輯印《四部叢刊》，其中《國
語》底本即用金李澤遠堂本。關於這一點，有學者曾做過解讀。汪家熔云：
「《四部叢刊》以古本相號召，用宋、元、明古本是長處，但也是弱點所在。
古本雖是宋、元、明刻本，並非原作者（注疏者、校勘者）認定的初刻本。我
們講『書貴初刻』，並非主張書貴『古』刻。先秦著作，宋代刻版時離漢代原
注疏已很遠，開始刻書大都未經校訂。自原注疏人至刻版這段時間，這些書
是靠傳抄延續，傳抄時魚魯豕亥是免不了的，更何況元明翻刻本。至於明代
刻本，除作者本人自刻，有擅自改動古書的毛病。正是宋、元、明代刻書的這
些毛病，為清代樸學家提供了眾多研究課題。乾嘉學派的樸學成果是公認的，
它基本補救了宋、元、明本的缺陷，回復了先秦典籍原貌……《四部叢刊》要
以古本相號召，就拒絕了清代人的研究成果，實用性就稍微差些……這就是
《四部叢刊》講究古刻帶來的致命弱點。」「因講究古本，商務的《四部叢刊》
未能用最好本子。如《國語》，到清嘉慶年間，已清楚只有宋代天聖、明道間
的一個刻本最好，當時僅有一本為黃丕烈所有。黃校正後按原樣翻刻，並附
校記。當時的學者錢大昕、段玉裁在序裏都充分肯定黃丕烈翻刻本因為附有
校勘記而不動原貌，其學術價值超過了天聖明道原本。商務的《四部叢刊》
因黃刻本是清嘉慶刻本，在它的採收規格裏『不入流』而不被採用，而用講
不清楚的所謂『明金李澤遠堂刊本』！中華《四部備要》就用黃丕烈本排印。」
（氏著《近代出版人的文化追求：張元濟、陸費逵、王雲五的文化貢獻》，南
寧：廣西教育出版社 2003 年版，頁 256～258）實際上是汪氏對《國語》金李
本、黃刊明道本並不真正了解而誤下斷言。金李本的價值雖然未必高於黃刊
明道本，但絕對不低於黃刊明道本。而且經過清初、中期的學者對明道本的

推崇與追捧，整個清代的公序本《國語》刻本極少，學者最方便利用的還是明代張一鯤本的翻刻本。而黃刊明道本則出現了很多覆刻本。相對而言，公序本並無精刻本供學者使用。商務印書館《四部叢刊》影印金李本肯定有這方面的考慮。當然，商務印書館《四部叢刊》本和金李本原本是不同的，《四部叢刊》本由於所據底本不佳，有些地方根據明道本作了更動。

10. 童思泉本。思泉為董文舉的字，明吳興人，其書坊名涵春樓。於萬曆六年（1578）刊刻《國語》。關於該本，拙撰《〈國語〉考校——以明本四種比勘條目為對象》曾進行過著錄，彼文可參，茲不贅述。該本由於是萬曆年間的坊刻本，其版本來源也不太詳細，文獻價值一般。

11. 張一鯤本。張一鯤本在整個《國語》版刻史上具有相當大的影響。關於這一點，拙撰《張一鯤本〈國語〉及其系統考述》（見載於《海岱學刊》2016年第2期）有比較詳盡的論證，可參。此處不贅。

12. 李克家本。為新建李克家刻本。該本是以張一鯤本為底本刻成。關於這一點，拙撰《張一鯤本〈國語〉及其系統考述》有比較詳盡的論證，可參。此處不贅。此後，劉懷恕輯合穆文熙等評語，在以張一鯤本為底本刊刻《國語》時，即採用了李克家本的一些成分。

13. 鄭以厚本。此本為萬曆二十年（1592）福建鄭以厚光裕堂刊《國語評苑》。該本以劉懷恕本為底本，合21卷為六卷。《福建古代刻書》云：「明代以宗文堂（或稱宗文書堂、宗文書舍）為名號刻書有鄭希善（喜齋）、鄭以厚（望雲）、鄭世魁（雲齋）、鄭世容（雲林）、鄭世豪（雲竹）。他們有時也用別的堂號刻書，如鄭以厚望雲樓、鄭世豪雲竹齋等。」（謝水順、李斑：《福建古代刻書》，福州：福建人民出版社1997年版，頁306）又云：「光裕堂主人未詳何名，所刻僅知一種：《莊子通》10卷，明沈一貫撰，萬曆二十四年（1596年）八閩書林鄭氏光裕堂刻本。」（同前，頁311）未言光裕堂刻過《國語評苑》，且只云「鄭氏光裕堂」，亦未言為鄭以厚光裕堂。然《四庫存目叢書》第163冊所收《春秋左傳評苑》尾頁有牌記云：「《春秋左傳評苑》、《國語評苑》、《戰國策評苑》，增補評註，名世文宗，合併太史文華博議是五書。本堂敦請名士精校之，以為見華舉業之一助耳。書成而識者佳悅之，皆曰不當私也。故梓之而公之四方，與同志者共也。志青雲者，幸其鑒諸！萬曆壬辰秋月望雲鄭以厚謹識。」（四庫全書存目叢書編纂委員會編：《四庫全書存目叢書》子部第163冊，濟南：齊魯書社1997年版，頁727上）則《福建古代刻書》

於光裕堂刻書有失收者。該本刻印較精。所輯各家評點置於上欄，其中錄穆文熙評語 149 條，劉懷恕 5 條，程子、石星各 1 條，柳宗元 50 條。道春點本和《國語評苑》同。

14.《國語鈔評》。《國語鈔評》有萬曆十二年（1584）傅光宅刻本、萬曆十八年（1590）朱朝聘《四史鴻裁》本、萬曆年間金陵胡東塘刻本。《鈔評》幾乎不錄韋昭注解，於《國語》各篇正文亦有不同程度省略。為鈔輯評點而保留《國語》正文以及相關注文，從這一點上看，《國語鈔評》倒是名副其實。胡東塘刻本上欄行 3 字，《四史鴻裁》本上欄行 5 字，由於胡東塘刻本評點行 3 字，文字、條目偶有脫漏錯訛。《四史鴻裁》本由於後出，評點文字錯訛較少。從《國語》文獻版本的角度來看，該本的版本文獻價值極低。今以胡東塘刻本為校。

15. 吳勉學本。吳勉學字肖（一作「有」）愚，又字師古，明安徽歙縣豐南人。精通醫學，家富藏書，勤於刻書。關於這一點，賈晉珠《吳勉學與明朝的刻書世界》（見載於米蓋拉、朱萬曙主編《徽州：書業與地域文化——法國漢學》第 13 輯，北京：中華書局 2010 年版，頁 20～49）有較詳細梳理，可參。吳勉學本在《國語》版刻史上的特殊價值在於，它是《國語》諸多傳本中僅有的一部白文本。該本當以張一鯤本或其翻刻本為底本。整體而言，吳勉學本刊刻精審，字體美觀，在明後期《國語》刊本中堪稱精品。

16. 閔齊伋本。明烏程閔齊伋（1575～1657）萬曆四十七年（1619）刊刻《國語裁注》九卷，即約略韋昭注解、宋庠《補音》，標注宋庠《補音》於書眉，注解置於篇末。書中亦時引各家評點。除《晉語》分上下兩卷外，其他七國語各為一卷，合為九卷。閔齊伋本當以劉懷恕本或劉懷恕本之翻刻本為底本而成。閔本在《國語》版刻史上的價值有限。但閔氏在中國印刷史上的名氣極大，套印刊刻，是閔氏的一大特色。僅以其《國語裁注》為例，就有二色、三色套印本等。具體詳細，可參拙稿《閔齊伋裁注〈國語〉考論》。

17. 陳仁錫本。崇禎七年（1634），陳仁錫（1581～1636）評選《奇賞齋古文彙編》二百三十六卷刻成，該書卷五十四至卷五十九收錄《國語》全書。於每語之前臚列各篇目錄，目錄往往摘錄該篇第一句話而成，其中《周語》為一卷，《魯語》、《齊語》為一卷，《晉語》、《鄭語》分三卷，《楚語》、《吳語》、《越語》為一卷。其目錄和二乙堂本《國語》的目錄基本相同。因為二乙堂本標註為「鐘惺、陳仁錫合評」。正文全錄，注文則約減韋注而成，偶有評語置

於眉端，其中《周語》50 條，《魯語》10 條，《齊語》15 條，《晉語》41 條，《鄭語》1 條，《楚語》3 條，《吳語》10 條，《越語》9 條，共 139 條。點評用語都比較短，甚至有的僅有一字，字數最多的也不過二三十字而已，沒有穆文熙、鐘惺等人那種字數較多的評點。由於所參本為《四庫存目叢書》影印本，該影印本時間較早，技術上可能存在一些缺陷，清晰度不夠，有些評點文字並不清晰。該本也是張一鯤本的支系。

18. 二乙堂本。二乙堂當是明末清初的書坊。書坊主人名為夏璋，是陳仁錫的門生。（見陳先行主編《伯克萊加州大學東亞圖書館中文古籍善本書志》，上海古籍出版社 2005 年版，頁 44）此本正名當為《國語合評》，周中孚（1768～1831）《鄭堂讀書記》卷三五有著錄。云：「《國語合評》二十一卷，《國策合評》十二卷，原刊本。明陳仁錫、鐘惺合評（仁錫，字明卿，長洲人。天啟壬戌，賜進士第三，官至國子監祭酒，追諡文蔣。惺字伯敬，竟陵人萬縣，戊戌進士，官至福建提舉僉事）。是編蓋明人取《國語》、《國策》二書而合刻之，並取明卿評語置之行閒，伯敬評語列於簡端，蓋各據兩家評本採入，而圈點悉依伯敬之舊。所有注釋，《國語》用韋昭注、宋庠《補音》，《國策》用鮑彪注，參以吳師道補正。均略有取刪補，非其原文。蓋明人凡刻古書例皆如是，謂必如是，然後見其有所改定，非徒翻刻舊文也。但兩書正文絕不刪節，尚可以供童蒙之誦習云。前有凡例，題曰二乙堂識。真坊本也。並於《國語》前載宋庠序，《國策》前載劉歆、耿延禧、姚宏、曾鞏、鮑彪、吳師道、陳祖仁七序。」（上海：商務印書館 1937 年輯印《萬有文庫》本，頁 652）就二乙堂本前三卷來看，陳仁錫的評語很少，和陳仁錫《奇賞齋古文彙編》中《國語》評點較少這一特徵也是完全吻合的。

19.《國語髓析》。這部書是公鼐、呂邦燿所撰。公鼐字孝與，蒙陰人。為萬曆二十九年（1601）進士，曾任禮部右侍郎，死後贈禮部尚書，諡文介。有詩文集行世。王士禎（1634～1711）《池北偶談》謂公鼐「詩文淹雅，絕句尤工」。王春華《沂蒙儒學史》第七章「明清（鴉片戰爭以前）時期沂蒙地區儒學的傳播與發展」第二節「若干傑出人物對儒學的傳承與踐行」有「公鼐的思想」一節（北京：中央文獻出版社 2012 年版，頁 430～435）概括公鼐思想有如下幾點：（1）求真務實的理念；（2）熱愛家鄉、熱愛祖國的濃厚意識和對「豺狼當道」的憤懣之情；（3）反對模擬復古的變革思想；（4）重民愛民思想。並謂「理學是公鼐思想的主流」。呂邦燿是公鼐的外甥，字玄韜，原為麗

水縣人，後入錦衣衛，隸籍順天。萬曆二十五年（1597）中舉，萬曆二十九年中進士，曾任通政司參議。中共麗水市蓮都區委宣傳部、麗水市蓮都區文學藝術界聯合會編著《蓮都歷史人物》中有《詩人呂邦燿》一篇（北京：中國文史出版社 2009 年版，頁 132～134），記載呂邦燿生平事跡較詳，可以參閱。二人所撰《國語髓析》卷首即標有「東蒙公鼐、古燕呂邦燿同批評，崑山葛錫璠、勾甬董光宏同校正，開封府推官唐暉校刻」。書前有董光宏《序公孝與呂玄韜〈國語髓析〉》一篇，云：「予同年呂玄韜與其舅公孝與，於書無所不窺，於古人之法度無所不蒐獺而爬剔。所讀《國語》節有評、句有剖。凡一切開闔剝換照應串插之妙，肌分理析，黎然目中，壹似聞人捫管時，若為之賀其神而相其筆者。壬子之冬，玄韜與予有入汴之役，行篋中偶出以示予。予戲謂玄韜：『《國語》以子甥舅，身無完肌，亦家無賸寶矣。抑《國語》不斳以其秘公之子，而子乃以斳公之天下耶？』乃固請梓之。因請名之曰《國語髓析》。」交待原始頗詳，可參。《國語髓析》唯錄《國語》正文，其底本當為張一鯤本之類。公、呂評點錄於欄外，其中呂邦燿評點 169 條，包括《周語》30 條，《魯語》17 條，《齊語》7 條，《晉語》75 條，《鄭語》6 條，《楚語》17 條，《吳語》7 條，《越語》10 條；公鼐評點 61 條，包括《周語》11 條，《魯語》2 條，《齊語》3 條，《晉語》25 條，《楚語》6 條，《吳語》7 條，《越語》7 條。評點章旨、討論注釋、以《內傳》參證、述說柳評是非，又時於字裡行間進行文句點評，確乎下了一定的功夫，對於《國語》的理解與深入研究不無裨益。

　　20. 詩禮堂本。詩禮堂為孔廟中建築之一，始建於宋代，為宋真宗拜謁孔廟的駐蹕之所。金章宗時重建。弘治十七年（1504）又重新修建，以相傳孔子（B.C.551～B.C.479）教其子孔鯉（B.C.532～B.C.481）以「不學詩，無以言；不學禮，無以立」，遂定名為詩禮堂，沿用至今。各圖書館所藏詩禮堂本《國語》多謂為乾隆丙戌（1766）孔繼汾所刊本。各種文獻中對於詩禮堂本《國語》記載頗為少見。首見於永瑢、紀昀（1724～1805）主持修纂之《四庫全書總目·史部·雜史·國語》中，云：「此本為衍聖公孔傳鐸所刊。」且謂為戶部員外郎章銓家藏本。又黃丕烈（1763～1825）《士禮居藏書題跋記》卷二云：「是書為山東孔氏校刊本，書中確有改正處，特校未盡耳。」黃氏用為校宋本之匯校本。詩禮堂本實兩次刊刻，第一次刊刻當在康熙年間，與乾隆丙戌刊本不盡相同。汪由敦（1692～1758）《松泉集》卷十五云：「年來覓韋昭《國語解》於京師書肆，迄不可得。今年秋，衍聖公廣棨入覲，餉以家刻《國語》。

發而讀之，韋氏之名沒矣，而註則全裝成。適有知武舉之命，乃攜之棘闈，以公餘為之句讀。其譌字及篇段之不當屬而屬者，舛誤不少，惜不得善本是正，率以意改之。浹日而卒業，喜天之假以日而愜所願也。書諸末簡以志幸。」孔廣棨（1713～1743），字京立，號石門。孔傳鐸之孫，孔繼濩之子，孔昭煥之父。雍正九年（1731）襲封衍聖公。可見孔廣棨送給汪由敦的家刻本《國語》絕非後來孔繼涵於乾隆丙戌（1766）年刊刻而成的，而是孔傳鐸兄弟三人校刻成的《國語》。該本的底本當為靜嘉堂本和顧校明本。今檢乾隆丙戌刻詩禮堂本所載孔繼汾識云：「右《國語》二十一卷，吳高陵亭侯韋昭注，先公同吳注《戰國策》重刻。汾偕從弟繼涵補校此版，魚豕字少於《國策》，蓋彼版全未及校，而此則校而未畢者也。喜其易施功，故初校自《國語》始，閒有可疑處，苦無善本訂證，久而弗就。《國策》得吳注舊刻，先校完可印。此版雖補削粗完，而疑竇尚闕如焉。又有注無音，欲增刻宋庠《補音》，分附於各卷之末，顧未能得其原本。現有明侍御張一鯤所刻者，既多譌字，且有所增損，非復宋氏本書，不足依據。搜刻亦尚須俟諸異日。乃歎天下事，視為難者匪難，視為易者大不易也。乾隆丙戌夏四月闕里孔繼汾識。」可知詩禮堂本之孔毓圻本與孔傳鐸本刊刻原委。當然也有評價較高者，如李慈銘即云：「過倉橋以三百錢買得孔傳鐸詩禮堂所刻韋注《國語》一部。傳鐸字振路，襲封衍聖公，顨軒檢討之祖父也。《國語》經明代坊刻，譌脫甚多，此本雖無所校訂，較之後日吳中黃蕘圃所刻，相去懸殊，然誤字尚少，亦近刻之佳者。蓋孔氏自振路好為古學，聚書甚多，至其子戶部主事繼汾與其從子戶部主事繼涵，皆研精著書，各有師法。至其孫檢討，遂為漢學大家。繼涵號葒谷，所刻《微波榭叢書》，中有宋庠《國語補音》，蓋以補是刻之所未及者也。」（李慈銘著，由雲龍輯，本社重編：《越縵堂讀書記》，上海書店出版社 2000 年版，頁 412～423）今檢二本，僅《周語》就有 81 處異文。就比對而言，孔傳鐸本優於孔毓圻本。本書在二本有異文的地方，舉二本而分別言之。另，國家圖書館藏王鏊跋本，校語多人，本書不再區分，徑以「鏊跋本」出之。

　　21. 薈要本。即《摛藻堂四庫全書薈要》本。乾隆三十八年（1773）五月，四庫館開始編纂《摛藻堂四庫全書薈要》。薈要本《國語》為乾隆四十二年（1777）校呈。

　　22. 文淵閣本。即《文淵閣四庫全書》本。乾隆四十四年（1779），文淵閣《四庫》本《國語》校呈。關於《摛藻堂四庫全書薈要》與《文淵閣四庫全

書》，吳哲夫已予總體比較，認為二者：（1）據以謄錄之版本不同；（2）校勘
詳略互殊；（3）圖書目錄及歸類有別；（4）書前提要内容繁簡不一。（吳哲夫：
《四庫全書纂修之研究》，臺北：國立故宮博物院 1990 年版，頁 199～209）
今以《國語》之薈要本《提要》與文淵閣四庫本《提要》相比對，恰可證明吳
氏第四點之說，薈要本《國語提要》「昭自立義者不過六七十事」，文淵閣本
《國語提要》「者」、「不」之間有「《周語》凡服數一條、國子一條、虢文公一
條、常棣一條、鄭武莊一條、仲任一條、叔妘一條、鄭伯南也一條、請隧一
條、瀆姓一條、楚子入陳一條、晉成公一條、共工一條、大錢一條、無射一
條；《魯語》朝聘一條、刻桷一條、命祀一條、郊禘一條、祖文宗武一條、官
寮一條；《齊語》凡二十一鄉一條、士鄉十五一條、良人一條、使海於有蔽一
條、八百乘一條、反阼一條、大路龍旂一條；《晉語》凡伯氏一條、不懼不得
一條、聚居異情一條、貞之無報一條、轅田一條、二十五宗一條、少典一條、
十月一條、嬴氏一條、觀狀一條、三德一條、上軍一條、蒲城伯一條、三軍一
條、錞于一條、呂錡佐上軍一條、新軍一條、韓無忌一條、女樂一條、張老一
條；《鄭語》凡十數一條、億事一條、秦景襄一條；《楚語》聲子一條、懿戒一
條、武丁作書一條、屏攝一條；《吳語》官帥一條、錞于一條、自剄一條、王
總百執事一條、兄弟之國一條、來告一條、向檐一條；《越語》乘車一條、宰
嚭一條、德虐一條、解骨一條、重祿一條」一段文字，這段文字薈要本無之。
就總體而言，四庫薈要本每隔兩卷或數卷之後附有校勘記，共有 43 條，文淵
閣本、文津閣本無之。後來王太岳（1721～1785）所輯《四庫全書考證》，於
《國語》則僅寥寥數條，所得甚少。薈要本、文淵閣本、文津閣本，書前有提
要、韋注序，文淵閣本書首並有《御製讀〈齊語〉》一篇。薈要本每卷後有總
校官、校對官、謄錄監生的署名，文淵閣四庫本則無。比較之下，則發現薈要
本和文淵閣本尚存在多種差異，包括：（1）用字不同，用字不同的情況又分
為二字為異體字、二字為同義詞兩種；（2）字序不同；（3）一本有之字，另一
本無；（4）一本字譌。二本雖然提要相同，皆云所據為詩禮堂刊本《國語》，
然其中仍有諸多不同在焉。其實四庫本是以詩禮堂本之孔毓圻本為底本，同
時參照了明道本傳本以及其他公序本的。這一點，在《摛藻堂四庫全書薈要
總目》中有說明。審《四庫全書薈要總目・史部七・別史一》「國語」下云：
「《國語》二十一卷，吳中書僕射、雲陽韋昭注。今依前戶部尚書臣王際華所
上國朝孔傳鐸刊本繕錄，據南北宋本、明槧本張一鯤本、許宗魯本恭校。」

（臺灣世界書局《景印摛藻堂四庫全書薈要目錄》，頁150）《薈要目錄》的說
法和《四庫全書總目提要》不盡相同，《四庫全書總目提要》「國語二十一卷」
下即注云：「戶部員外郎章銓家藏本。」今檢章銓字拊延，號湖莊，清歸安人。
乾隆三十六年（1771）進士，由翰林改戶部主事升郎中，又曾任寧夏知府，終
於廣東糧儲道。著有《吳興舊聞補》、《湖莊詩集》等。王際華（1717～1776），
字秋瑞，號白齋，錢塘人。乾隆十年（1745）乙丑科進士。官至戶部尚書兼刑
部尚書。關於四庫所用底本的進呈流程等，我們並不瞭解其詳。《摛藻堂四庫
全書薈要》所用《國語》底本為王際華藏本，或許和王際華以總裁身份負責
《四庫全書薈要》的編纂有關係。至於《四庫全書總目》何以在「雜史」類
《國語》下又改用「戶部員外郎章銓家藏本」，難得其詳。審張升《四庫全書
館研究》云：「《薈要》有自成系統的參修人員（還有自己的一套謄錄及供事），
其中雖多與《四庫》任事諸臣相同，但也有與《四庫》任事諸臣不同的。和聚
珍館與四庫館的關係相似，薈要處與四庫館的關係，也是既有從屬，又有相
對獨立的關係。」（北京師範大學出版社2012年版，頁56）但是張氏又總結
了四庫薈要以及四庫各本的抄錄流程（同前，頁113），如下：

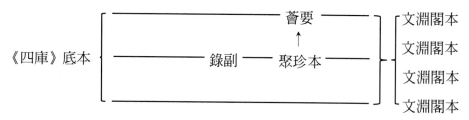

這樣看來，薈要本《國語》和《四庫薈要總目》所云《國語》應該一致纔
是。張升引錄吳哲夫《四庫全書薈要纂修考》，吳氏認為：在辦《薈要》時，
第一份《四庫》也在抄，為求速度，將來源不同的書一同發下繕錄了事，所
以，閣本與《薈要》著錄來源會不同（轉引自張升《四庫全書館研究》，同前，
頁113）。則《摛藻堂四庫全書薈要》與《四庫全書總目》所據《國語》底本
來源的不同，正是是吳氏這一觀點的具體體現。

　　23. 文津閣本。即《文津閣四庫全書》本。文津閣本《國語》乾隆四十九
年（1784）九月校呈。《國語》之薈要本、文淵閣本、文津閣本三本中，文津
閣本文字錯訛最多。顧頡剛（1893～1980）云：「四庫書校對甚不可恃。袁詩
亭君以鈔本袁易《靜春居集》覆校，四庫本殊不及知不足齋本，誤字甚多。或
館臣校勘，專於文淵閣一本，而此外以不易為皇帝所見，遂甚輕忽歟？現存

京師圖書館一部，係熱河文津閣中物。」（《顧頡剛讀書筆記》第一卷，北京：
中華書局 2011 年版，頁 141）然審張政烺（1912～2005）《清代〈四庫全書〉
的編纂》云：「文津閣在熱河避暑山莊，建築完好。民國初年，熊希齡任熱河
都統，將文津閣本搬至北京，撥歸北京圖書館。就質量而言，此部為最佳。因
為清帝每年有半年住於熱河，春末夏初即去，秋末圍獵後方才回京。文津閣
藏本即專供皇帝翻閱之用。清高宗讀《四庫》，好從中挑錯，以炫其淵博。所
以這一部鈔寫特別認真，有些書是紀昀親自校改。可惜三十年代印《四庫全
書珍本》，所選印者不是文津閣本，而是文淵閣本。」（張政烺《古史講義》，
北京：中華書局 2012 年版，頁 415）通過對文津閣本《國語》的校勘，看不
出張氏所謂「就質量而言，此部為最佳」的特徵。如《越語下》「助天為虐者
不祥」之「助天為」，文津閣本誤作「者不祥」；「莫知其所終極」，文津閣本誤
作「終」。這類都是極為明顯的錯誤。另從文津閣本《國語》「伐」常誤作「代」
等明顯錯誤上來看，或許正是由於乾隆皇帝「好從中挑錯，以炫其淵博」，所
以這一部《國語》倒的確「鈔寫特別認真，有些書是紀昀親自校改」，恐怕是
為了討皇帝歡心，故意留了一些比較明顯的文字錯誤而已。就《國語》而言，
二說相較，顧說或許更合事實。

　　24. 道春點本。即日本漢學家林信勝圈點的本子。絕大多數尤其是無版刻
信息的道春點本《國語》，每冊封簽上都有「道春點」三字，故以為名。筆者
個人藏有寶曆辛巳（1761）永田調兵衛刊本《國語》四冊，其實即道春點本，
但是封簽上無「道春點」三字。另外，常見道春點本或十冊、或五冊，四冊裝
較少見。要之，道春點本是日本最早的《國語》刊本，此無異議。林道春在其
文集中對此有過記述，其《〈國語〉、〈戰國策〉跋》云：「《國語》、《戰國策》
加倭點者，本朝自古未有之。今初口誦，使侍側者加訓點也。」（林信勝撰，
京都史跡會編：《羅山先生林文集（下冊）》，日本平安考古學會 1918 版，頁
188）從林氏的跋文可知，《國語》的訓點是由林羅山口授，其門人完成的。道
春點本所用的底本是劉懷恕本，除了加上日文的訓點之外，其他和劉懷恕刻
本完全一致。道春點本的意義在於：（1）是第一個日本刊本。此前日本沒有
本土刊刻的《國語》，所用本子都是從中國本土或朝鮮引入的。此後無論是本
土刊刻還是進行《國語》研究，日本學者都有了可以依據的本土刻本。此後
千葉玄之刊刻的《韋注國語》就是以道春點本為底本。（2）日本江戶早期學
者進行《國語》研究所可依據的本子。如渡邊操《國語解刪補》、關脩齡《國

語略說》等的研究對象都是以道春點本為對象。又日本內閣文庫藏道春點本，由山田直溫、依田利和、猪飼傑、野村溫、橫山樵等在文化二年（1805）仲春初三至初九七天之內校閱一過，並錄有校語，今以「內閣本」出之。日本京都大學圖書館藏有「皆川淇園先生私見書」，實為皆川淇園等批校本，亦以道春點本為底本，則以「皆川淇園曰」出之。

　　25. 千葉玄之本。千葉玄之本《國語》書牌題「韋注國語」，右有「原本明兵部左侍郎石星校閱重刻東都雲閣千葉先生再校」，日本平安景古堂藏板。書前有千葉氏《讀國語》一篇，半頁六行，行十六字。全書四周雙邊，《國語解敘》及《國語補音敘錄》分上下欄，下欄半頁九行，行二十字。上欄錄千葉氏箋注，小字半頁十八行，行六字。《國語》正文則分三欄，中欄錄各家評點，行三字，其他兩欄與《國語解敘》同。《國語解敘》末錄王應麟（1223～1296）《困學紀聞》、晁以道（1059～1129）等論議《國語》性質的語段，書末有《重刻國語附注》，收錄柳宗元、蔣之翹（1596～1659）論《國語》的語段，實際上渡邊操《國語解刪補》已經予以徵引，恐千葉玄之即襲渡邊操《刪補》。千葉玄之箋注主要四個方面內容：（1）引述評點。除了劉懷恕本、道春點本原有的評點之外，千葉玄之又徵引了大量的評點，包括劉懷恕本沒有引錄的柳宗元《非國語》中的內容、鐘惺、王世貞、黃二馮以及日本本土學者的點評資料。少數評點之後還附有點評；（2）校勘異文。千葉玄之每每用盧之頤本相校，以「盧本×作×」或「華本×作×」出之。由於其底本是道春點本，故除了對《國語》正文、韋注、補音校勘外，還對柳宗元《非國語》以及道春點本原附篇題進行勘校；（3）糾正補音。道春點本是張一鯤本的支系。而張一鯤本對《補音》反切音注作了一定程度的更動，千葉玄之根據小學書等又對更動過的或認為《補音》有問題的音注進行了考辨；（4）考辨韋注。考辨韋注包括辨正韋注、提示韋昭引文出處等，考辨韋注時，往往徵引太宰純、渡邊操等人之說。今檢全書箋注共 1250 條，包括《國語解敘》16 條、《國語補音敘錄》20 條、《周語》287 條、《魯語》163 條、《齊語》47 條、《晉語》486 條、《鄭語》36 條、《楚語》92 條、《吳語》56 條、《越語》47 條。又全書書最後有《重刻國語跋》一篇，為千葉玄之的弟子日光防火使隊長監野光迪所撰寫。至於校訂原因及基本格式，千葉玄之已經在《讀國語》中作了交代，云：「此書版刻年久，磨滅訛闕，故參考華本及我邦諸儒所校正之數本，次第改易，至十數過。又上方橫畫絲欄，分為二局訂校。舊評脫誤，標明中局。又參酌華

人及我邦諸老成評論，拓充上局，以廣見聞，不敢臆斷。」千葉玄之本《國語》在日本《國語》版刻史上具有承上啟下的作用。

26. 黃刊明道本。此本全稱為「黃丕烈讀未見書齋嘉慶庚申重雕天聖明道本《國語》」，當是黃丕烈全權委託顧廣圻刊刻而成，其底本即黃丕烈校宋本，參照本為黃丕烈、顧廣圻所收影鈔本殘卷。顧廣圻云：「此蕘圃所收影鈔本，即據之重雕者，余別得首三卷，較之寫手尤精，故用以上板，而仍留此，他時儻別得之本以下復出，遂可轉為補全，竹頭木屑，正未必無用也。己未冬至前一日，澗薲書。第六、第十、第十九、廿、廿一，共五卷，此類余以為寫手不佳，故重摹付刊，而此遂剩，合釘為一本存之，俾他日有攷焉。澗薲書。」（王欣夫輯《顧千里集》，北京：中華書局 2007 年版，頁 286）四庫館臣修纂《四庫全書》時，所鈔《國語》已經參照到了明道本的影宋本，薈要本《國語》校勘記以「宋本」稱之，43 條校勘記中，「據宋本」改易者 39 條。可是《四庫薈要》本、《文淵閣四庫全書》本《國語》有些依從明道本之處和黃刊明道本的文字並不相同。這樣看來，黃刊明道本恐怕和錢鈔、毛鈔以及明道本原本也還有一定的文字差別。只能說黃丕烈最大程度上還原了明末以來明道本的實際面貌而已，但黃刊明道本並不是真正的天聖明道本原本，學者在依據黃刊明道本探討明道本《國語》問題的時候還需要謹慎一些。由於黃丕烈名氣甚隆，黃刊明道本又經錢大昕、段玉裁兩位乾嘉時期的著名學者作序鼓吹，故後之刻《國語》書者、研究者皆以黃刊明道本為宗。另外，自明末至嘉慶庚申將近二百年，明道本並無刻本行世。黃刊明道本的刊刻，使得明道本化身千萬，使得研究者和讀者有了可以據依的固定的版本形態與文本形態，可見黃丕烈對於《國語》明道本的廣泛傳播，貢獻是巨大的。黃丕烈之後仿刻者甚多，各個坊刻本之間差別都不太大，當然，還是可以分得出不同的版本來源的。關於這一點，拙撰《從「菉」、「菓」之異試談黃刊明道本〈國語〉及其覆刻本的版本系統》（《安徽文獻研究集刊》，頁 13～18）已經揭出，此處不贅。由於黃刊明道本與其覆刻本之間的差別不大，故本書不再區分黃丕烈與其覆刻本之不同，以「黃丕烈及其覆刻本」籠統稱之，唯各本有異文者再分別出校。

27. 上善堂本。根據嚴紹璗《日藏漢籍善本書錄》所記，日本《商舶載來書目》記錄，日本光格天皇享和二年（1802），中國商船「天字號」載天聖明道本《國語》一部抵日本。（北京：中華書局 2007 年版，頁 459）日本葛氏上

善堂刊本恐即根據此本刊印。日本文化元年（1804），江戶葛氏上善堂覆刻黃刊明道本，文化三年（1806）京都矢代仁兵衛等重印，題「宋天聖明道本韋注國語」。上善堂覆刻本完全依照黃刊明道本的行款格式，唯在全書之末黃丕烈讀未見書齋牌記之後刻有「文化甲子仲冬江戶葛氏上善堂藏版」的牌記，另文中加有圈點與訓點，其圈點多採道春點本、千葉玄之校本。該本仿刻幾與黃刊一致，訛誤尤少。頗疑此葛氏即葛西質（1764～1823）。另外，日本早稻田大學圖書館收藏有上善堂刊本《陶說》一部，為葛西質譯解，可為佐證。又審葛西質《國語序》云「吾於《國語》有意而得者幾條焉。吾亦作札記，附之黃氏之後。」（竹中邦香編《天香樓叢書》本《因是文稿》卷上，本卷頁19），葛西氏的這一記載和上善堂本後附「考證補遺續刻」是相合的。此外，桂湖村《國語國字解》第十二章《國語の註解及論議書類》、大野峻《國語・解題・國語の研究書》即著錄葛西質《國語考證補遺》，桂湖村並謂：「此の書は未だ見お。」（見桂湖村《國語國字解》，早稻田大學出版部1917年版，頁225）也可以作參證。同時，葛西質本為大阪人，徙居江戶，遂以終老，和「江戶葛氏」也對應得上。概言之，「江戶葛氏」即葛西質。但記載葛西質的材料中，未見有葛西質翻刻黃刊明道本的相關記述。故只是推測，不敢斷言。

28. 冢田本。即冢田虎（1745～1832）所撰《增注國語》。冢田虎，號大峰，江戶後期儒學家。日本高瀨代次郎著有《冢田大峰》一書，東京光風館書店日本大正八年（1919）出版。該書對於冢田虎家世、遊學、著述等考述頗詳。據該書記載，冢田虎曾孫冢田翠麓對冢田虎一生著述進行過總結考查，計有《學庸國字解》、《論語講錄》、《解慍》、《孝經》、《大學注》、《中庸注》、《冢注論語》、《冢注六記》、《皇極和談》、《孝經和字訓》、《聖道合語》、《滑川談》、《聖道得門》、《冢注家語》、《大峰詩集》、《發字便覽》、《學語》、《冢注孔叢子》、《補註尚書》、《增注國語》、《冢注毛詩》、《大峰文集》、《戰國策略注》、《老子道德經》、《管子賤注》、《昇平日新錄》、《增注春秋左氏傳》、《李伯紀忠義編》、《史漢裨解》、《冢注周易》、《作詩質的》、《冢田氏國風草》、《畫錦行》、《江尾往還蹤》、《論語群疑考》、《禮記贅說》、《為政講義》、《弟子職補解》、《正朔斷惑編》、《大峰詩集》、《大峰文集讀篇》、《大峰文集遺篇》、《隨意錄》、《大峰詩集遺稿》、《聖道辨物》、《孟子斷》、《歷史綱覽》、《入官第一義》、《用字格》、《見聞錄》、《唐宋類題》、《禮記正義》、《隨意錄讀篇》、《春秋左氏傳正文》、《冢史孝經正文》、《冢氏毛詩正文》、《周易正文》等。（見該書頁217

～222）據載，《增注國語》成於冢田虎五十七歲之時，寬政十二年（1800）十月著，亨和元年（1801）九月梓。冢田氏自序云：「弘嗣篤學，在鼎足爭競邦，而博覽群籍，旁擇諸說，以作之解，督察大義，可謂勉矣。然而虎之固陋，與同志每讀斯書，於韋氏解未能發矇者，往往猶有焉。且斯版數本，魚魯謬誤，亦不鮮也。宋庠《補音》亦又有缺失，故講習之餘，訂文字之謬誤，補音韻之缺失，又間加愚見焉，以為《增注》，以貽後生。」《增注國語》全書依次為《增注國語序》、《國語解敘》、《國語補音敘錄》、正文。冢田氏在《國語解敘》和《國語補音敘錄》中都有校勘文字，小字注出之。正文中以「增注」出之。審其增注內容，即如冢田氏序中所言「訂文字之謬誤，補音韻之缺失」，研討韋注得失，但冢田氏到處增補音注，甚至有些常見字如「下」字，也在多處補「遐嫁切」的音注，反顯冗贅。秦鼎《春秋外傳國語定本》往往徵引冢田虎《增注國語》為說。由於冢田氏《增注國語》是全本，故冢田虎《增注國語》和千葉玄之校本一樣，既是日本江戶時期重要的《國語》研究著作，同時也是日本《國語》版刻史上重要的《國語》刊本。

29. 秦鼎本。即秦鼎（1760～1831）所撰《春秋外傳國語定本》。秦鼎字士鉉，尾張藩人，是江戶後期日本著名的漢學家。秦鼎氏撰有《世說箋本》二十卷、《今世說》八卷、《春秋外傳國語定本》二十一卷、《春秋左氏傳校本》三十卷、《千字文約說》一卷、《古詩紀》十卷、《文選》六十卷、《楚辭燈》四卷、《補義莊子因》六卷、《韓文起》十卷等相關著作，其中於《春秋左氏傳校本》用力最勤。秦鼎氏《春秋外傳國語定本》於日本文化六年刊行，此後多次刊刻，流通頗廣，今日本各種圖書館以及研究機構藏有《定本》刊本頗多。在中國，近代很多書店也曾經出售過《定本》的印本，雷夢水《古書經眼錄》也有過著錄。根據筆者個人考查，秦鼎的《春秋外傳國語定本》一共有兩個版本系統，一個就是秦鼎的《定本》，日本文化六年（1809）年刊行，此後文化七年（1810）、文政二年（1819）、文政六年（1823）、天保十三年（1842）、嘉永七年（1854）、明治十七年（1884）續有刊行，多為日本大阪、名古屋等地的書鋪刻本，皆依據秦氏滄浪居原刊翻刻。著者懷疑《春秋外傳國語定本》當初版於日本文化五年，因日本文化六年（1809）刊本即題為「新鐫」，既是「新」，則恐有「舊」相承，而日本佐野市鄉土博物館即藏有文化五年（1808）本《定本》，可以為佐證。書前有秦鼎撰寫於文化六年己巳夏六月的《國語定本題言》，又有文化七年撰就的《上國語定本牋》，書末附有秦鼎弟子神野世

猷於文化六年己巳夏六月所撰寫的《國語定本跋》以及書最末所附版刻信息。全書包括《上國語定本牋》、《國語定本題言》、《韋昭略傳》、《國語解敘》、《國語補音敘錄》、《國語定本目錄》、定本正文、村瀬誨輔識語、神野世猷《國語定本跋》等幾個部分。秦鼎定本打破版本壁壘，吸納了很多黃刊明道本的成分，又自為改字。是張一鯤支系統在日本公序本系統的一個支系。又日本愛知縣圖書館藏有批校本一部，即以秦鼎《定本》為底本，批校多錄關脩齡《國語略說》之語，偶爾亦有獨立見解，今以「愛知本」出之。

30. 董增齡本。董增齡《國語正義》二十一卷，完成具體時間不詳。日本東京大學人文研究所根據其自序推斷董氏《正義》大約在嘉慶十九年（1814）完成。根據董增齡自序，《國語正義》當在董增齡四十多歲以後，用了五年的時間寫成的。今檢上海圖書館所藏董增齡《國語正義》手稿上有王引之敘，云：「茲先於董君之書志數語而歸之，道光二年五月戊寅高郵王引之敘。」式訓堂刻本、《王伯申文集》所錄王引之敘皆無本句。從稿本中的簽條所載時間以及王引之敘可知，《國語正義》的完成時間恐怕應該在 1819～1822 之間。徐養原（1758～1825）《與董慶千論撰〈國語正義〉書》曰：「承示大著《國語正義》，此書為《春秋外傳》，治古文者必兼綜焉。而韋注孤行，未有為之疏者。吾兄此作，洵屬不可少之書。捧讀數過，疏解詳明，條流淹貫，深合體制，必傳無疑，佩服佩服。」（《頑石廬文集》卷十，《清代詩文集彙編》第 453 冊，頁 740）今檢刊本《國語正義》共 1425 條，可謂蔚為大觀。董增齡以張一鯤本之翻刻本為底本，參照黃刊明道本，又時時臆改而不作說明。對於韋昭注，董增齡並不一味維護，往往提出反對意見，故徐養原亦謂：「既依注作疏，則注義不可輕駁。」（同上）又施國祁（1750～1824）也對董增齡《國語正義》有所評價。其《國語新疏說（與董壽曼）》云：「蒙示大著《國語·周語》上、中二卷新疏，訓詁精，援引博，可與邵氏《爾雅疏》、王氏《廣雅疏》並列為參。且可度越尊先世所製《尚書大傳》、《識小編》而上之。允乎不朽之作也。」（見載於氏著《禮耕堂叢說》，《國語研究文獻輯刊》第五冊，北京：國家圖書館出版社 2012 年版，頁 25）通過比較可知，徐養原、施國祁所見《正義》並非定稿，因為今式訓堂刊本《正義》是吸取了徐養原、施國祁的改訂建議的。今檢湖南圖書館有董增齡《國語正義》清抄本一部四冊，上海圖書館有稿本一部，如果通過比對稿本和刻本的異同，或可尋繹其定稿之跡。今常見者為會稽章壽康（1850～1906）式訓堂光緒庚辰（1880）刊本，巴蜀書

社 1985 年影印本、《續修四庫全書》所收影印本所用的底本，都是這個本子。如福建圖書館藏謝章鋌（1820～1903）校本《國語正義》，也用式訓堂本。今本書所參亦為式訓堂刊本。又徐養原、施國祁二氏對於相關條目的見解，亦並備引之。

31. 高木本。即高木熊三郎所著《（秦鼎定本、中井履軒彫題、高木熊三郎標註）標註國語定本》。根據許春艷《二種の〈全體新論訳解〉》（《北海道大學大學院文學研究科研究論集》第 10 號，頁 1～16），高木氏輯纂編著訓點有《全體新論訳解》、《勸善新編》、《重鐫文家必用附錄》、《新撰幼學詩韻》、《新撰詩語粹金》、《修身要言》、《隨園文粹》、《古文孝經標註》、《增補元明史略》、《標註國語定本》等。高木氏的《標註國語定本》，桂湖村亦予以著錄，謂中井履軒彫題置於上欄，而引述龜井昱《國語考》則見於高木氏標注之中。菊池純（1819～1891）《增注國語定本序》即謂：「先是，尾張秦士鉉著《左國校本》，並梓行於世，而《左氏校本》獨擅其場，《國語》則弗甚顯也。夫門望地位相持不少遜也，敘事簡潔、措詞謹嚴相持不少遜也，而顯晦異地、盛衰易位，此識者所深慨。安得起俠烈義勇，折強救弱，如郭隗、季布其人者，攘臂而振之乎哉？浪華高木君夙慨《左氏》與《國語》星淵異位，欲起而振之。自度非單身獨力所措辯，乃借助前龜井元鳳氏所著《國語考》以為根據。與秦氏《定本》參錯交互，以補正韋解誤謬。」（見於《標注國語定本》書前）審高木氏《例言》亦謂：「獨筑前龜井元鳳翁所著《國語考》，識見高邁，辨析微意，固足以駁擊士鉉，亦足以使世之讀《國語》者驟自掩卷，拭其鬢眉，擊節三歎矣。吁後進之士，若能據龜、秦二家之說以解本文，則大路坦然，街衢洞達，而其兩輪之所運轉者，不必借指南車而自至矣。」（見於《標注國語定本》書前）則高木氏《標注》是以龜井昱《國語考》為基礎的。今檢高木本正文三欄，是在秦鼎本二欄的基礎上別加一欄以存己說。其書有以「校」字為別的注語，共 427 條。這 427 條恐即如桂湖村所說，是高木熊三郎引錄中井積德《國語雕題》之言。

32. 綠蔭堂本。該本是蘇州綠蔭堂刊刻。有兩種。一種為《國語國策合編》本，一本為《國語》單行本。拙撰《國語考校——以明本四種校勘條目為對象》已經予以著錄。這個本子和明末清初的文盛堂本以及後來的三餘堂本、文成堂本、書業堂本是一個本子，這套本子的主要特徵，就是冒充南宋鮑彪校本，割掉韋昭《國語解敘》末句與張一鯤《刻國語凡》首句，合為一篇。清

代的很多學者進行學術研究時，所參照的《國語》版本基本以這種本子為主，同時也是董增齡本所依據的底本。故取以為校。

33. 寶善堂本。清代自黃丕烈刊刻天聖明道本之後，很少出現以硬體字重刊天聖明道本者。光緒二年（1876），吳棠（1812～1876）主政四川，張之洞（1837～1909）任四川學政，成都尊經書院重新刊刻明道本《國語》，是黃刊明道本有硬體字刻本之始。此後經綸元、寶善堂皆據此刊刻。形成黃刊明道本系統中的一個子系統。今所參寶善堂本，光緒乙未（1895）刊行。

34. 吳曾祺本。吳曾祺《國語韋解補正》初版於宣統元年（1909）。該書以黃刊明道本及其覆刻本為底本，參照董增齡《國語正義》以及清代的《國語》研究成果。按照吳氏自己的說法：「書中所箋注者約近八九百條，取之前人者居十之三四，自出己意者居十之六七。又有校對異本者亦百餘條，統計總在千條以外。」（《國語韋解補正・凡例》）大體可信。該本在文字上也做了更動，有些地方依從公序本。是近代《國語》印本中的主要版本。拙著《近百年來〈國語〉校詁研究》於吳氏之書有所評議，讀者可參。此處不贅。

35. 沈鎔本。沈鎔《國語詳注》，上海文明書局中華民國五年（1916）初版。沈氏《詳注》在體例上進行了比較大膽的革新。採用張一鯤本系統的方式，把《補音》關於八國世系的注解置於每語之下。每卷分章，每章按數字編號。先錄正文，正文之後臚列注釋。雖名為詳注，但是注釋要言不煩，比較簡明，適合初讀。就其內容而言，是以吳曾祺《補正》為底本，在此基礎上修訂而成的。此書發行量也比較大，是僅次於吳曾祺本的近代印本。拙著《近百年來〈國語〉校詁研究》於沈氏之書有所評議，讀者可參。此處不贅。

36. 叢刊本。即上海商務印書館輯印的《四部叢刊》本。該本以金李本為底本，但是在文字上做了一些更動，和金李本並不完全一致，有照著黃刊明道本改字之處，甚至有些地方文字改錯了。商務印書館編《縮本四部叢刊初編書錄》云：「《國語》自士禮居影刻宋天聖明道本，宋公序本遂微。兩本互有短長，實未可甲彼而乙此。」（上海商務印書館 1936 年版，頁 24）故而在嘉慶庚申（1800）之後，明道本大受歡迎的時代，商務印書館以金李本為底本，輯印《四部叢刊》本《國語》。2015 年，上海古籍出版社出版了號稱以金李本為底本的《國語》點校本，這大約是《國語》有新點校本以來，《國語》公序本系統首次被點校行世。

37. 徐元誥本。徐元誥《國語集解》由上海中華書局初版於 1930 年。該

書是清代《國語》研究成果的匯集之作，比較常見的清代《國語》研究成果如董增齡《國語正義》、汪遠孫《國語校注本三種》、陳瑑《國語翼解》、王引之《經義述聞》、俞樾《群經平議》等，徐氏《集解》均予以收錄。徐仁甫、王樹民對這部書的整體評價不高，認為該書屬於草創，立義、版本等都比較輕率。戎輝兵、蕭旭從傳統訓詁的角度，對徐元誥的諸多解釋提出批評。但是，作為集大成之作，該書代表著 20 世紀 30 年代《國語》的最新成就。2002 年，北京中華書局出版了王樹民、沈長雲的點校本，2006 年修訂重版。這個點校本糾正了徐元誥原本的一些問題，也受到讀者的歡迎。由於王、沈二位是歷史學家，對《國語》版本系統以及相關內容恐怕缺乏系統認識，故校勘做得比較粗疏，且產生了一些新的問題。拙著《近百年來〈國語〉校詁研究》於徐氏之書有評議探討，讀者可參。此處不贅。

　　上述公序本系統諸本中，遞修本是存世最早的刊本，有些文字和今黃刊明道本有共同之處，而異於其他公序本。但其主體特徵則完全是公序本，這是毫無疑問的。正學本、金李本都和遞修本有很深的淵源關係。從版本源流上來看，遞修本以及陳樹華《春秋外傳考正》中所提及的元大德本、明弘治本應該是明代《國語》公序本系統的主要源頭。就本書所對照的明本而言，以明德堂本為最早，而許宗魯本、正學本、金李本都和明德堂本有很多相似之處，尤其許宗魯本、正學本和明德堂本相同之處更多，可以肯定明德堂本就是許宗魯本和正學本的底本。而金李本雖然相比許宗魯本和正學本，和明德堂本有許多不同之處。但這些不同之處恐怕也是在以明德堂本為底本的基礎上參校其他版本改訂的結果。通過比對發現，正學本、張一鯤本都避「桓」字，恐怕張一鯤本的底本就是正學本。

　　至於黃刊明道本及其覆刻本的基本情況，拙稿《明道本〈國語〉的鈔校與刊刻》已經基本交待清楚，茲不贅述。

　　此外，在對校黃刊明道本及其覆刻本的過程中，由於黃刊明道本的覆刻本雖云覆刻，並不和黃刊明道本完全相同，故亦在相關位置一一比對。這類覆刻本包括同治己巳（1869）湖北崇文書局重雕天聖明道本《國語》、光緒三年（1877）上海斐英館《士禮居叢書》本、光緒三年（1877）永康退補齋本、上海錦章書局石印本、上海會文堂書局石印本、上海鴻寶齋石印本、上海博古齋石印本、上海掃葉山房石印本。此外，還包括上海中華書局的《四部備要》本、上海商務印書館的《叢書集成初編》本、北京商務印書館的《國學基

本叢書》本、上海師範大學古籍整理組點校本、鮑思陶點校本等。

也時參桂湖村《國語國字解》、冢本哲三《國語》、林泰輔《國語》、大野峻《國語》等日本大正時期以來的《國語》標點及譯注本等。

（二）本書所參《國語》各種研究著作

本書所參《國語》著作較多，其中既包括三君注，也包括一些筆記類資料中的《國語》辨析條目。今臚列所引錄著作如下。

1. 鄭眾《國語解詁》。清代輯佚本多種。張以仁《國語舊注輯校》予以收錄，今所臚列鄭眾注，即以張以仁《輯校》為主。

2. 賈逵《春秋國語解詁》。清代輯佚本多種。張以仁《國語舊注輯校》予以收錄，今所臚列賈逵注，即以張以仁《輯校》為主。

3. 唐固《國語章句》。清代輯佚本多種。張以仁《國語舊注輯校》予以收錄，今所臚列唐固注，即以張以仁《輯校》為主。

4. 虞翻《國語解詁》。清代輯佚本多種。張以仁《國語舊注輯校》予以收錄，今所臚列虞翻注，即以張以仁《輯校》為主。

5. 王肅《國語章句》。清代輯佚本多種。汪遠孫《三君注輯存》唯輯佚 1 條，張以仁《國語舊注輯校》因之。雖黃奭輯佚王肅注 8 條，然不為諸家所信從。因黃奭所輯佚王肅另外 7 條皆見於《史記·孔子世家》集解，且《史記集解》亦未明言為王肅《國語》注，而其注文與王肅《家語》注內容多同。《家語》、《國語》相同內容篇目的王注、韋注比較來看，王注比韋注更為簡略，主要在疏通文義，其中典章制度、名物故實少有涉及。關於這一點，可參拙稿《王肅〈家語〉注與韋昭〈國語〉注的比較》（《唐山師範學院學報》2016 年第 4 期，頁 22～26）以上鄭、賈、虞、唐、王五種，並詳參《國語補音敘錄》部分疏證。

6. 敦煌殘卷注。即今《甘肅藏敦煌文獻》中所收殘卷。該卷共存《周語下》正文 811 字，注文共 48 處 1181 字。明道本《國語》韋注相同部分一共施注 60 處，與殘卷施注《國語》文本位置相同者 43 處共 863 字，一共 336 個字頭。前輩學者蘇瑩輝、王利器、饒宗頤等對該殘卷皆有考證，或認為唐固注，或認為賈逵注。筆者亦曾對該殘卷進行校記，認為可以肯定的一點，該注不是韋昭的。由於相關注釋的亡佚與缺失，很難斷定該殘卷注者到底是誰。筆者在《〈國語〉考校——以明本四種校勘條目為對象》中概括該殘卷的價值如下：（1）用以與今傳《國語》各本比勘；（2）豐富了《國語》舊注的內

容；（3）為韋注的比較研究提供了參照。（新北：花木蘭文化出版社 2015 年版，頁 4）可參。

　　7. 韋昭《國語解》。韋昭《國語解》是附著於《國語》正文的。故韋昭《國語解》也需要各個版本的校勘。韋昭注是兩漢魏晉三國時期各家注中存世最為完整的《國語》注。關於此注的特點及價值，學者多有評述，茲不贅述。本書所用韋昭《國語解》底本為遞修本，旁參各種版本進行校勘。

　　8. 孔晁《國語章句》。晉五經博士孔晁，其生平大體與韋昭同時，而諸史無傳。孔晁之學為王學，注有《逸周書》等。樊善標《孔晁〈國語注〉與韋昭〈國語解〉》（《大陸雜誌》第 103 卷第 3 期，頁 97～104）對孔晁生平學術有所考辨，可參。孔穎達（574～648）《左傳正義》引述其《國語注》條目較多，故孔穎達《左傳正義》成為清代學者輯佚孔晁《國語注》的主要材料來源。

　　9.《國語舊音》。《國語補音》之外，史籍記載為《國語》作音者有三：（一）北魏劉芳所撰《國語音》一卷，《魏書》卷五五、《北史》卷四二《劉芳傳》云：「撰鄭玄所注《周官・儀禮音》、干寶所注《周官音》、王肅所注《尚書音》、何休所注《公羊音》、范寧所注《穀梁音》、韋昭所注《國語音》、范曄《後漢書音》各一卷，《辨類》三卷，《徐州人地錄》四十卷，《急就篇續注音義證》三卷，《毛詩箋音義證》十卷，《禮記義證》十卷，《周官》、《儀禮義證》各五卷。」惜已亡佚。李步嘉（1955～2003）已經撰文揭出（李步嘉：《唐以前〈國語〉舊注考述》，《文史》2001 年第 4 輯，頁 85～94）。（二）《國語舊音》，據宋庠（996～1066）考證為唐人所撰，張以仁又根據幾條證據認為「宋庠謂《舊音》作者唐人，大概不成問題」（張以仁：《國語舊音考校》，見載於氏著《國語左傳論集》，臺北：東昇出版事業公司 1980 年版，頁 184），由於宋庠完整地收錄了《舊音》，所以《舊音》得傳，根據馬國翰（1794～1857）《玉函山房輯佚書》所輯《國語音》統計，《國語舊音》共 1053 條，如果算上周、魯、齊、晉、鄭、楚、吳、越八語的音義條目，則為 1061 條，馬國翰序云：「此編《唐志》及各家書目皆不著錄，世無行本，惟庠《補音》謂因舊本而廣之。今撿庠書全載《舊音》，其自為廣續者必加『補音』或『今按』以別之，就中錄出，仍完故帙。其體例與陸德明《經典釋文》不殊，雖涉簡略而賈逵、唐固、孔晁諸家說猶及引徵，可與韋注互攷。又間引《字苑》、《韻集》、《珠叢》、《纂文》等書，皆散佚僅見者，唐時諸書尚存，故作音者得以援據。庠多空言排

斥，似未為允論也。」（上海古籍出版社 1989 年版，頁 2972）馬氏之言可謂知《舊音》之價值者矣。（三）《宋史·藝文志》載《國語音義》一卷，張以仁謂《宋史·藝文志》所載《國語音義》一卷是和《舊音》同一類型的著作，今已亡佚，未知是否即是《舊音》。張以仁的這個說法有一定合理性，卻無法證明其是非。又《通志》載《國語音略》一卷，已佚，亦當屬此類。宋庠在《國語補音敘錄》中確定《舊音》為唐人所作，張以仁又進一步論證《舊音》「作者唐人，大概不成問題」（《國語舊音考校》，《國語左傳論集》，頁 184）。而劉芳《國語音》也沒有見著錄於《隋書·經籍志》、新舊《唐書·藝文志》中。唐人《舊音》究竟是在劉芳基礎上撰成，還是自為之，恐怕很難考求了。根據《補音》撰例，凡《補音》增補音注，往往加「補音」、「今按」以明之，這也成為後人區分《舊音》和《補音》的一大標識。清人馬國翰輯《國語音》一卷，即用此法。馬國翰所謂宋庠「排斥似未為允論」可為公允之言。拙著《〈國語補音〉異文研究》對《舊音》價值有所揭示，亦可參。本書所用為《中華再造善本工程》影印國家圖書館藏宋刻宋元遞修本《國語補音》。

10.《非國語》。唐柳宗元撰，共二卷。柳宗元《非國語》是唐代現存唯一的一部《國語》研究著作。柳宗元對《國語》頗多評議，認為《國語》「其文勝而言尨，好詭以反倫，其道舛逆」。《非國語》六十七篇，分為上下二卷。柳氏於每篇先引述《國語》原文，下加評議。其引文本身也可以作為一種文獻參照藉以考校《國語》本文。《非國語》收入《柳河東集》之中，後世註釋者亦參《國語》為之注，並時加引述。根據《與呂道州溫論〈非國語〉書》注「溫字和叔，亦字化光。溫卒，公嘗為之誄，云：由道州陟為衡州，卒時元和六年八月。則此書當在六年前也。」給吳武陵、呂溫寫信的時候《非國語》已經完成。《非國語序》注認為《非國語》作於元和三、四年間（808～809），即柳宗元被貶謫永州之時。六十七篇之中，其中《晉語》39 篇，《周語》15 篇，《魯語》6 篇，《楚語》3 篇，《鄭語》2 篇，《齊語》、《吳語》各 1 篇。則所擷取《國語》中篇章，皆柳氏認為「說多誣淫，不概於聖」者。宋元明三代多有不滿於柳宗元《非國語》而為駁論者，但是唯有《非國語》完整流傳於世。說明《非國語》自有其價值。《國語鈔評》、劉懷恕刻《國語》、《國語評苑》、道春點本、千葉玄之本等一系版本皆引述柳宗元《非國語》平議，共 50 條。由於千葉玄之本直接引述自道春點本，故千葉玄之每以《國語》所錄柳宗元評點與柳氏文集相校。

　　11.《國語補音》。宋人宋庠撰，共三卷。宋氏此書當為《經典釋文》這類音義體中的重要仿作。先以單行本行世。自朝鮮經筵本、張一鯤本等散入《國語》正文之後，又以「補音本」形式行世。故世存單行本和補音本兩種形式。拙著《〈國語補音〉異文研究》總結《國語補音》具有：（1）音韻學及音韻學史價值；（2）文字學價值；（3）訓詁學價值；（4）《國語》版本價值；（5）《國語》本體研究價值；（6）漢字構形的研究價值。（臺北：蘭臺出版社 2015 年版，頁 13～14）實際上《國語補音》本書即參照張一鯤本的方式，把遞修本《補音》隸入《國語》原文以韋注相關內容之下，並也具有文獻比證價值，其中所引述的一些典籍資料，可與今傳本進行比證。本書臚列《補音》相關條目並引錄陳樹華、錢保塘、張以仁等人的校勘成果和《補音》相關版本以及張一鯤本系統進行校勘。

　　12. 黃震《黃氏日鈔·讀雜史》。黃震《黃氏日鈔》卷五一至卷五四共四卷為「讀雜史」，其中所辨《國語》條目收在卷五二。「雜史」之名較早出現於《隋書·經籍志》，謂：「自後漢已來學者多鈔撮舊史自為一書或起自人皇或斷之近代亦各其志而體制不經又有委巷之說迂怪妄誕真虛莫測然其大抵皆帝王之事通人君子必博采廣覽以酌其要故備而存之謂之雜史。」又《舊唐書·藝文志》云：「三曰雜史，以紀異體雜紀。」其說本《隋志》。但在《隋書·經籍志》、新舊《唐書·藝文志》中，《國語》隸屬於經部春秋類。宋高似孫（？～1231）在其《史略》卷五「雜史」類中列《春秋前傳》、《春秋前傳雜語》、《春秋後傳》、《魯後春秋》、《春秋時國語》、《春秋後國語》入「古雜史」，鄭樵《通志·藝文略》、焦竑《國史經籍志》等因之。至明陳山毓（1584～1621）《陳靖質居士文集》卷五《雜史序》則云：「春秋之外傳也，策士之敘錄也，雜史其權輿於此乎？太史公業採之以作《史記》，而二書仍復孤行。言之成文，故其行也遠矣。嗣是厥後，假託依附，而《吳越春秋》、《西京雜記》諸書紛然竝出。」（《四庫禁毀書叢刊·集部》第 14 冊，北京出版社 1997 年版，頁 623）纔較明確提出《國語》、《國策》為雜史之權輿。而遠在宋朝的時候，黃震就把《國語》歸入雜史，實屬首創，為《四庫全書》把《國語》歸入雜史類提供了理論與實踐基礎。審黃氏《讀國語》既有對《國語》全書的評價，如對《國語》作者、韋注特徵、《國語》內容等相關方面的意見，又有對《國語》具體篇章事件的評點，雖然條目不多，但對於各語皆有評騭。此外，還並時引《國語》韋注，並案以己見。

13. 葉適《習學記言序目》。今習見者為中華書局點校本。今檢葉氏《習學記言序目》卷十二為《國語》，其中《周語》6 條、《魯語》3 條、《齊語》8 條、《晉語》14 條、《鄭語》3 條、《楚語》5 條、《吳語》1 條、總論《國語》1 條，合共 41 條。其中《周語》、《晉語》、《鄭語》皆有總論。其所論述往往著重古今對比。他對《國語》的看法亦頗通達可採，認為《國語》、《左傳》作者非一人，《左傳》有採《國語》之處，是具有參考價值的。

14. 王觀國《學林》。王觀國為南北宋之交的學者。所著《學林》十卷為讀書札記，考辨經史，卓有新義。其中辨析字義之處多有可採之處，本書亦有採用其說之處。又王觀國《學林》卷七有《柳子厚非國語》一篇，對《非國語》八則提出不同意見。

15. 劉城《春秋外傳國語地名錄》。劉城序云：「予既詮次《內傳》地名，置之篋中，蓋數歲矣。後此讀《春秋》，輒觀大義，不復比類求之。近偶一巡覽焉，亦自謂粗有考索也。旋以《國語》參定，其間同者什之七，異者什之三，又周晉采地多散見卿士姓號中，（如召、樊、范、單、趙、樂、羊舌之類）予鈔《內傳》時，皆棄而弗取，今併裒採補其闕遺，試以合諸前錄，庶幾備《春秋》之版籍云爾。雖甚寥寥，為猶賢乎雞肋也。」按地名在《國語》中的出現先後次序順次排列，地名之下出釋文，釋文基本採自韋注，少有新義。故本書所採者少。又劉城尚有《春秋外傳國語人名錄》一卷，序云：「予錄地名，《外傳》別出，故人名亦如之。世稱《國語》，亦左氏手，以采摭博富，繹經不盡，乃別用義類，成書而外之以別乎內傳云爾。按《春秋》之義，內中國禮義之人，外亂賊之人，斷斷然也。我觀後世有一系之人而祖父內、子孫外者矣，有一姓之人而伯叔內、仲季外者矣，有一人之身而少壯內、末路外者矣，有不得已之人而魂魄內、衣冠外者矣。之數人者，律以春秋之法，當何等乎？嗟乎在三代之世，其傳外也。外傳之人，則皆內逮乎今日。其氏族內也，而人則皆外，吾烏乎傳之，悲哉！」其撰述之例與其《地名錄》大體相同，蓋屬纂輯之類，少有創發。

16. 公鼐、呂邦燿《國語髓析》。詳見上。

17. 穆文熙《國語評苑》。見上。《國語評苑》錄穆文熙評語 149 條。程繼紅《明清〈國語〉評點研究》（安徽師範大學碩士學位論文）認為穆文熙的評點最突出的特徵就是對人的關注，並認為穆氏評點滲入個體體驗，注重人物品格、處事之道，同時也注重篇章語言、文章結構等。程氏的總結值得參考。

18. 李元吉《讀書囈語》。李元吉字允慶，大荔人。萬曆八年（1580）進士，曾官戶部郎中。其《讀書囈語》十卷為讀書筆記，依次為《四書》、《易經》、《尚書》、《詩經》、《春秋》、《禮記》、《左傳》、《國語》、《戰國策》、《史記》。其中卷八為《國語》，共平議《國語》77 條。其說頗有見地，對於進一步深入研討相關語義問題具有一定積極意義。

19. 臧琳《經義雜記》。臧琳（1650～1713），字玉林，江蘇武進人。《清史稿》有傳，謂其「治經以漢注唐疏為主，教人先以《爾雅》、《說文》。曰：『不解字，何以讀書？不通訓詁，何以明經？』鍵戶著述，世無知者。有《尚書集解》百二十卷，《經義雜記》三十卷。閻若璩稱其深明兩漢之學，錢大昕校定其書，云：『實事求是，別白精審，而未嘗輕詆前哲，斯真務實而不近名者。』段玉裁為《經義雜記》作序，謂：「今得其《經義雜記》三十卷讀之，發疑正讀，必中肯綮，旁羅參證，抉摘幽微，精心孤詣，所到冰釋。」評價很高。《經義雜記》由臧庸（1767～1811）編訂而成，卷次編排不是按照所考辨的專書為序，而是以一定條目數量為序，共三十卷五百一十七則（據臧庸序）。其中有些考辨《左傳》的條目，也頗有助於《國語》問題之研究。如卷五「室如縣罄」條、卷六「犧尊象尊」條、「三川實震」條、卷七「權子母輕重」條、「施、弛古通」條、「袷服振振」條、「欒、范易行」條、卷十四「李梅實」條、卷十七「辛未朝於武宮」條、卷二十一「伍舉實遺之」條、卷二十九「周咨諏謀度詢」條、「大城陳蔡不羹」條、卷三十「夢黃熊」條、「郁香艸」條、「每懷靡及」條，皆與《國語》有關聯者，對於推動或進一步深入研究《國語》以及韋注皆有裨益。

20. 王懋竑《讀書記疑》。王懋竑（1668～1741），字予中，號白田，寶應人。康熙五十年進士，任安慶府教授，雍正元年被召引見，授翰林院編修。雍正三年，以勞病辭歸。著有《白田草堂存稿》、《朱子年譜》。《讀書記疑》共十六卷，按照經史子集順序排列。《國語存校》在卷十一，共考校《國語》375條，大體包括這樣幾個方面內容：（1）訂正譌字以及衍、脫、倒乙；（2）闡明文字通假之理；（3）明韋注所本；（4）疏證制度；（5）補釋文義。王氏所據《國語》當為張一鯤本的翻刻本。所據之本匪稱精良，又未參他本，故有些校勘條目實際上是沒有意義的。雖然他自己說「宋氏《補音》原自為一卷，今本附各條下。據今本凡例亦有刪補，非宋氏之舊矣。當更考宋本正之」，但其治學宗義理，並未及此。馬敘倫（1885～1970）《讀書續記》即謂：「王所據為

劣刊也。王白田之學長於性理，校勘疏證，均其所疏。」這個評價是有道理的。總體來看，王懋竑校勘還是有價值的，至少代表著清代前期《國語》校勘的較高成就。

21. 渡邊操《國語解刪補》。渡邊操（1687～1775），字友節，號蒙庵。有《老子愚讀》二卷、《國語解刪補》二卷、《莊子口義愚解》二卷、《左傳講述》、《詩傳惡石》、《讀非國語》、《蒙庵先生詩集》等著作傳世。其《國語解刪補》是日本現存最早的《國語》研究著作。其自序云：「余少壯之時，從春臺先生讀《國語》，而後稍後解文義。既而錄其舊聞，欲傳之子侄，綿綿世氛不已，年亦老矣，無如之何。今茲庚辰春，奮然將錄舊聞，且附一二愚攷，稿稍成矣，以欲精寫焉，老廢而力不足，拙筆不盡意。已乎！已乎！祗堪自歎。近日門人沼津伯寓偶來，謂曰：『中道而廢，惜也！我代子而成其緒。』乃命之書焉。顧尚多遺失，雖不足觀，書其大抵以貽兒輩耳。」可見，其《國語》之學源出太宰純，而其書之最後定稿，則有其門生沼津伯寓的功勞。其自序已經說明了《刪補》的主要內容：「今韋氏解所引《詩》、《書》，考其所出，並錄一二管見，欲以便初學者也。今視坊間所傳本率略，文字多誤，本注亦有可疑。又宋庠音注註誤甚多，恐讀者惑焉，今併書舊聞之與愚按以傳之。」作此序時，渡邊操已七十四歲（時寶曆庚辰，即公元 1760 年）。今所見《國語解刪補》為寶曆十三年（1763）皇都書林永田調兵衛、風月喜兵衛刊本。分上、下卷，書名題《春秋外傳國語解刪補》。無目錄，依次為《春秋外傳國語解刪補序》、《國語解刪補·國語解敘》、《國語解刪補·國語補音敘錄》、《國語解刪補凡例》、《華本國語卷首》、《春秋外傳國語解刪補》卷上、《春秋外傳國語解刪補》卷下，依照《國語》卷次順次編排，其中《周語》三卷與《魯語上》為上卷，其他部分為下卷。其凡例交待撰述體例最詳，應為所有《國語》撰述著作交待最為明晰且嚴謹者。《刪補》引述《國語》語句頂格，案語與引文之間空格，往往用「操案」以別，也有很多條目不加「操案」二字。凡每章首次刪補之句，句前加「○」以別之，這一點在其《凡例》中已經有所說明。檢點全書，其中《國語解敘》19 條、《國語補音敘錄》16 條、《周語上》63 條、《周語中》47 條、《周語下》57 條、《魯語上》29 條、《魯語下》30 條、《齊語》29 條、《晉語一》24 條、《晉語二》20 條、《晉語三》1 條、《晉語四》44 條、《晉語五》13 條、《晉語六》16 條、《晉語七》13 條、《晉語八》17 條、《晉語九》23 條、《鄭語》21 條、《楚語上》24 條、《楚語下》24 條、《吳語》30

條，《越語上》14 條，《越語下》18 條，合共 592 條。內容涉及到多個方面，引《左傳》以明二者內容相同，引盧本以相校勘，引通人以明訓詁，商討韋注、辨明文字訓詁、引證典章制度。其中時引太宰純之說，引必稱「春臺先生」，其中《敘錄》引 1，《周語上》引 2，《周語中》引 2，《周語下》引 4，《魯語上》引 1，《魯語下》引 1，《齊語》引 1，《晉語一》引 2，《晉語二》引 2，《晉語四》引 3，《越語下》引 1，總共 20 條。渡邊操氏的《國語》研究成果在日本《國語》研究史上具有一定影響，千葉玄之《韋注國語》徵引渡邊操氏之說頗多，服部元雅《國語考案》、秦鼎《國語定本》也多見引用。

　　這裏要附論一下太宰純。太宰純（1680～1747），字德夫，號春臺，又號紫芝園，通稱彌右衛門，自署信陽人。其弟子松崎惟時（1725～1775）撰有《春臺先生行狀》（見《春臺先生紫芝園後稿附錄》，澁川清右衛門、西村市郎右衛門、西村源六寶曆二年刊本，頁 5～14）交待其一生行止、思想、學術、著述較詳，今撮其大要如下：

> 先生諱純，字德夫，姓太宰氏，本姓平手，不詳所出。自其先嘗居尾州愛智郡平手里，為平手氏。五世祖中務太輔諱政秀，仕織田氏，為信長傅，食祿二萬石。信長立不君，中務君驟諫弗聽，作疏自殺。信長感懼臨喪，及發引，手執引云。高祖監物諱汎秀，為信長騎將，三方原之役，神祖請救於尾州，信長遣三將往救，監物君其一也。君受命，矢死以出，尾兵失利，遂死焉。曾祖諱秀言，及織田氏亡，移於加賀。祖諱言親，仕加賀大夫橫山氏。考空府君諱言辰，以季子出為姻族太宰謙翁之嗣，仕飯田侯親昌，遂冒太宰氏，歷事三世，督火器隊，致事而退，巧武藝，最名善槍。妣清水孺人，謙翁之外孫女也，配空谷君，生三子。長曰重光，因廢疾為僧。次為先生。次女，適匹田氏。延寶八年庚申九月十四日庚午，先生生於信陽飯田。……

> 先生為學，夙夜黽俛，終食之外，手未嘗釋卷，天下之書無不讀，天下之事無不通。其義出經傳，事涉子史，上下數千載，歷歷如視諸掌者，讀其所著可知也，今不具論。若乃天文律曆、算數字學、音韻書法、象胥之言，浮屠巫祝、醫方駁雜之說，莫不旁通，洞究精微。其讀書必從校訂，字縷句畫，鉛槧不苟。義疑者簽貼，理謬者塗抹，字譌者改正，音韻必和，字畫必正，先儒未有及先生

之精密者也。其屬文，千言立成，筆翰如流，語不加點，大小筆墨，
刊行著述，皆親繕寫，遠近書疏，莫不手答，博綜音樂，最善橫笛。
於其家世、為學所言較詳。初學程朱，後服膺物貿卿之學，與服部元郭、帆足
萬里、龜井南冥等俱學於物貿卿之門，因而講古學。著有《經濟錄》、《易占要
略釋注》、《古文孝經標註》、《標箋孔子家語》、《獨語》、《六經略說》、《論語古
訓》、《論語古訓外傳》、《詩書古傳》、《辯道書》、《聖學問答》、《倭讀要領》、
《親族正名》、《倭楷正譌》、《老子特解》、《紫芝園漫筆》、《春臺先生紫芝園
稿》、《易道撥亂》、《律呂通考》、《產語》、《朱氏詩傳膏肓》等。今太宰純所存
諸著中，無《國語》研究著作。其《紫芝園漫筆》十二卷中，涉及《國語》條
目也僅僅二三條而已。今《紫芝園稿》中有《與友節書》一篇，是討論渡邊操
《老子愚讀》的，太宰純謂：「《老子愚讀》卒業返上。讀《老子》者得之，必
思過半矣。……純嘗欲注《老子》，有志而未果，幸有餘年，或及之耳。足下
此撰，希逸氏見之，其將夜遁，痛快痛快。」（《春臺先生紫芝園後稿》卷十
四，同上，本卷頁 26～27；並見渡邊操《老子愚讀》書後）其文集、筆記中
並沒有對《國語》進行集中討論的文字。而渡邊操注明稱引者亦僅二十條。
又服部元雅《國語考案》僅存《魯語》二卷，其中引述太宰純考辨《魯語》條
目往往注明「純按」、「春臺曰」字樣，如此之類有 6 條，比《刪補》多 4 條。
又服部元雅尚引《家語》春臺注 1 見。服部元雅之父服部元喬（1683～1759）
與太宰純同學於物貿卿之門，或因此有所得。太宰純的《國語》研究成果恐
怕還需要仔細尋繹，或有收穫。

22. 關脩齡《國語略說》。關脩齡（1727～1801），字君長，號松窗，初從
井上蘭臺（1701～1751）學，為徂徠學派的重要學者。有《國學釋奠儀注》、
《國語略說》、《戰國策高注補正》、《巡海錄》、《經典釋文校訂》、《儀禮堂志
考》、《先聖孔子畫像服章考》，並校《經典釋文》、《蘭臺先生遺稿》、方苞（1668
～1749）《周官集注》、方苞《周官析疑》、《考工記析疑》、《周官辨》等書。又
日本關西大學圖書館藏有齋藤氏享和元年（1801）寫本《桑家漢語抄》十卷，
該書卷頭題原本為關脩齡所藏明和五年（1768）抄本。又關脩齡曾為千葉玄
之《雲閣先生文集》作序，云：「及其遊林子之門，始與予相識。」（見載於飯
室昌符輯校、飯田巍朝略注《雲閣先生文集》）《國語略說》共四卷，每卷又分
上下，自第一計至第八，實共八卷，以國為卷，由於《晉語》篇幅較大，故第
四又分上、下。書前有關脩齡門生新井熙序，又有關脩齡自序。新井熙序云：

「蓋謂《國語》之與《左傳》同出左丘明，丘明抱良史之材，著為內外傳，實萬世文章之祖。雖間有浮誇過實，要不失為巨麗也。但言高則旨遠，學者所宜研究焉。因取《國語》，參考眾說，依陸氏訂其音，舊注之謬，就加是正。天文、履曆，多所發明，可謂後進之津筏矣。」是闡述關脩齡對《國語》的基本認識以及《國語略說》的基本研究內容。關脩齡篤信司馬遷「左丘失明，厥有《國語》」之言，謂：「先儒注《國語》數家而韋君薙芟殆盡，其學瞭然，獨專美於古今，雖有孔晁解，所以湮晦不傳也。顧簡古難乎通解，我寡陋也，不能思而得焉。妄參酌眾說，竊述蹇淺之思，猶日中見沫，芴乎芒乎，不可指象矣。況截其句而離析之，意義斷隔乎？夫錦繡之美，苟尺寸而割之，錯綴失制，則人皆悽惋，不欲觀之。古人崇尚是書，既稱外傳，多於其為美錦。我操刀之不能，而縱其所為，自知不免乎無賴之誚！」新井熙序與關脩齡序皆作於寬政壬子（1792）。同年，是書由京阪書林前川嘉七、矢代仁兵衛合梓。今檢《國語略說》在著作體例上最為嚴謹有條理。全書以篇為單位，每一篇截取所釋之句大字書之，關脩齡個人見解小字於下，此當謂之「考文」而不名。後則分別三類為「考注」、「音補」、「正異」，這三部分內容都基本依照原文的次序依次為考之，一般先出原文，次為辨析。考注者，考注文訓詁之得失，注文引文出處，其他可與注文相參者；音補者，他處注音此處不注者增之，生僻之字而全書無注者補之，以為當出音注者出之；正異者，本書有文字訛誤者正之，或以他本相校而得，或本校而得，或理校而得。從全書整體上看，第一部分當是關脩齡氏用功所在，該部分考辨條目：《國語解敘》25 條，《補音敘錄》15 條；《周語上》標題 1 條，首章 15 條，第二章 3 條，第三章 13 條，第四章 9 條，第五章 1 條，第六章 17 條，第七章 5 條，第八章 2 條，第九章、第十章各 7 條，第十二章 16 條，第十三章 19 條，第十四章 7 條，共 122 條；《周語中》首章 5 條，第二章 15 條，第三章、第十一章各 17 條，第四章 14 條，第五章 3 條，第六章 1 條，第七章 22 條，第八章 31 條，第九章 9 條，第十章 7 條，共 141 條；《周語下》首章 11 條，第二章 23 條，第三章 27 條，第四章 14 條，第五章 13 條，第六章 27 條，第七章 20 條，第八章 2 條，第九章 8 條，共 145 條；《魯語上》首章、第二章各 9 條，第三章、第十章、第十二章各 3 條，第五章、第十五章各 8 條，第六章、第十三章各 6 條，第七章 11 條，第八章 4 條，第九章、第十四章各 7 條，第十一章 5 條，共 89 條；《魯語下》首章、第三章、第五章、第十章、第十一章、第十二章、第十六

章、第十七章各 1 條，第二章、第六章、第二十一章各 5 條，第四章 10 條，
第七章 7 條，第八章、第十八章各 3 條，第十三章 16 條，第十四章、第十九
章各 2 條，第十五章 6 條，共 72 條；《齊語》篇題 1 條，首章 31 條，第二章
18 條，第四章 22 條，共 72 條；《晉語一》篇題 1 條，首章、第六章各 5 條，
第二章 20 條，第三章、第四章、第五章各 3 條，第七章 8 條，第八章 2 條，
第九章、第十一章各 9 條，第十章 27 條，共 95 條；《晉語二》首章 15 條，
第二章、第六章各 10 條，第三章 8 條，第四章 3 條，第五章 1 條，第七章 41
條，第八章 9 條，共 97 條；《晉語三》首章 7 條，第二章 19 條，第三章 1 條，
第四章 6 條，第五章 23 條，第六章 8 條，第七章 13 條，共 77 條；《晉語四》
首章 67 條，第二章 7 條，第三章、第十章、第十四章各 1 條，第四章 12 條，
第五章 8 條，第六章 11 條，第七章 7 條，第八章 6 條，第九章 2 條，第十一
章 3 條，第十三章 11 條，共 137 條；《晉語五》首章、第五章各 4 條，第二
章、第九章各 6 條，第三章、第十二章、第十三章、第十四章各 1 條，第四
章、第七章各 2 條，第六章 3 條，共 31 條；《晉語六》首章 16 條，第二章、
第九章各 5 條，第三章、第八章各 1 條，第四章、第五章各 3 條，第六章 5
條，第七章 7 條，第十章 4 條，第十一章 2 條，共 52 條；《晉語七》首章 15
條，第二章、第四章各 3 條，第三章 7 條，第五章、第六章各 2 條，第七章
7 條，第八章 4 條，共 43 條；《晉語八》首章 19 條，第二章、第十三章各 2
條，第三章、第八章、第十八章各 3 條，第四章 12 條，第五章、第十章各 5
條，第六章、第十一章、第十四章、第十五章各 4 條，第九章 1 條，第十二
章、第十六章各 7 條，第十七章 6 條，第十九章 9 條，共 96 條；《晉語九》
首章、第十一章、第十九章各 4 條，第二章 7 條，第三章、第七章、第十四
章各 5 條，第六章、第十二章各 1 條，第八章、第二十章各 6 條，第九章、
第十六章、第十七章各 3 條，第十章 11 條，第十八章 2 條，第二十一章 8 條，
共 78 條；《鄭語》全章 26 條；《楚語上》首章 21 條，第二章 1 條，第三章 3
條，第四章、第五章各 15 條，第六章、第七章、第八章各 9 條，第九章 5 條，
共 87 條；《楚語下》首章 20 條，第二章 34 條，第三章、第六章各 6 條，第
四章 4 條，第五章 3 條，第七章 9 條，第八章 8 條，第九章 32 條，共 122 條；
《吳語》篇題 1 條，首章 21 條，第二章、第五章各 11 條，第三章 15 條，第
四章 2 條，第六章 12 條，第七章 9 條，第八章 7 條，第九章 19 條，共 108
條；《越語上》篇題 1 條，凡一章 18 條，共 19 條；《越語下》首章 12 條，第

二章 4 條，第三章、第五章各 3 條，第四章 1 條，第六章 12 條，共 35 條。
僅考辨條目就有 1892 條，已是渡邊操《國語解刪補》條目的三倍、千葉玄之
《韋注國語》條目的 1.5 倍，和徐元誥《國語集解》全部考辨條目基本相同。
如果再加上音補、考注、正異的話，《國語略說》數量相當可觀。關脩齡的《國
語》研究細密度已經遠遠超過徐元誥《國語集解》、董增齡《國語正義》，並直
追韋昭了。

23. 中井積德《國語雕題》。中井積德（1732～1817），字長叔，號履軒，
中井竹山兄弟。中井氏世掌懷德書院。後竹山去世，中井積德繼續掌之，是
日本著名的儒者。日本多種傳記資料都記述他器宇軒昂，不好交遊，一心閉
門著述，故其著作宏富。審松村操編《近世先哲叢談・正編》卷上云：「中井
積德，字處叔，號履軒。大阪人，竹山弟。履軒志氣高尚，交不苟合，不妄出
戶，自號幽人以隱居。談論奇僻，動輒駭人聽。有書生來謁，則曰：『汝先學
飲酒，而後可以學文。否則，鬱悶發病而死矣。』履軒所著書皆不錄己名氏，
又不輒示人焉，曰：『我俟後之子雲。』文辭圓活，甚有奇致，以為東坡後無
文，為詩必用古韻，不奉沈約之政。履軒自少至老，矻矻考索經旨，手不釋
卷。始著《七經雕題略》，晚又著《七經逢原》，發明經旨，益致精緻。世罕有
其儔，歸然別為一家。然而不求人知也。竹山死之後，每月於懷德書院為門
弟子說《尚書》，謂曰：『伯氏經業，小子當學焉。若幽人之事，可不必傚焉。』」
（日本明治十三年柳園喜兵衛、巖巖堂等刊本，頁 43～45）可謂詳備。今見
中井積德著有《左傳雕題》、《春秋左傳雕題略》、《周易雕題》、《詩雕題》、《論
語雕題》、《中庸雕題》、《史記雕題》、《漢書雕題》、《小學雕題》、《戰國策雕
題》、《論語逢原》、《華胥國物語》。其《國語雕題》未見刊本，今筑波大學圖
書館藏有寫本五冊。關於該本的著錄與研究，日本都留文科大學教授寺門日
出男有所涉及。審寺門日出男撰有《中井履軒の「国語」注釈について》（《中
國研究集刊》第 26 號，頁 13～26，2000 年 6 月）、《中井履軒撰「国語雕題」
について》（《國文學論考》第 37 號，頁 1～7，2001 年 3 月）兩篇論文，於
中井積德《國語》研究言之較詳，可以參考。

24. 董增齡《國語正義》。董增齡，字慶千，號壽群，南潯人。生卒年不
詳，與徐養原（1758～1825）為表兄弟，與施國祁（1750～1824）也有往還。
著有《論語雅言》、《國語正義》、《規杜繹義》、《金匱集解》、《江海明珠》等
書。東京大學人文研究所收有光緒六年（1880）會稽章氏式訓堂刊本《國語

正義》12冊，並根據董增齡為《國語正義》所作自序「今年踰四十。平日所聞於師友者。恐漸遺忘。是以就已撰集者。寫錄成編。奮螳蜋之臂。未克當車矢。精衛之誠。不忘填海。歲在閼逢閹茂。始具簡編。時經五稔草創初成」文字，推斷董增齡大約乾隆四十五年（1780）以前生，其《國語正義》成於嘉慶十九年（1814），可備一說。根據董氏自序「宋公序《補音》本及天聖本兩家並行，近曲阜孔氏所刻用《補音》本。今兼收二家之長，而用《補音》本者十之七八云」、「韋解孤行天壤間已千五百餘年，未有為之疏者」可約知其所依從及其志向。今檢董氏所用底本當為張一鯤本的翻刻本，故董氏稱為「補音本」，其間有依從明道本之處，也有臆改之處。可見，董增齡有為《國語》作定本的跡象。只是有些改易是說得通的，有些改易則過於武斷，並不足取。王引之謂：「所著《國語正義》援據該備，自先儒傳注及近世通人之說，無弗徵引。又於發明韋注之中時加是正，可謂語之詳而釋之精矣。」（羅振玉輯印《高郵王氏遺書·王伯申文集補編上》，南京：江蘇古籍出版社2000年版，頁28）徐養原撰有《與董慶千論撰〈國語正義〉書》（徐養原：《頑石廬文集》，見前，頁740）一文，既有對董增齡《國語正義》的肯定，也有對其打破疏不破注成例的批評，同時還言及《國語》逸注的輯佚問題，近世通人學術成果如何採信的問題等等。施國祁《國語新疏說（與董壽羣）》（見氏著《禮耕堂叢說》）對董氏《正義》進行了高度評價，同時也指出了其中存在的問題。今所見式訓堂刊本《國語正義》，可見董氏是吸取了徐養原的建議的。從上海圖書館所藏董增齡稿本來看，這個清稿本是董增齡呈送王引之等人請教的，王引之在其書上簽識數條，歸還董增齡。式訓堂刊本是根據董增齡《正義》的改訂本進行刊刻的。董增齡小學功力較淺，故訓詁方面用力較少，辨駁韋注者，亦多引他書，而無考辨。其所考辨，又有襲用前人而不出注者。該書於典章制度則用力較深。檢刊本全書疏證共1425條，絕大多數條目徵引宏富，堪稱淹博。但其所引述資料往往存在剪裁不當、引文重複、文字錯謠、張冠李戴、標注不完整等問題。本書以式訓堂刊本錄文，凡稿本有不同之處，於每條之後揭出。

25. 王煦《國語釋文》、《國語補補音》。王煦（1758～1837），字汾原，號空桐，浙江上虞人。著有《說文五翼》、《文選七箋》、《小爾雅疏》、《春秋外傳國語釋文》、《國語補補音》、《空桐子詩草》、《毛詩古音》、《嘉慶續修湘鄉縣志》等，皆傳於世。光緒間《上虞縣志》有傳。清人書目中很少有著錄《國語

釋文》與《國語補補音》二著者，唯《上虞縣志》著錄。此後范希曾《書目答問補正》予以著錄。徐復先生（1912～2006）《國語譯註序》曾提到王煦《國語釋文》一書，是學者中較早注意之者。《國語》研究者更少涉及，紹興文理學院俞志慧教授較早注意到王煦二書的學術價值（見俞著《國語韋昭注辨正》，北京：中華書局 2009 年版，頁 4）。今所見為觀海樓咸豐戊午（1858）重鑴《國語釋文》共 399 條。《春秋外傳國語補補音》二卷，版同《國語釋文》。其中《周語》、《魯語》、《齊語》為一卷，其他為一卷，共 63 條。《國語釋文》實仿《經典釋文》之例，專為《國語》而作，研討異文、辨明通假、考辨訓詁。《國語補補音》專為《補音》而作，商討音讀並考辨文字等等。

　　26. 黃丕烈《校刊明道本韋氏解國語札記》。黃丕烈（1763～1825），字紹武，一字承之，號蕘圃、紹圃，又號復翁、佞宋主人等，長洲人。精於考校，極富藏書，刻書多種，江標撰有《黃丕烈年譜》，可參。傳有《士禮居藏書題跋記》、《蕘圃藏書題識》等，余鳴鴻、占旭東點校有《黃丕烈題跋集》（上海古籍出版社 2013 年版）。黃丕烈的《札記》和序言都是顧廣圻代作。《札記序》原收在顧氏《思適齋集》中，今已收錄在王欣夫輯錄之《顧千里集》中。審李慶《顧千里研究》之《顧千里年譜》嘉慶四年（1799）「十一月二十七日，代黃丕烈撰《校刊明道本韋氏解國語札記序》，將所撰《札記》題黃丕烈之名，並助其刊行，收入《士禮居叢書》之中。」（氏著《顧千里研究》，上海古籍出版社 1989 年版，頁 68）又李慶本處有注釋，云：「關於《札記》出於顧千里之手，前人亦有論及。神田喜一郎《顧千里年譜》是條下有按語曰：『《國語札記》題為黃丕烈撰。但讀先生《跋影宋本國語後》一文，知此書於乾隆六十年經先生手校，則《札記》自應成於先生之手。且其《序》又為先生代作，見《思適齋集》卷七，而謂《札記》不出於先生，其誰信之？』趙詒琛《顧千里先生年譜》亦云：『先生為蕘圃撰影宋明道二年刊《國語札記》，並代寫序文。』」（氏著《顧千里研究》，同上，頁 72）後在其增訂本中又進行了進一步擴充論證，出附錄《〈國語札記〉作者考》一篇（臺灣學生書局有限出版公司 2013 年出版，頁 439～440）。實際上，清人錢保塘早就對顧廣圻代黃丕烈作《校刊明道本韋氏解國語札記》有明確的結論了，見前文。此外，段玉裁《答顧千里書（己巳）》：「足下昔年為《列女傳》、《國語》校語，尚就正於僕。」（《經韻樓集》卷一一，道光元年刻本，本卷頁 44）劉盼遂（1896～1966）《段玉裁年譜》謂嘉慶己未：「是年，顧千里代黃蕘圃作《國語札記》，恒就正先生。」（《劉盼

遂文集》，頁 417）這一點，在顧廣圻文集中也有反映。管庭芬、章鈺《讀書
敏求記校證》引嚴元照云：「嘉慶庚申蘇州黃氏讀未見書齋翻刊明道本，吾友
顧千里代為考證，附校記一卷。」（引自《藏園批注讀書敏求記校證》，北京：
中華書局 2012 年點校本，頁 70）段玉裁雖然沒有說顧氏代黃丕烈作《札記》，
但是已經提到顧氏校《國語》之事，也可以作個旁證。嚴元照則已經比較明
確說明《札記》為顧廣圻代作了。日本二松學舍大學的小方伴子 2012 年 3 月
在《人文學報》第 463 號上發表《顧千里撰〈校刊明道本韋氏解國語札記〉
成立考》（見該刊該期，頁 1～24）一文，辨析更為詳審，亦可參。今檢《札
記》共 678 條，其中勘校《國語》正文 410 條，勘校注文 268 條。其中以「丕
烈案」出之者共 224 條，僅加「案」字者 2 條。引惠棟 164 條，稱「惠云」；
引段玉裁 85 處，稱「段云」；引夏文燾 8 條，則標為「夏文燾曰」；引錢大昕、
鈕樹玉各 2 條，分別稱為「錢先生曰」、「鈕樹玉曰」。凡以公序本對校之處，
悉以「別本」稱之。多辨明甲乙，並為按斷。

27. 恩田仲任《國語備考》。恩田仲任（1743～1813）是日本漢學家，號
蕙樓，尾張人。應該算作秦鼎（1761～1831）的鄉前輩。撰有《史記辯誤》（又
名《史記考》）、《世說音釋》、《世說訂疑》、《淮南指迷》、《蒙求續貂》、《國語
備考》、《米倉閒話》等著作，點校有《王建詩集》等。今所見《國語備考》為
日本國會圖書館藏鈔本，包括正編和補遺兩部分。其中《周語上》9 條，《晉
語一》10 條，《周語中》、《魯語上》、《晉語四》各 11 條，《周語下》26 條，
《晉語七》、《越語下》各 14 條，《魯語下》15 條，《齊語》16 條，《晉語二》、
《越語上》各 6 條，《晉語三》2 條，《晉語五》22 條，《晉語六》15 條，《晉
語八》34 條，《晉語九》21 條，《鄭語》16 條，《楚語上》13 條，《楚語下》
18 條，《吳語》19 條，補遺部分中《周語》11 條，《魯語》6 條，《晉語》9 條，
《越語》1 條，共計 334 條。另外，在《晉語二》、《晉語五》尚有 2 處朱筆題
識，實則共 336 條。審《備考》全篇文字前後不同，至《楚語下》則字體不
如前邊工整，較為潦草，且多俗書，如「書」寫作「畫」、「亡」寫作「亾」之
類，今徑統一，不再別出俗體。自《晉語五》始，其按語時出「仲任云」、「仲
任按」等標識，共 17 條，與其他各條不相類。因為該書無序跋，無法瞭解整
理的具體情形。但從有補遺來看，或者是其及門弟子根據批校所作的匯錄。
《國語備考》所參《國語》諸本有明道本、盧本、張本、俗本等。從其「齊語
備考」徵引《明道本札記》即為黃丕烈《校刊明道本韋氏解國語札記》可知，

恩田仲任所用明道本當即黃刊明道本，而恩田仲任的《備考》完稿當在 1800
年黃刊明道本、1804 年上善堂本刊行之後，即在恩田仲任的晚年。

　　28. 黃模《國語補韋》。黃模，字相圃，號書匡，錢塘人。徐世昌（1855
～1939）等編《清儒學案》謂黃氏：「嘉慶初歲貢生。少工詩，與同里吳錫麟
有李、杜之目。生平淡於榮利，親喪後，不復應舉。覃思經術，一意著述。嘗
以《大戴禮》中《夏小正》一篇，古來注解者甚多，因薈萃諸家舊說，融會貫
串，成《夏小正分箋》四卷及《異義》四卷。凡各家詮釋彼此互異者，復就己
意加以按語，考定是非，時稱精覈。又有《三家詩補考》、《國語補韋》、《竹書
詳證》、《蜀書箋略》、《武林先雅》及《壽雅堂詩》八卷。子士珣，字蒻泉，亦
歲貢生。客遊四方，留心當代故實，歸居城北，仿厲徵君《東城雜記》例，為
《北隅掌錄》二卷。又館同里汪中書遠孫家，校訂《咸淳臨安志》一百卷，世
稱善本。」（北京：中華書局 2008 年版，頁 7828～7829）對於黃模一生著述
交待較詳。周中孚《鄭堂讀書記》卷一九云：「《國語補韋》四卷，新刊本。國
朝黃模撰。模，字相國，號書匡，錢塘人。書匡以《國語》韋注尚有未備，
故為之補。夫既為補韋，必如惠松匡之《左傳補注》，究極訓詁，博極羣書，
從此毫無賸義，方無忝於補之一字。乃僅掎摭近代人書以疏通之，所引古書
殊覺寥寥，且併竹書紀年亦援以為證，試與之讀王伯申《經義述聞》第十二
卷，當爽然自失矣。」（上海古籍出版社 2002 年輯印《續修四庫全書》第 924
冊，頁 260）這個評價是很中肯的。《國語補韋》四卷分部，分別為《周語》
一卷，《魯語》、《齊語》一卷，《晉語》、《鄭語》一卷，《楚語》、《吳語》、《越
語》一卷。其中《周語》57 條、《魯語》36 條、《齊語》22 條、《晉語》64 條、
《鄭語》9 條、《楚語》23 條、《吳語》22 條、《越語》14 條，總 247 條。審
其所補，多引諸家之說，少有個人創發。247 條之中明確加「模案」者唯 28
處。其中引《補正》49 條，引《札記》7 條，引陶望齡 18 條，徐文靖 8 條，
賈逵 7 條，顧大韶 6 條，儲欣、孫鑛各 5 條，惠棟 4 條，趙一清 3 條，孫志
祖、王鳴盛、顧棟高各 2 條，引齊召南、黃震、黃宗羲、趙佑、唐固、孫琮、
閻若璩、顧炎武各 1 條。《札記》即《校勘明道本韋氏解國語札記》。但是所
引《補正》到底是誰氏著作，則無法確定。頗疑《補正》或即黃模個人撰述。
此外《國語補韋》尚引《史記》、《尚書》、《爾雅》、《三禮》、《說文》、《竹書紀
年》、《說苑》、《水經注》等書以及相關注解等等。檢浙江圖書館藏有道光年
間刊本，今常見者為民國二十四年（1935）開封邵氏古鑒齋刊本。

29. 王引之《經義述聞》。王引之（1766～1834），字伯申，高郵人。與其父王念孫並稱「二王」，著有《經義述聞》、《經傳釋詞》等書。其《經義述聞》共三十二卷，其中考辨《國語》的內容在該書卷二十、卷二十一兩卷中。今檢壽藤書屋道光七年刻本《經義述聞》，共考辨《國語》171 條，其中第二十卷考辨七十三條，第二十一卷考辨九十八條，包括《周語》46 條，《魯語》16 條，《齊語》11 條，《晉語》59 條，《鄭語》3 條，《楚語》18 條，《吳語》11 條，《越語》7 條。高郵王氏為乾嘉時期訓詁學之重鎮，以音義相通之理，以相關材料為佐證，對於傳統典籍中的僻字疑句多能有精妙之論，在《國語》方面也是如此。當然不可否認的是，王氏考證有一味求之過深之處，反未能解疑釋滯。

30. 嚴元照《娛親雅言》。嚴元照（1773～1817），字九能（一作久能），又字修能，清代浙江歸安人。見遇於阮元，曾在詁經精舍講學。有《爾雅匡名》、《悔菴文鈔》、《悔菴詩鈔》、《悔菴詞鈔》、《娛親雅言》、《蕙櫋雜記》等著作傳世。《娛親雅言》共六卷，卷一為《周易》、《尚書》，卷二為《毛詩》，卷三為三禮（附《大戴禮記》），卷四為《春秋》三傳（附《國語》），卷五為《論語》、《孟子》、《孝經》，卷六為《爾雅》。《國語》考辨條目附於《左傳》考辨條目之後，一共 6 條，其中《周語上》1 條，《周語下》2 條，《晉語一》1 條，《吳語》2 條。該本把「相望於艾陵」隸於《晉語》之下，殊屬失當。《周語上》1 條討論「先王世」之「王」字有無的問題，《周語下》2 條分別探討「聳」字與「貞定王」、「定王」問題，《晉語》1 條探討「蝎譖」訓詁，《吳語》2 條分別討論「簽」字與夫差爵位問題。其中又徵引徐養原、錢大昕之說。6 條考辨中，徵引徐養原之說 3 處，徵引錢大昕、梁玉繩各 1 處。

31. 陳瑑《國語翼解》。陳瑑（1792～1850）字聘侯，一字小蓮，江蘇嘉定人。其父陳詩庭（1760～1808），清嘉慶時期進士，學於錢大昕。《嘉定縣志》卷十九「文學」下有陳氏之傳，卷二十四著錄其《六九齋撰述稿》三卷、《說文引經考證》八卷，卷二十五著錄其《國語翼注》六卷，卷二十七著錄其《六九齋詩稿》。《國語翼注》下注云：「陳瑑著。周二卷，魯、齊、晉、吳各一卷。以韋氏為本，疏通其義，間補其闕，尤詳於訓詁。」（《嘉定縣志》卷二十五，本卷頁 5）徐仁甫對《國語翼解》的評價比較低，徐仁甫《陳聘侯〈國語翼解〉跋》云：「嘉定陳瑑字聘侯，一字恬生，長於書數之學，故自稱六九學人。有《六九齋撰述稿》、《說文引經考證》、《春秋歲星算例》、《說文舉例》，

皆精深閎遠，發前人所未發。又取經傳及近儒惠、戴、錢、段、邵、盧、王、程氏諸家之說，以輔韋昭之所不及，成《國語翼解》六卷。其書多以聲音解釋字義，而不免於穿鑿附會。」（氏著《乾惕居論學文集》，北京：中華書局 2014 年版，頁 27～28）徐仁甫的這篇文章撰寫於 1949 年 1 月 4 日，是目前所見到的最早對陳氏《國語翼解》進行研究的論撰。陳瑑《國語翼解》較廣傳播者即為廣雅書局刊本，刊本上沒有著錄具體的刊刻年，但是有的收藏機構標註為光緒十八年（1892）刊本。北京中華書局 1991 年以及上海古籍出版社 2002 年輯印《續修四庫全書》第 422 冊所收錄的本子即為廣雅書局刊本。審傅斯年圖書館藏有朱絲欄原鈔本，東京大學東洋文化研究所藏有《國語翼解》的覆傳鈔本。此外，南京圖書館藏有 1965 年的油印本一部。嚴一萍（1912～1987）《〈國語翼解〉跋》謂「今所見《史學叢書》流傳之本皆缺卷二之第九、第十、第二十三、第二十四及卷四之第二十九、第三十，卷五之第第十五、第十六，凡共八頁」，嚴氏所謂《史學叢書》本當即廣雅書局刊本。今檢廣雅書局原刊本與《續修四庫全書》所收《國語翼解》，頁碼齊全，廣雅本六卷，卷一有十三頁，卷二、卷三各有二十五頁，卷四有三十一頁，卷五有二十八頁，卷六有十五頁。恐缺頁之事，為嚴氏所見之本所獨有，非廣雅本皆有缺頁。又桂文燦（1823～1884）《經學博采錄》云陳瑑「未刊之書尚有《國語翼解》十六卷」，嚴氏亦謂「檢《六九齋撰述稿》所附《國語翼解》十六卷，頗多不同」，劉毓慶、張小敏編著《日本藏先秦兩漢文獻研究漢籍書目》著錄有《國語翼解》十六卷，云東京大學文學部中國哲學中國文學研究室藏藤塚氏望漢盧鈔本。嚴氏並引道光二十九年（1849）王宗涑跋曰：「《國語翼解》初無編第，但國別為說。今次為十六卷。宗涑搜採先生簡札，綴輯增成者也。」以此認定《國語翼解》初不分卷，王宗涑編訂為十六卷，廣雅書局本編為六卷。嚴氏所輯印的《百部叢書》本《國語翼解》根據王宗涑編訂本輯補了很多內容，是廣雅書局本所不備的。此後新文豐文化出版公司輯印《叢書集成新編》，所收《國語翼解》即用嚴本。嚴本《國語翼解》共 605 條，其中《周語》158 條，《魯語》86，《齊語》39，《晉語》178 條，《鄭語》19 條，《楚語》46 條，《吳語》48 條，《越語》31 條。陳氏之說確如徐仁甫所云「聲音解釋字義」，但對於進一步深入研究《國語》仍然提供了門徑和方法。

　　32. 汪遠孫《國語校注本三種》。汪遠孫（1794～1835），字久也，號小米，別號借閑漫士，浙江錢塘人。嘉慶二十一年（1815）舉人，官內閣中書。家藏

書甚富，稱振綺堂。遠孫自是為根柢之學，日讀《十三經注疏》，於《國語》用力最深。著有《借閒生詩》三卷、《借閒生隨筆》、《借閒生詞》、《三家詩考證》、《世本集證》、《漢書地理考校勘記》、《國語校注本三種》等。汪遠孫《國語校注本三種》，道光丙午（1846）年刊刻。《國語發正》後又收入《續清經解》第六百二十九卷至第六百四十九卷中。《國語發正》廣引舊說，證成己義，共考辨《國語》889 條。《國語明道本攷異》為汪遠孫《國語校注本三種》之一，共四卷，考校黃刊明道本與公序本（主要以金李澤遠堂本和許宗魯本為依據）的異文 3198 條。陳奐在汪遠孫考校《國語》工作中起了很大的作用，以許宗魯本、金李本校黃刊明道本的工作，很大程度上是陳奐幫助汪遠孫完成的。至於同治己巳（1869），湖北崇文書局重雕天聖明道本，置《札記》於段玉裁序後，附《攷異》於全書最後，是《攷異》又有崇文書局本。因為崇文書局的這一做法頗便使用，後來翻刻黃刊明道本的版刻機構則踵足其後，比較易見的如光緒三年永康退補齋本、光緒三年上海斐英館本、上海中華書局《四部備要》本、上海商務印書館《國學基本叢書》本等。《國語三君注輯存》四卷，其中《周語》一卷，《魯語》、《齊語》一卷，《晉語》一卷，《鄭》、《楚》、《吳》、《越》四語為一卷。輯賈逵注 330 條，唐固注 89 條，孔晁注 47 條，虞翻注 37 條，鄭眾注 5 條，服虔注 10 條，呂叔玉、王肅各 1 條，無法歸屬之注 81 條。清代學者中，專門從事《國語》研究者並不多見，像汪遠孫這樣既從事《國語》本體研究，又從事《國語》校勘以及舊注輯佚的學者真可謂鳳毛麟角。

33. 錢保塘《國語補音札記》。錢保塘（1833～1897），字鐵江，號蘭伯，浙江海寧人，咸豐九年（1859）舉人。同治戊辰（1868）以教習得知縣，簽四川。今檢中國人民政治協商會議四川省什邡縣委員會文史資料組編印《什邡文史選輯》第 2 輯收王善生《什邡縣知縣錢保塘傳》（在該輯頁 38～40）一篇，記載錢保塘事跡較詳。今撮其大略如下：「錢保塘，字鐵江，號蘭伯。浙江海寧人。幼時應童子試，仁和曹金籀在州署閱卷，得其文，大加讚賞，以女字之。後以第一人入泮，旋食廩膳。咸豐九年己未舉於鄉。……遂如京師而屢應會試不第，棲遲館寓者有年。會四川興文薛煥在上海附李鴻章抗義師辦洋務，歷蘇松太道薦升蘇撫、膺清廷重寄。煥夙耳保塘文名。同治二年，相遇上海，遂延保塘管記室。煥旋內轉禮部侍郎兼總理各國事務衙門。保塘隨其航海入京，館煥宅者二年餘。煥在江南，因兵燹書籍滿市，斥資收得三十餘

筐。及入京二年，所積又增兩倍。保塘遂盡發其書，助煥校讀，輒日盡一卷以
為常。時江陰繆荃孫新入翰林，以板本目錄之學有名公卿間。保塘因煥，得
與繆荃孫交遊，相與講論校讐之學。會薛煥與人齟齬，罷侍郎，流總署，繼
乞還蜀。保塘亦於同治七年，以教習得知縣，簽分四川，因得隨煥以至成都。
時張之洞督蜀學，曾因繆荃孫作《書目答問》，又發布《輶軒語》以勸學人。
薛煥則與保塘賓主文字相染漸浸，雅故張薛間往來講學論事，頗似水乳之交
融。煥遂約聚四川紳耆十五人，投牒總督學使，請仿浙江詁經精舍、廣東學
海堂建書院，以通經學古課蜀士。經總督學使奏請報可。光緒元年春，書院
成，擇諸生百人肄業其中，而延時長浙江詁經的德清俞樾為院長。樾因事阻，
終未履任。丁寶楨繼吳棠為總督，改延湘潭王闓運，闓運亦久而始至。院事
五年中，皆由薛煥襄助學使親自主持，保塘則受張、薛之舉，自創始即監院
名義，實主講席。及光緒五年春，闓運到院，保塘始撤講帷而聽鼓應官。同年
受樾攝清遠縣，以防峨邊功，奏保直隸州。八年壬午，攝定遠縣，十四年戊
子，補大足縣。……十九年癸巳復補什邡縣……上書大府，堅請得遂，然未
及卸篆而卒，年六十有五。」這是目前所見公開發表的最為詳盡的錢保塘生
平資料。今檢錢氏著有《帝王世紀續補》一卷、《攷異》一卷，《春秋疑年錄》
一卷，《重校物理論》一卷，《夏氏考古錄》四卷，《辨名小記》一卷，《光緒輿
地韻編》一卷，《清風室文集》十二卷，《詩集》五卷，《國語補音札記》一卷。
光緒二年（1877），成都尊經書院翻刻崇文書局本《國語》。是年吳氏望三益
齋並刻《經典釋文》、《國語補音》，錢保塘《札記》即附《國語補音》之後。
今檢錢氏《札記》共 65 條，包括《敘錄》、《晉語二》、《鄭語》各 2 條，《周
語上》9 條，《周語中》8 條，《周語下》11 條，《魯語上》、《晉語一》、《楚語
上》各 4 條，《魯語下》7 條，《齊語》3 條，《晉語三》、《晉語六》、《晉語七》、
《晉語八》、《楚語下》各 1 條，《晉語四》5 條。尊經書院本《補音》以微波
榭叢書本為底本，錢保塘以明修舊刻本校字，觀其《札記》，主要包括辨別異
文譌字、辨明引書、辨別音讀等幾方面內容，對於進一步整理和研究《國語
補音》具有學術意義。關於此事，楊守敬（1839～1915）《日本訪書記》有載，
云：「近日，盱眙吳氏又從孔本翻刻於成都，末附錢保塘《札記》，稱以明修舊
刻本校孔本，知孔本實從明本出，又以舊刻校正孔本數處。今以照此本，則
與錢君所稱舊本多合，而錢君不言是明嘉靖正學書院刊本。豈錢君所據本佚
趙仲一序耶？」（沈陽：遼寧教育出版社 2003 點校本，頁 66）錢保塘所用《國

語補音》舊本實宋刻元明遞修本，並非嘉靖五年（1526）正學書院本，關於這一點，錢保塘《跋舊本〈國語補音〉》云：「舊刻《國語補音》三卷，得於都門內城書肆，不知其為何刻也。細審之，有一種字體清勁方整絕類，率更多避宋諱，其為宋刻無疑；有一種柔婉圓勁，不避宋諱，當是元刻；其板心有監生名氏者，則明刻也。中間稍有漫漶，有宋元刻僅存半截而明刻補成之者，亦有未補者。脫第三卷第一葉，補以《國語》卷三第一葉，板心亦有監生名氏，大題在下，小題在上，尚存古式。當是源於宋刻而《補音》附於《國語》後者。紙背有成化年字，蓋當時以官簿文書餘紙印此者，閒存朱方印之半，則不可辨識矣。光緒元年，余據此本為吳勤惠公校刊《國語補音》於成都，公甚愛此書。」（《清風室文鈔》卷十一，見載於《清代詩文集彙編》第 724 冊，上海古籍出版社 2010 年版，頁 734）已經記述得相當詳盡。又其《國語補音札記序》云：「保塘取明修舊刻本校之，方知孔本實源於此。其先後次第稍有不同者，孔氏自據通行《國語》本移正之也。」蓋錢氏判定微波榭叢書本《國語補音》的底本也應該是宋刻元明遞修本，只是在校刻時根據通行本進行了改正而已。至於楊守敬所觀正學書院本《補音》和宋刻元明遞修本《補音》之間的淵源關係，恐怕還需要進一步探討尋繹。

34. 俞樾《群經平議》。俞樾（1821～1907），字蔭甫，號曲園，浙江德清人。一生著述宏富，所著書已刊成《春在堂全書》（光緒二十五年重訂本），總四百九十卷。《群經平議》為俞樾考辨群經的札記體著作。《群經平議》全書共三十五卷，所平議的有《周易》、《尚書》、《周書》、《毛詩》、《周禮》、《儀禮》、《大戴禮》、《禮記》、《公羊傳》、《穀梁傳》、《左傳》、《國語》、《論語》、《孟子》、《爾雅》等，共十五種經學著作。雖然《四庫薈要》入《國語》於「別史」、《四庫全書》入《國語》於「雜史」，但是在清代以及晚近學者的心目中，《國語》仍是經學要籍，甚至還有在十三經之外添加包括《國語》在內的幾部要籍擴為十五經、十八經、二十一經的倡議，如段玉裁、俞樾甚至徐樹錚（1880～1925）等都有此倡議。《群經平議》考辨《國語》的條目在該書第二十八卷和二十九卷，共 131 條，其中《周語》38 條，《魯語》16 條，《齊語》5 條，《晉語》42 條，《鄭語》4 條，《楚語》12 條，《吳語》9 條，《越語》5 條。俞樾也頗以形、音、義相通之法解決《國語》疑詁問題，但其成就似在王引之《經義述聞》之下，故後來研究者對其考辨條目商討較多。

35. 陳偉《愚慮錄》。陳偉（1840～1889），字耐安，號愚慮，諸暨人。同

治十二年（1873）拔貢，光緒元年（1875）恩科舉人。曾從學俞樾於詁經精舍，著有《食古錄》、《居求錄》、《待質錄》、《愚慮錄》等。《愚慮錄》五卷，司馬朝軍謂：「此書用編年體，起光緒十年（1884），迄光緒十五年（1889），每文之下注年月。以前三年為多，後二年較少，己丑僅一條。編次失當，應以經書為綱。其書頗有心得，『偉按』多達四百餘次，然好駁舊注，是其一短。此書為經義筆記，似應入群經總義類。」（氏著《續修四庫全書雜家類提要》，北京：商務印書館 2013 年版，頁 328）今檢上海圖書館編《中國叢書綜錄（二）》、王紹曾（1910～2007）主編《清史藝文志拾遺》、李晴編《新疆大學圖書館藏古籍書目（第 3 輯）》即列陳偉《愚慮錄》於經部群經總義類（上海古籍出版社 1982 年版，頁 177；北京：中華書局 2000 年版，頁 174；烏魯木齊：新疆大學出版社 1996 年版，頁 23），與司馬朝軍之說可相呼應。陳氏考辨《國語》部分在《愚慮錄》卷一，其中《周語》18 條、《魯語》9 條、《齊語》3 條、《晉語》53 條、《鄭語》3 條、《楚語》8 條、《吳語》7 條、《越語》1 條，合共 102 條。審其考辨，約分幾端：（1）辨明文字關係；（2）辨別語義；（3）考辨人物；（4）考辨韋注；（5）校勘訛脫、錯簡等；（6）甄別去取。確如司馬氏所說「頗有心得」。

36. 李慈銘《越縵堂讀書簡端記·國語》。李慈銘（1830～1894），初名模，字式侯，後改今名，字愛伯，號莼客，室名越縵堂，晚年自署越縵老人。會稽人，光緒六年（1880）進士，官至山西道監察御史。著有《重訂周易小義》、《十三經古今文義匯正》、《後漢書集解》等書。《越縵堂讀書簡端記》為著名文獻學家王利器（1912～1998）輯錄成書，該編是王利器教授在國家圖書館三十多年閱讀李氏藏書所得，共收錄了李氏在十九種典籍上所作批校。所錄李氏校讀《國語》共 216 條，其中《周語》49 條，《魯語》39 條，《齊語》16 條，《晉語》138 條，《鄭語》25 條，《楚語》54 條，《吳語》41 條，《越語》30 條。另外，尚有讀《校刊明道本韋氏解國語札記》2 條，跋尾 7 條。從內容上而言，大體可以分為六個方面：解詁語義、辨明文字、指明名物形制、揭出公序本與明道本語序不同、指明公序本與明道本音讀不同、指明一本脫誤，前三類大體屬於訓詁學範圍，後三者則大體屬於校勘學範圍。筆者曾撰寫《李慈銘〈讀國語簡端記〉補箋》（《中央大學人文學報》第 52 期，2012 年，頁 1～35），對李氏讀《國語》簡端記中的 24 條進行了辨析。通過比對發現，發現李氏的大多數條目都是因襲前人而非自得，其所批校的許多條目只是簡單

箋識而未能深入探討，這大約和李氏讀書貪多務雜而不能深入有關。劉體智（1879～1962）評李慈銘讀書筆記云：「蒓客記所讀之書全無宗旨，嫌其太雜。經史子集，無一不有，讀之未畢，隨手劄記，難免首尾不貫……同光以來，文人不篤志於學，咸以書籍作談柄，為欺人之計，悉是類也。」（劉體智著，劉篤齡點校：《異辭錄》，北京：中華書局1988年版，頁153）劉氏的說法是有道理的。

　　37. 吳曾祺《國語韋解補正》。吳曾祺（1852～1929）字翼亭，亦作翊庭，光緒二年（1876）舉人。光緒二十九年（1903），任全閩師範學堂教務長。後受聘上海商務印書館，民國四年，任福建經學會副會長。為晚近著名編輯家、文章學家，福建侯官人。著述頗豐，編著有《涵芬樓文談》、《歷代名人書劄》、《歷代名人書劄續編》、《國朝名人小簡》、《國朝名人小簡》、《涵芬樓古今文鈔簡編》、《左傳菁華錄》、《重訂中學國文教科書》、《中國歷史讀本》、《清史綱要》、《漪香山館文集》、《禮記菁華錄》、《國語韋解補正》、《舊小說》、《戰國策補注》、《趙文敏公松雪齋全集》等。近來關於吳曾祺的研究主要集中在文章學和文體學方面，其《國語韋解補正》唯徐仁甫《書吳曾祺〈國語韋解補正〉後》（見載於氏著《乾惕居論學文集》，頁26～27）以及筆者《吳曾祺〈國語韋解補正〉校補》（分多篇刊載於《健行學報》、《淡江中文學報》等刊物，後收入拙著《近百年來〈國語〉校詁研究》），其他研究者尚未見。其《國語韋解補正》以黃刊明道本為底本，共加案語1042條，就其所加案語而言，大體可分為這樣幾個方面：（一）解釋韋注未及者，是為補釋；（二）認為韋注有誤而加案斷者；（三）言文字之正俗、通假、訛誤者；（四）釋句法；（五）釋篇章分合；（六）釋地名；（七）明公序本與明道本之異。其案語多引王引之《經義述聞》、董增齡《國語正義》、《校刊韋氏解明道本國語札記》、汪遠孫《國語明道本考異》、汪遠孫《國語發正》等諸家之說，有些注出，有些沒有出注。其說頗多可採。

　　38. 沈鎔《國語詳注》。陳玉堂《中國近現代人物名號大辭典》（增訂本）沈鎔條目如下：「沈鎔（1886～1949），浙江吳興（今湖州）人，名一作沈熔，字伯經，號天睨生（因生於農曆六月六日天睨節，故自號）。光緒二十八年（1902）中秀才，入南洋法官養成所習法政。參加南社。擅長詩文，愛好繪畫及篆刻。1912年曾在《民權畫報》發表《外債救國》及《愛國納捐》漫畫。早年任中華書局編輯，曾編字典等。後又任職吳江農民銀行，任教南潯國學

講習館（抗戰爆發一度遷上海）。曾與王建民發起『愚社』，編印《愚社唱和》二集。」（氏著《中國近現代人物名號大辭典》增訂本，浙江古籍出版社2005年版，頁570）通過和吳曾祺《國語韋解補正》比較可以發現，沈鎔《詳注》實際上是在參照吳曾祺《補正》的基礎上而成。沈鎔《國語詳注》襲用了《補音》每語之首下的解釋文字，分章，每篇按數字編排。正文只在某些文字下面指明正借字、古今字以及異體等文字關係，某些字下面標注讀音或聲調。注文置於每篇之後。書前亦根據張一鯤本、《補音》補上宋庠《國語補音敘錄》。總體上看：（1）凡地理名詞，沈鎔皆用最新地理歷史釋之；其他的有最新科學研究之物名，《詳注》亦以最新成果出之；（2）凡韋注中所釋平常之語如「難」字等等，沈鎔不注；（3）原注語繁，則以清通之語出之；（4）時引《述聞》、《補正》之說為注；（5）凡與《左傳》魯國紀年對應之周天子以及各諸侯國君紀年下往往於正文之下注明魯國紀年；（6）「玄」字等少數清諱仍闕筆為諱，此前文已言之者；（7）前文已註，後文又有該詞者，則以「見××」出之。沈鎔《國語詳注》在近代《國語》註釋史上起著承前啟後的作用。從某種角度上說，沈鎔《詳注》在近代《國語》註釋史上具有承前啟後的作用。而且，沈鎔的注解方式也深得韋昭註釋簡明的要著，正因為其註釋的簡潔，使得更多讀者易於接受，從而促進了《國語》的進一步傳播。

39. 徐元誥《國語集解》。徐元誥（1878～1955），字寒松，號鶴仙，江西吉安人。徐氏一生多面。曾赴日本攻讀法律。歸國後，在南昌創辦江西法政專門學堂，任堂長。歷任江西省司法司（廳）司長、上海道尹、河東道尹、大元帥府秘書長、江西省高等法院院長、中央最高法院院長、上海敵偽產業處理局法律總顧問、上海市文史館員。除主編《中華大字典》和倡修《辭海》外，還著有《管子釋疑》、《說文》、《法學通論》、《民主》、《國語集解》等書。《國語集解》，上海中華書局初版於1930年，至2012年之前沒有重新刊印過。審徐氏《集解》多引前人著作，但大體上依照汪遠孫《國語校注本三種》、王引之《經義述聞》、汪中《國語校譌》、董增齡《國語正義》、俞樾《羣經平議》、吳曾祺《國語韋解補正》、沈鎔《國語詳注》等。在點校本上所展現的即加圈「○」以和韋注相區別。根據筆者個人統計，徐氏集解共1893條，其中有些加「元誥按」三字以為按斷者1056條，另外有幾條未加「元誥按」而是加「今按」。加「元誥按」或「今按」的很多條目，實際上也是徐氏徵引前人之說，而非徐氏個人論斷。審徐氏《國語集解》一書內容，大致包括這樣幾個

方面：（1）詮釋地名。地名詮釋一直是古代著作的一個方面。賈逵、韋昭、宋庠、董增齡、譚澐（清同光時期學者）、吳曾祺、沈鎔等也都對《國語》地名進行過地理學和訓詁學的解釋，徐元誥在此基礎上仍然做了很多條目；（2）比較各種說法，判斷是非取捨。徐氏在《發正》、《正義》、《補正》的基礎上又徵引了其他一些說法，比如戴震、李冶人的論述，在臚列各種說法之後判斷是非取捨；（3）比較明道本、公序本《國語》文字異同，斟酌去取。這部分校語主要採自《札記》、《考異》，基本不是徐氏的自創，和吳曾祺《補正》的處理方式相同。吳曾祺《補正》中大量的校勘條目實際上就是採自《札記》或《考異》而不出注；（4）訓詁語義，有時直釋語義，有的則引證他說繼而進行論斷；（5）闡明文字關係。徐氏《集解》多處明文字假借、古今、異體、同源等關係。徐仁甫較早有專論論及《國語集解》，此後王樹民也公開發表論文對徐氏《集解》進行評價，亦皆可參考。

40. 楊樹達《讀〈國語〉小識》。楊樹達（1885～1956），字遇夫，號積微，湖南長沙人，曾任教於國內多所高校。楊樹達是著名的史學家、語言學家、古文字學家，生平發表學術論文 300 餘篇，撰著著作二十餘種，較著者有《漢書窺管》《漢代婚喪禮儀》《高等國文法》《詞詮》《中國修辭學》《馬氏文通刊誤》《積微居小學述林》《積微居小學金石論叢》《積微翁回憶錄》《積微居甲文說》《論語疏證》《古書句讀釋例》《古書疑義舉例續補》《中國語法綱要》《老子古義》《周易古義》《春秋大義述》《淮南證聞》《中國文字學概要》《文字形義學》《古聲韻討論集》等，其主要學術成果已輯為《楊樹達文集》十九種十七冊，由上海古籍出版社於 1983 年～1986 年出版，此後又有重印。楊樹達在《國語》方面有一書一文，書為《國語集解》，文為《讀〈國語〉小識》。《國語集解》唯有手稿傳世，輾轉入藏中央民族大學圖書館。根據楊伯峻（1909～1992）的目驗，「叔叔遺著散在外者我所見尚有《國語集解》藏民族學院圖書館，僅集鈔前人成說（由鈔手所抄），叔叔僅校閱一紙，未作定稿，故不能出版，亦無從整理。我已複製一份，交人參考。」（楊伯峻致楊德豫信函，轉引自楊逢彬《楊樹達先生的遺稿》，《東方早報》2014 年 8 月 17 日「筆記」版）從楊伯峻的表述來看，楊樹達《國語集解》的獨立學術價值不大。其《讀〈國語〉小識》一文收錄在《積微居讀書記》一書中。該書為讀群書之札記。所讀之書包括《尚書》《左傳》《國語》《後漢書》《莊子》《商君書》《晏子春秋》《呂氏春秋》和《說文》等，其中《讀〈國語〉小識》最短，共 8 條，包

括《周語中》《晉語三》《晉語七》《越語下》各 1 條，《晉語八》《晉語九》各 2 條。審其內容，主要仍為探討文字訓詁、辨明韋注。其中既有頗中肯綮之論，亦有可商之處。其所箋《國語》8 條，多用聲韻之理，復旁及經史，左右勾稽，其方法規範已足資楷模。

41. 金其源《讀書管見・國語》。《冒鶴亭先生年譜》譜文云：「〔金其源〕一八八一～一九六一，字巨山，江蘇寶山（今屬上海市）人。曾任江蘇省議會議員，後致力教育事業，任羅陽二等學堂、旦華學院校董。建國後，入上海市文史館。與先生相從密。」（冒懷蘇編著：《冒鶴亭先生年譜》，上海：學林出版社 1998 年版，頁 413）又王桐蓀（1915～2007）等編注《唐文治文選・泰縣韓公紫石神道碑銘》注云：「金其源：字巨山，號亦盧。寶山人，諸生。著有《讀書管見》。」（王桐蓀等選注：《唐文治文選》，上海交通大學出版社 2005 年版，頁 510）金氏《讀書管見》，上海商務印書館 1948 年初版，1955 年出版《讀書管見續編》，又有《讀書管見再續編》，1957 年又出版《讀書管見》合集，此外尚有《讀書管見三編》油印本形式。其書體例與《讀書雜志》《羣經平議》等類似，所讀之書有《易經》《尚書》《尚書大傳》《毛詩》《周禮》《儀禮》《禮記》《大戴禮》《春秋》《左傳》《公羊傳》《穀梁傳》《論語》《孝經》《孟子》《爾雅》《春秋繁露》《國語》《國策》《晏子春秋》《吳越春秋》《山海經》《老子》《管子》《孔子家語》《莊子》《荀子》《呂覽》《列子》《韓非子》《淮南子》《墨子》《論衡》《新序》《說苑》《尸子》《楚辭》《說文》等，共 38 部典籍，涉及各典籍條目多少不一。其中讀《國語》共 25 條，包括《周語》2 條，《魯語》《齊語》《越語》各 1 條，《晉語》15 條，《楚語》5 條。其中條目凡涉及訓詁條目者，大多用輾轉相訓之法，轉嫌迂曲，實不足為訓，且所訓所不合文義語境，有些條目也頗有助於文義理解，確實有其價值。其中緣由，大約主要在於讀書過廣，未能深入而遽下結論。

42. 鄭良樹《國語校證》。鄭良樹（1940～），字百年，祖籍廣東潮安人，出生於馬拉西亞新山。鄭氏求學於臺灣大學中國文學系，從學於王叔岷（1914～2008）、屈萬里（1907～1979）等。其在《國語》方面的主要貢獻即是《國語校證》。鄭良樹《國語校證》分上、中、下三篇分別發表於《幼獅學誌》第七卷第 4 期、第八卷第 1 期和第八卷第 2 期，上篇從《周語上》至《齊語》，中篇為《晉語》，下篇從《鄭語》至《越語下》，總近 600 條。鄭氏在弁言中云其所據本為「黃丕烈讀未見書齋本重雕天聖明道本」，然觀其文，似據吳曾

祺《國語韋解補正》。審其校語體例，與《國語斠證》相近，即先列《札記》、《考異》之說，繼則徵引經傳注疏、類書或《國語》別本以為按語。其按語絕大多數在明甲乙，有一少部分則辨明所以。另外，亦兼及賈注之引錄，凡《御覽》引注與韋注稍有不同者，鄭氏即疑為賈逵注。所用《國語》版本有「補音本」、「公序本」、「定本」、「別本」之稱謂，除「定本」知為《春秋外傳國語定本》外，「補音本」、「公序本」則未知何本。所引類書，多及《太平御覽》，《御覽》而外，旁及《藝文類聚》《北堂書鈔》《事文類聚》《記纂淵海》等。鄭氏《校證》實為三篇論文，而非專著，且只是在黃氏《札記》、汪氏《考異》的基礎上檢尋類書或注疏材料所引進行校理，既沒能判然公序本與黃刊明道本的界限，也未能根據真正的黃丕烈士禮居叢書本原刻，復在注疏或類書的版本上亦未能講求，故而有些結論顯得草率，且往往在類書或注疏材料引據不同於今本《國語》者，輒下斷語以為今本有誤或古有別本，實際上類書或注疏材料引據的《國語》材料祇可以作為參考材料，除非有充足的證據證明今本《國語》錯誤，否則不足以據類書或注疏材料引據異文推翻今本。當然，鄭良樹的《國語校證》三篇在《國語》校理研究方面還是做出了相當大的成績，是繼清人王懋竑、顧廣圻、陳奐、汪遠孫、李慈銘之後《國語》校理方面的重要著作，和張以仁《國語斠證》一起成為二十世紀《國語》校理的雙璧。

43. 張以仁《國語虛詞集釋》。張以仁（1930～2009），湖南醴陵人。畢業於臺灣大學中文研究所，供職於中央研究院歷史語言研究所。生平撰有論文百餘篇，著作數種，其生前身後所輯成出版之著作計有《國語虛詞集釋》《國語斠證》《國語左傳論集》《中國與文學論集》《春秋史論集》《花間詞論集》《花間詞論續集》《國語引得》《張以仁先生文集》《張以仁先生詩詞集》《張以仁先秦史論集》《張以仁中國語文學論集》等。張氏的論文《〈國語〉虛詞訓解商榷》和專著《國語虛詞集釋》無疑是《國語》虛詞研究方面的開拓之作。《〈國語〉虛詞訓解商榷》一文發表於《中央研究院歷史語言研究所集刊》第37本上冊，全文共30頁，可以看作其專著《國語虛詞集釋》的先期成果。《國語虛詞集釋》一書由中央研究院歷史語言研究所作為中央研究院歷史語言研究所專刊之55，於1968年出版。該書以《國語》二十一卷分次，對每一卷中涉及到的虛詞進行了解說，總共解說《國語》虛詞105個。從某種程度上講，該書是基於漢語史研究清醒認知基礎上的專書語言研究的第一次成功嘗試，書前的《序言》實際上就是一篇專書虛詞研究甚至可以說是專書語言研究的

綱領。序言開篇對王引之《經傳釋詞》等虛詞研究綜合著作的缺欠進行了總結：（1）取材太泛；（2）方法不夠嚴謹；（3）原則上的缺陷。對於張以仁專書虛詞研究方法論的推闡，可參拙撰《張以仁〈國語虛詞集釋〉補箋》（《學燈》第 1 輯，頁 110～140）。縱觀張氏全書體例，每卷之中先引《國語》本文，然後將欲釋虛詞單獨列出，次列《經傳釋詞》以來各家虛詞訓解以及相關研究成果，最後案下己意。其中《周語上》27 條、《周語中》30 條、《周語下》27 條、《魯語上》19 條、《魯語下》22 條、《齊語》14 條、《晉語一》32 條、《晉語二》27 條、《晉語三》16 條、《晉語四》46 條、《晉語五》12 條、《晉語六》18 條、《晉語七》7 條、《晉語八》14 條、《晉語九》13 條、《鄭語》10 條、《楚語上》19 條、《楚語下》19 條、《吳語》37 條、《越語上》6 條、《越語下》8 條，合共 423 條。張氏之案語主要包括三個方面：（1）為虛詞定性，說明該虛詞之下位分類；（2）聯繫《國語》全書對該虛詞進行綜合訓解，闡述該虛詞之意義用法；（3）對所引述各家之說進行評騭。往往引及《馬氏文通》以來之語法書，尤其及周法高（1915～1994）等學者的相關語言學著作。既有傳統虛詞訓詁的路數，又頗有現代語法學的觀念。然其中前後未能劃一或所釋未能與文義相合之處亦往往有之。

44. 張以仁《國語斠證》。《國語斠證》由臺北市臺灣商務印書館 1969 年版。根據其《前言》，謂該書以黃丕烈士禮居本為底本，輔以《國語》他本多種相互讎校。旁採「諸家成說，廣採古注、類書、關係書中材料，以理其訛脫，正其謬誤」，搜求勤苦，排比詳細，可謂精核之作。全書共校理《國語》正文 849 條，韋注 177 條，合共 1026 條，其中《周語上》142（韋注 10）條，《周語中》92（韋注 18）條，《周語下》95（韋注 8）條，《魯語上》74（韋注 3）條，《魯語下》70 條，《齊語》25（韋注 6）條，《晉語一》55（韋注 25）條，《晉語二》27（韋注 7）條，《晉語三》54（韋注 13）條，《晉語四》39（韋注 18）條，《晉語五》53（韋注 17）條，《晉語六》23（韋注 11）條，《晉語七》41（韋注 6）條，《晉語八》83（韋注 20）條，《晉語九》24（韋注 6）條，《鄭語》22（韋注 3）條，《楚語上》17（韋注 3）條，《楚語下》22（韋注 1）條，《吳語》34（韋注 5）條，《越語上》18（韋注 2）條，《越語下》16（韋注 5）條，括弧內為各語中校理韋注條目。審張以仁《國語斠證》斠證所用材料及內容。材料上：（1）以世界書局影印黃刊明道本為底本，公序本中用金李本、董增齡《國語正義》和秦鼎《春秋外傳國語定本》，其他明道本用日本重

刊天聖明道本、廣州時務書局重雕天聖明道本、湖北崇文書局重雕天聖明道本；（2）廣引類書資料，其類書材料的下限一直到明代；（3）廣用經、史傳注資料中引文。斠證內容涉及到：（1）辨正異文，明確文字關係；（2）運用音韻訓詁語法等方法進行異文方面的探討；（3）運用史學方法進行考證。就其大多數條目而言，多為各本異文的臚列。總體而言，其書誠為 20 世紀 50 年代以來《國語》校理之集大成者。

45. 張以仁《國語舊注輯校》。關於《國語》舊注的界定以及相關問題，張以仁撰有《國語舊注範圍的界定及佚失情形》（原發表於《屈萬里先生七十榮慶論文集》，後收錄進論文集《國語左傳論集》，頁 163～182）和《〈國語〉舊注的輯佚工作及其產生問題》（原發表於《中央研究院國際漢學會議論文集》，後收錄進論文集《張以仁語文學論集》，頁 203～227）兩篇論文，進行了比較周密的論證。《國語舊注輯校》稿分六篇刊布於《孔孟學報》第 21 期～第 26 期，臺海阻隔，得見非易。上海古籍出版社 2010 年出版之《張以仁先秦史論集》收錄《國語舊注輯校》全帙，纔使得大陸地區的學者比較容易閱讀到該著。《國語舊注輯校》備收清人《國語》舊注輯佚成果而增廣之，誠 20 世紀《國語》舊注輯錄之總結。《國語》舊注輯佚，至張以仁，已經達到了一個新的高度，所輯數量最大，校勘也最精審。惜乎未見王仁俊（1866～1913）與新美寬（1905～1945）之輯佚資料，故於慧琳《音義》所引賈逵舊注以為首發，於《玉篇殘卷》引述資料則闕如。後陳鴻森撰作《〈國語三君注輯存〉摭遺》（《大陸雜誌》1996 年第 5～6 期），蓋即依傍汪遠孫《輯存》，復以慧琳《音義》、《玉篇殘卷》為主要輯錄材料，又旁採敦煌殘卷《周語下》寫本，輯為一編，《國語》舊注輯佚可稱完備。審張以仁《國語舊注輯校》於《國語》舊注輯佚得失，總為八事，幾乎於每條之下都加有案語，案語大體包括：（1）輯錄材料不同版本的文字異同，如《北堂書鈔》，既用舊鈔本，又用孔廣陶、陳禹謨之本，眾本互參，不同者則指出其異並辨析是非；（2）《國語》舊注清人輯佚情況及其得失，如清人在輯錄時有多引或少引的現象，為之辨析並指明是非；清人參據資料的可信度方面也多為辨析，如王謨徵引不注篇名卷數，乃一一翻檢，未得者存疑；清人輯佚措置是非合適，凡其不合適者乃一一為之探討，辨析《國語》本文之義與舊注之相合不相合，繫於何處亦詳明理由。（3）舊注本身的文字訓詁問題，古書所引述舊注其文字未能與今傳《國語》本文相合，則詳細辨明，揭明其正俗、通假等等之理。另則引述史料以為佐

證。就其所輯錄《國語》舊注，賈逵注 481 條，唐固注 73 條，虞翻注 25 條，孔晁注 46 條，鄭眾 7 條，服虔 10 條，王肅 1 條，三君注 12 條，無注者署名之注 140 條，總 795 條。就其總量而言，可謂《國語》舊注之集大成者。

46. 張以仁《國語》校詁論文。張氏校詁論文生前未能成集者有三篇：《國語札記》，刊於《大陸雜誌》第 30 卷第 7 期（1965 年 4 月），頁 27～30；《國語札記》，刊於《慶祝李濟先生七十歲論文集》（下），清華學報社 1967 年版，頁 905～916；《國語韋解商榷》，刊於《孔孟月刊》第 23 卷第 3 期（1984 年 11 月），頁 36～37。《大陸雜誌》所發表《國語札記》一共 28 條，自《周語上》始，至《晉語四》止。其中《周語上》8 條，《周語中》《周語下》各 5 條，《魯語上》3 條，《魯語下》《晉語二》各 2 條，《齊語》《晉語一》《晉語四》各 1 條。發表在《慶祝李濟先生七十歲論文集》上之《國語札記》至《楚語上》止，共 52 條。其中《周語上》9 條，《周語中》《鄭語》各 3 條，《周語下》、《晉語一》、《晉語四》各 5 條，《魯語上》《晉語五》《晉語七》《晉語八》各 1 條，《魯語下》《齊語》《晉語二》各 4 條，《晉語三》《晉語六》《楚語上》各 2 條。其中有些條目收入《國語斠證》一書，有些條目在《國語集證（周語上、周語中二卷）》中又進行了更詳盡的論述。發表在《孔孟月報》上的《國語韋解商榷》一文唯商榷《周語上》韋解者，總共 6 條。就其文章看，即便《周語上》也未能盡為商榷，衹至「宣王不籍千畝」章。三篇論文各有側重，皆有勝義，於《國語》之研讀與韋注之理解頗多裨益。這三篇文章已經收錄進《張以仁語文學論集》（上海古籍出版社 2012 年版）。

47. 張以仁《國語集證（《周語》上、中二卷）》。張以仁《國語集證》（《周語》上、中二卷）初以單篇論文形式發表，分為三篇。其中《周語上》部分分為兩篇分別發表於《中央研究院歷史語言研究所集刊》第 44 本第 1 分冊和第 2 分冊上，《周語中》一部分發表在《中央研究院歷史語言研究所集刊》第 51 本第 4 分冊上。後來收入上海古籍出版社 2010 年版的《張以仁先秦史論集》中的《國語集證》（《周語》上、中二卷）即是這幾篇文章的合集。共集證 361 條，其中《周語上》集證 344 條，《周語中》部分集證 17 條，此外凡引述《國語》正文、韋注中尚加有案語多條，可謂引證宏富，涉及到《國語》的文字考校、語詞訓詁、地理沿革、制度考訂以及史實考證等多個方面，廣引古今中外相關著作予以佐證。

48. 張以仁《國語舊音考校》。關於《國語舊音》的作者及流傳問題，應

該是比較複雜的。宋庠論證其作者為唐代人，張以仁提出補充意見，進一步
證成了宋庠的說法。馬國翰依據宋庠的引錄及撰述標準輯錄《國語音》一卷，
其序云：「此編唐志及各家書目皆不著錄，世無行本，惟庠《補音》謂因舊本
而廣之。今撿庠書全載《舊音》，其自為廣續者必加『補音』或『今按』以別
之，就中錄出，仍完故帙。其體例與陸德明《經典釋文》不殊。雖涉簡略，而
賈逵、唐固、孔晁諸家說猶及引徵，可與韋注互考，又間引《字苑》《韻集》
《珠叢》《纂文》等書，皆散佚僅見者。唐時諸書尚存，故作音者得以援據。
庠多空言，排斥似未為允論也。」（氏著《玉函山房輯佚書》，上海古籍出版社
1989 年版，頁 2972 上）其論可謂公允。張以仁《國語舊音考校》收入作者的
《國語左傳論集》一書中。該文包括序言和正文兩個部分，序言部分論證《舊
音》與切韻系韻書的差距以及該文的撰述內容等，正文則按照卷次條目依次
為考校音注，共 181 條。

49. 張以仁《春秋史論集》。張以仁《春秋史論集》一書 1990 年由聯經出
版事業公司出版。該部論文集共包括九篇論文，分別為：（1）《孔子與春秋的
關係》；（2）《從司馬遷的意見看左丘明與國語的關係》；（3）《從國語與左傳
本質上的差異試論後人對國語的批評》；（4）《從鄶亡於叔妘說到密須與鄔之
亡亦與女禍有關》；（5）《鄭國滅鄶資料的檢討》；（6）《鄧曼亡鄧之說的檢討》；
（7）《晉文公年壽問題的再檢討》；（8）《春秋鄭人入滑的有關問題》；（9）《鄭
桓公非厲王之子說述辨》。其中第 2、第 3 篇是對《國語》作者以及《國語》
性質等問題的研究，後面 6 篇則和《國語》有密切的關係，對進一步深入認
識《周語中》《鄭語》的相關問題提供了角度。

此外，尚參照《國語》的相關研究著作，如日本弘化二年寫本《國語考》、
谷川順《左國易一家言》以及相關的著作。另外，一些文史學者的相關論著、
《左傳》論著以及《國語》碩博論文、《國語》研究論著和相關資料，已於參
考書目中一一列出，此處不再一一臚列。

凡　例

　　一、本書以國家圖書館出版社 2006 年出版《中華再造善本工程》第二批之宋刻宋元遞修本《國語》、《國語補音》為底本,《國語》本文、韋昭注文、《國語舊音》、《國語補音》錄文並以遞修本為準;

　　二、本書以篇為單位,每篇(除《國語解敍》、《國語補音敍錄》之外)包括篇題、正文、輯評等幾個部分;其中,正文每條之下依次為【音義】、【匯校】、【集解】;

　　三、篇題用陳仁錫、鐘惺評本所立篇題,篇題下集解臚列自真德秀以來各家所立篇題,並為辨析;

　　四、音義包括《舊音》《補音》以及後來的音義及版本辨析;《補音》中注釋韋昭注文的內容,則直接依次臚列在韋注之下,版本及音義辨析以「〖校勘〗」附後;

　　五、匯校部分,依照時代先後次序臚列各家校語,最後加以按斷;對於韋昭以及其他各家的匯校,則附著相關注文之後,最後加以按斷;

　　六、集解部分,依照時代先後順序依次臚列存在異文的各家注文,注文後以「〖校勘〗」校理,最後加以按斷;

　　七、音義、匯校、集解所列各家之說,皆以「○×××曰」出之,宋庠《國語補音》中引用的唐人《舊音》因不知著者姓氏,以「○《舊音》曰」出之,其他皆以著者姓名出之。引錄批校本之處,批校本有著者的,用批校者名「×××曰」,如京都大學圖書館藏皆川淇園藏批校本,以「皆川淇園曰」出之;無批校者標注的,用藏地代稱,如愛知縣圖書館藏批校本,以「愛知本」出之;內閣文庫藏批校本批校者多人而無法區分,則以「山田直溫等曰」出之。「○×××曰」之後列出文獻來源及其頁碼,無頁碼者僅列文獻來源。

《國語》研究著作，無論古代還是近現代，不出出版或刊刻單位；其他研究
著作，於案語或相關位置中提示著作名稱以及頁碼，以便檢尋。凡標卷次者，
頁碼標注本卷頁碼；只出書名者，所標頁碼為全書頁碼。所收資料刊發時間
截至 2019 年底。

　　八、避諱字、特殊字形除了特別需要，皆改回本字。為盡量顯示《國語》
各本情況，異文盡量予以揭出。

「二十三年王將鑄無射
而為之大林」章彙證

【篇題】

　　○萬青案：孫應鰲《左粹題評》分伶州鳩論律部分別為一篇，本篇題作「單旗諫鑄鐘」，伶州鳩論律部分與下篇合一，題作「伶州鳩論律」。李克家本、陳仁錫本、孫琮《國語選》作「王將鑄無射而為之大林」，鄭以厚本、《國語鈔評》、道春點本、千葉玄之本本篇題作「單穆公論鑄無射」，秦同培作「單穆公諫鑄無射」，董立章作「諫鑄無射」，上古本、薛安勤等、汪濟民等、鄔國義等、李維琦、黃永堂、易中天、趙望秦等、來可泓、曹建國等、李德山、梁谷整理本、陳桐生作「單穆公諫景王鑄大鍾」。千葉玄之曰：「華本作『景王鑄無射大林』。」(《韋注國語》卷三，頁21) 又紀大奎《占律經傳附考》疏解《周語下》論鍾律二篇，先及下州鳩論律，次及本篇，並未按照《國語》篇章次序，未知何故。本篇事亦見《左傳·昭公二十一年》。

　　二十三年，王將鑄無射，而為之大林。

【音義】

　　○《舊音》曰 (《國語補音》卷一，頁二五)：音亦。○宋庠曰：盈隻反。下注終篇同。〖校勘〗○萬青案：盈隻，集賢殿校本作「食亦」。又張一鯤本、李克家本、綠蔭堂本、鄭以厚本、陳仁錫本、道春點本、千葉玄之本、冢田本、秦鼎本、高木本唯用《舊音》直音音注。《經典釋文》「射」音食亦、食夜，又云：「射，音亦，又音夜。」《晉語五》「狐射」《補音》亦音盈隻，與本處同。

　　○沈鎔曰 (《國語詳注》第三，頁七)：讀如字。

【匯校】

○孔廣栻曰（《國語解訂譌》）：《綱目》作「二十四年（庚辰）」。

○籛跋本曰（國家圖書館藏王籛校跋本）：《綱目》作「二十四年（庚辰）」。《治要》正文無「而為之大林」五字。

○萬青案：《太平御覽》卷十六引「王」作「天王」，與《左傳·昭公二十一年》同。姜恩本本章以「○」與上章隔斷區別。姜恩本於「二十三年」之下出「景王二十三年，乃魯昭二十年也」注文，於「而為之大林」下出「旡𠂤鐘，為律中旡𠂤。大林，旡𠂤之覆也。作旡𠂤為大林以覆之，其律中林鍾也」注文。

【集解】

○敦煌殘卷注曰（敦研三六八）：廿三年，周景廿三年，魯昭廿年也。無𠂤，鐘名，律以覆之也，其中無𠂤也。大林，無𠂤之覆也。作無𠂤而為大林，律不中林鍾也。

○韋昭曰（《國語》卷三，頁一五）：景王二十三年，魯昭之二十年〔1〕。賈侍中云：「無𠂤，鐘名，律中無𠂤也。大林，無𠂤之覆也。作無𠂤，而為大林以覆之，其律中林鍾也。」〔2〕或說云：「鑄無𠂤，而以林鍾之數益之。」〔3〕昭謂：下言「細抑大陵」，又曰「聽聲越遠」，如此則賈言無𠂤有覆，近之矣。唐尚書從賈〔4〕。〖校勘1〗○萬青案：集賢殿校本、黃刊明道本及其覆刻本、上善堂本、寶善堂本、吳曾祺本、徐元誥本等無「之」字，「二十年」下有「也」字。陳奐已校出黃刊明道本與許宗魯本、金李本之異。今《左傳·昭公二十一年》云：「二十一年春，天王將鑄無𠂤。」與《國語》時間不同。審《玉海》卷六注云：「景王二十三年，魯昭之二十一年。」（《景印文淵閣四庫全書》第943冊，頁165）又《玉海》卷一〇九並引《周語下》本章與《左傳·昭公二十一年》之文以相對照。周景王二十三年為公元前522年，對應的魯國國君紀年應該是魯昭公二十年。〖校勘2〗○籛跋本曰（國家圖書館藏王籛校跋本）：《治要》此注作「無𠂤鐘名，律中無𠂤，蓋擇取也」。○萬青案：正學本「鐘名」之「鐘」與「律中無」之「中」誤倒。黃刊明道本及其覆刻本、上善堂本、寶善堂本、吳曾祺本、沈鎔本、徐元誥本等無「而」字。陳奐已校出黃刊明道本與許宗魯本、金李本之異。又《國語鈔評》用賈逵注。《五經文字》卷下「鐘鍾」條云：「上樂器，下量名，又聚也，今經典或通用『鐘』為樂器。」（《景印文淵閣四庫全書》第224冊，頁283）《佩觿》卷中「鍾鐘」

條云:「上酒器,下鐘磬。」(《景印文淵閣四庫全書》第 224 冊,頁 386)明焦竑《俗書刊誤》卷一云:「酒器作『鍾』,樂器作『鐘』。」(《景印文淵閣四庫全書》第 228 冊,頁 541)明葉秉敬《字孿》卷一云:「『鍾釜』、『龍鍾』,從金從重,『鐘鼓』、『鐘律』從金從童。」(《景印文淵閣四庫全書》第 228 冊,頁 602)則是從「重」為酒器名,從「童」者為樂器名。但是古書中往往混用,如《國語》各本表樂器、樂律之字本當作「鐘」,但是往往混作「鍾」字,如敦煌殘卷、遞修本等《國語》多本。本書為保留各本原貌,不作統一處理,下文也不再出校,讀者當自識之。〖校勘 3〗○張以仁曰(《張以仁先秦史論集》,頁二一二):《御覽》五七五僅引「大林,無射之覆也」七字,「覆」作「副」。馬、王皆未引「或云」以次,茲從汪、蔣二氏。韋解又云「唐尚書從賈」,則是唐固注亦與此同。黃奭《逸書考》以之入唐固注附錄。又王「作無射」下衍「而」字。○萬青案:韋昭所引「或說」究竟是誰的注文恐怕很難推究,不必強繫。〖校勘 4〗○萬青案:集賢殿校本、黃刊明道本及其覆刻本、上善堂本、寶善堂本、吳曾祺本、徐元誥本等「賈」下有「也」字。張一鯤本、李克家本、綠蔭堂本、鄭以厚本、道春點本、千葉玄之本、冢田本、秦鼎本、高木本等韋注之下首出「中」字音注,云:「中,陟仲切。」揭明此處「中」字意義、用法與他處不同。

　　○宋庠曰(《國語補音》卷一,頁二五):之覆,芳富反。下注此章所引並同。〖校勘〗○萬青案:《補音》音注本《經典釋文》。

　　○王懋竑曰(《讀書記疑・國語存校》,頁三):注「大林,無射之覆也。作無射而為大林以覆之」。案無射,鐘名,以其律中無射,故以無射名之。大林則律中林鍾,是大林乃別一鐘。注云「覆」,未詳其義。以鐘覆鍾,古無此制。或說亦未必然。當缺之。〖校勘〗○萬青案:陳小松曰:「《太平御覽・樂部十三》引『大林,無射之覆也』句,『覆』作『副』,『副』、『覆』均可通。副者,謂林鐘正聲為無射羽聲(林鐘子聲)之副也,音聲相同,故可為副。覆者,謂林鐘正聲洪大,作無射而有林鐘正聲為之應鐘,則無射羽聲抑而難聞,是蓋覆之也。無射宮鐘以無射正聲為宮,黃鐘子聲為商,大蔟子聲為角,中呂子聲為徵。林鐘子聲為羽,林鐘宮鐘以林鐘正聲為宮,南呂正聲為商,應鐘正聲為角,大蔟子聲為徵,中呂子聲為羽。林鐘宮鐘之徵(大蔟子聲)、羽(中呂子聲)二音與無射宮鐘之角(大蔟子聲)、徵(中呂子聲)二音相同,僅商、角二音與無射宮鐘之宮、商二音相差半音(一律)。今鑄無射而有林鐘

正聲為之應鐘，無射羽聲為林鐘正聲所掩而不聞，則此全堵鐘聲與林鐘宮鐘聲相同者三（宮、徵、羽）。僅二音（商、角）相差半音，類於林鐘宮鐘矣。故云『其律中林鐘也』。以言無射，則羽聲不聞；以言林鐘，則商、角二音相差半音。二者皆非，鐘聲所以不龢也。賈說與樂律之理並無不合，惟語焉不詳，使讀者費解耳。」（氏著《〈國語〉「王將鑄無射而為之大林」考》，見載於《新中華》復刊第6卷第12期，頁38～43）陳氏所釋「覆」字之義，可補王懋竑之疑。徐養原、高木熊三郎亦釋之，與陳說近似，見下。陳氏的文章應該是第一篇集中探討《周語下》律呂的論文，此前似乎並沒有引起古樂學研究者的重視，本書予以徵引，下同此。

　　○關脩齡曰（《國語略說》第一，頁二六）：黃鍾之律，《漢‧律曆志》更有重十二銖。

　　○冢田虎曰（《增注國語》卷三，頁二三）：穆公既曰「若無射有林，耳不及也」，然則鑄無射之時，又將鑄大鐘，而其大覆無射，其律中林鐘，故謂之大林與？

　　○秦鼎曰（《國語定本》卷三，頁一七）：《內傳》鑄無射見昭廿一年。此無射之鐘，至隋猶在，開皇十九年毀之。

　　○董增齡曰（《國語正義》卷三，頁三五）：鍾起于律，文六年《傳》孔《疏》引服虔注：「鳧氏為鍾，各自計律，倍而半之。黃鍾之管長九寸，黃鍾之鍾長二尺二寸半。餘鍾亦各自計律，倍而半之。」依服君之義，則無射管長四寸四分三分二，其為鍾當長一尺一寸七分弱。《周官‧鳧氏》鄭注：「鼓六，鉦六，舞四，此鍾口十者，其長十六也。鍾之大數，以律為度，廣長與圓徑，假設之耳。」依鄭君之義，則無射長一尺一寸七分弱者，其口之徑圓當得七寸二分半強也，鍾聲應無射，故以律名之。「襄十九年，季武子作林鍾，亦是鍾聲應林鍾之律也。」〔1〕昭二十一年《傳》疏：「此無射之鍾，在王城鑄之，敬王居洛陽，蓋移就之也。秦滅周，其鍾徙于長安。歷漢、魏、晉，常在長安。及劉裕滅姚泓，又移於江東，經宋、齊、梁、陳，時鍾猶在。東魏使魏收聘梁，收作《聘遊賦》云『珍是淫器，無射在縣』是也。及隋開皇九年平陳，又遷于西京，置太常寺，時人悉得見之。至十五年，敕毀之。」《周禮‧大司樂》「方丘之樂，函鍾為宮」注：「以函鍾為林鍾。」惠士奇曰：「函鍾，一名大林，其聲函胡，濁而下，即所謂〔2〕黃鍾之下宮也。」《呂氏春秋‧季夏紀》高注：「林，眾鍾聚……陽氣衰，陰氣起，萬物聚眾而成也〔3〕。」【校勘1】

○萬青案：本句亦出《左傳・昭公二十一年》孔疏。〖校勘2〗○萬青案：今檢惠士奇《禮說》卷七「即」作「周語」。〖校勘3〗○萬青案：稿本無「也」字，今檢高注原文「而下」下即無「也」字。

　　○紀大奎曰（《古律經傳附考》卷四，頁一六～一八）：大林者，大林鍾也。正宮初定之時，宮、商、角、徵、羽之五音由黃鍾而上之，以次漸高，各循其序，逮旋宮法立，五音高下之序參差遞變，至無射而宮聲之高已極，更無有高於宮者，反之而羽，蕤賓徵，姑洗角，黃鍾商，中律以夾鍾為下宮而五音以和。此一定之理也。景王既知武王伐殷宮無射以示武，欲鑄無射五鍾以侈其雄心，而又嫌於商角徵羽四聲不能如黃鍾正宮之依次漸高以為快，於是徵於無射宮鍾之上，更鑄四鍾遞高之商角徵羽以逞其志。依陰陽相應之序，仍取陰律之名名之，無射宮聲之上其與中律商聲應者為大圜鍾。此外，與黃鍾角聲應者為大大呂，與姑洗徵聲應者為大南呂，與蕤賓羽聲應者為大林鍾。凡聲愈高則鍾質愈重。故侈之曰大，以別於林鍾、南呂、大呂之本，各以一宮五鍾計之，自宮鍾無射起，至羽鍾大林止，而無射之五鍾具，故曰「鑄無射而為之大林」，言不用正律之商、角、徵、羽也，是為「細過羽，重過石」。此自制律以來所未有者，景王於是乎侈之至矣。「大不出鈞，重不過石」詳見二卷「關石和鈞」之下。先王均鍾之定制也，鍾質愈重，則鍾聲愈細，於無射之上之無復有律者，一旦增之以至於大林，其重太過則其細已甚，故曰「無射有林，耳不及也」。惟絲質至細可以按而取之，然究於樂無庸，若鍾之重大更不成聲矣。故曰非鍾聲也。無射之高已極。今又高過五聲，使聽者中心駭蕩拂逆，大傷和平之氣。呂氏所謂以蕩聽鉅則耳不容，不容則橫塞，橫塞則振動是也，故曰「聽樂而震，患莫甚焉」。樂由心生，通於情性，達於政治，單穆公之言反復明切，無以復加，而惜乎王之終不悟也。

　　○帆足萬里曰（《帆足萬里全集》下，頁五二八）：鑄無射，以林鍾和之，而其形至大，故曰大林。

　　○《國語考》曰（日本弘化二年寫本）：無射於正均為細均，此當有鍾，而今以無射為宮，國敬（一本為「欲」字）為大林者，蓋王意以為無射與正均甚大者比，故更欲為林鍾大者以為正均細均者也。無射宮則林鍾當其羽，而本宮商已上有鑄無鍾。今罷其鑄為之鍾，故大林。愚按：林已上當但有鑄無鍾，詳見後章。十二律施為宮，故無射為宮則林鍾為羽，今以無射之律鑄鍾以為宮而又以林鍾之律更大之，鑄鍾以為大羽，故云大林也。

　　○汪遠孫曰（《國語發正》卷三，頁一二）：《內傳‧昭二十一年》疏云：「此無射之鍾，在王城鑄之，敬王居洛陽，蓋移就之也。秦滅周，其鍾徙於長安，歷漢、魏、晉，常在長安。及劉裕滅姚泓，又移於江東，歷宋、齊、梁、陳，其鍾猶在。東魏使魏收聘梁，收作《聘遊賦》云：『珍是淫器，無射在縣。』是也。及開皇九年平陳，又遷於西京，置大常寺，時人悉共見之，在十五年，敕毀之。」

　　○高木熊三郎曰（《標註國語定本》卷三，頁一七）：無射與林鐘相應和者，故曰「為之大林」也。是主大林而無射副之之意。大林，律中林鐘而其形大者，故曰大林也。注「覆」字不通。

　　○沈鎔曰（《國語詳注》第三，頁九）：無射，鍾名，律中無射也。成於周景王二十四年，至隋開皇十五年敕毀之。

　　○陳小松曰（〈《國語》「王將鑄無射而為之大林」考〉，見載於《新中華》復刊第 6 卷第 12 期，頁 38～43）：《國語》「王將鑄無射而為之大林」一章，多為樂律之言。韋注簡略，詞旨含混，至不易曉。《左傳‧昭二十一年》「天王將鑄無射」一章同紀一事，所紀簡於《國語》，尤為難明。少時讀此二章，茫然不知所謂。第讀之而已，未遑深思也。長治金文，《虢叔旅鐘》有「用侃朕皇考惠叔大龢龢鐘」之辭，阮元《積古齋鐘鼎彝器款識》據《國語》以為「大龢」即「王將鑄無射而為之大林」之「大林」，其言曰：「案《國語》周景王鑄無射而為之大林，單襄公諫謂：作重幣以絕民資，又鑄大鐘以鮮其繼，若無射有林，耳弗及也。先王之制，鐘不過石。今王作鐘，聽之弗及，比之不度。伶州鳩又謂：細抑大陵，不容於耳。韋昭注謂：大林為無射之覆。無射陽聲之細者。大林，陰聲之大者。據此，知大林為逾常之大鐘。景王鑄之，當日必有效之者，此虢叔鐘是也。鐘之大，從無及此者，稱之重六十六斤，逾於古權遠矣。古之為鐘也，各自計律倍而半之，故曰為之律度。如林鐘之律長六寸，林鐘之鐘當長一尺五寸。翁氏所藏周叔丁林鐘以漢慮俿尺度之，兩欒高一尺五寸有零，合於律矣。此鐘兩欒高一尺八寸五分，準以林鐘之律，兩倍有贏，意景王之鐘，當亦如是，故名曰大林。單子謂其比之不度，州鳩謂其㧑則不容，皆以其乖於律度也。不然，聲中林鐘，安得為非法鐘乎？」孫詒讓精於《周禮》，於古鐘制究之有素，於《古籀餘論‧楚公鐘跋》云：「大林鐘雖見《國語‧周語》，而金文或從宣，或從稟，既不肯從林，又云：龢鐂鐘，寶鐂鐘。亦不皆云大林，則與彼未盡合。且大林自是極大特縣之鐘。今虢叔編鐘亦有

大之龢語，則義尤不相應。」以為大龢非大林鐘。近郭君沫若於《兩周金文辭
大系・虢叔旅鐘考釋》曰：「大龢即《國語・周語》景王二十三年王將鑄無射
而為之大林之大林。」唐君蘭於《燕京學報》第十四期《古樂器小記》曰：「金
文鑼、鎛、龢、劃、纁諸字，並從亩得聲，讀為林。亩、林聲相近也。《周語》
曰：王將鑄無射而為之大林。單穆公曰：不可，作重幣以竭民資，又鑄大鐘以
鮮其繼……且夫鐘不過以動聲，若無射有林，耳不及也。王不聽，卒鑄大鐘。
大林即大鐘。林即鐘之別名也。」楊君樹達於《學原》第三期《楚公鐘跋》
曰：「由余觀之，不獨從林之龢當從舊說釋林……《國語・周語》曰：景王鑄
無射而為之大林……蓋大林之鑄造，乃一時風尚使然。故周景王鑄之，楚公
鑄之，魯季武子鑄之（見《左傳・襄公十九年》）而虢叔旅、士父、兮仲、吳
生輩亦皆鑄之。名雖一事，流傳既廣，製作亦眾，即形制不必盡同。孫君乃
云：大林自是極大特縣之鐘，盡虢叔編鐘亦有大龢之語，則義不相應。此刻舟
求劍之說也。又云：大林鐘雖見《周語》，金文或從亩，或從稟，既不皆從林，
又云龢龢寶龢鐘，亦不皆云大林。不悟大林省稱曰林，有何不可？」郭、唐、
楊三君咸以為大龢即《國語》「王將鑄無射而為之大林」之大林（唐君雖未明
言大龢即《國語》之大林，而舉及《周語》，其意自當如是）。是皆不主孫說而
主阮說著。尋究阮說，但謂大林為逾常之鐘，乖於律度，其為獨一之鐘名乎？
抑為全堵之鐘名乎？「王將鑄無射而為之大林」一語之意義何若乎？皆所未
言。郭、唐、楊三君於斯諸點亦並忽略。余心疑《國語》明言鑄無射，何以復
為之大林？此其間不能無故。阮既未詳究，遽下斷語，已嫌失之過早，郭、
唐、楊三君奈何蹈其覆轍。而苟不究明其義，亦無以證阮說之必非。乃取《國
語》，反覆籀繹，並參稽韋注以外諸家之說，冀或能闡明其旨，則不第解決金
文一聚訟，實更有裨於古史，當亦治《左氏》、《國語》者所樂聞也。博雅君
子，幸匡正焉。……據《國語》、《左傳》，皆言「鑄無射」，注皆言：「無射鐘
名，律中無射。」據《左傳疏》及《隋書・律曆志》，此無射鐘歷漢、魏、晉、
宋、齊、梁、陳，至隋猶在。人所共見。不獨見之，樂官且以新笛飲之。魏收
聘梁作賦，亦云「無射在懸」，是此鐘相傳有據，歷代眾口一聲，俱云無射，
不聞異辭。可見景王所鑄，確為無射宮之鐘，並非他宮之鐘甚明。……景王
所鑄既為無射宮鐘，何以為之大林？大林又何所指乎？欲明其故，無射宮鐘
法定之均若何？鐘數若何？鐘之類別若何？此皆不可不先究明者也。無射宮
鐘之均，據《通典・樂一》云：「無射之均，以無射為宮。無射上生中呂為徵，

中呂正聲長，非無射三分去一為徵之次，故用子聲為徵，亦是三分去一之次。中呂上生黃鍾為商，黃鍾正聲長，非無射，為宮之次，故用子聲為商，亦是其宮之次。黃鍾下生林鍾為羽，林鍾正聲長，非黃鐘為商三分去一之次，故用子聲為羽。林鍾上生太蔟為角，太蔟正聲長，非黃鐘為商三分去一之次，故用子聲為角。此無射之調，正聲一，子聲四也。」表列如次：

	1	2	3	4	5	6	7	8	9	10	11	12
正聲管長	九寸	八寸三分七釐六毫	八寸	七寸四分三釐七毫	七寸一分	六寸五分八釐三毫	六寸二分八釐	六寸	五寸五分五釐一毫	五寸三分	四寸八分六釐四毫	四寸六分六釐
律名	黃鍾	大呂	大簇	夾鍾	姑洗	中呂	蕤賓	林鍾	夷則	南呂	無射	應鍾
黃鍾宮均	宮		商		角		（變徵）	徵		羽		（變宮）
林鍾宮均		（變徵）	徵		羽		（變宮）	宮		商		角
無射宮均	商		角		（變徵）	徵		羽		（變宮）	宮	
子聲管長	正管之半	同	同	同	同	同	同	同	同	同	同	同

樂律古法，隔八相生，上生者三分益一，下生者三分去一，上生者生低音，下生者生高音。古謂高音為清聲，低音為濁聲，管愈短者聲愈清，其為鐘也形亦愈小，管愈長者聲愈濁，其為鐘也形亦愈大。無射宮居表中第十一位，無下生可言，而無射之商、角、徵、羽四音，較宮音為高，音高例當下生，上生則所生者為應生之音之低音。（無射宮下生中呂子聲為徵，上生中呂則為低徵）古祇以十二律為言，不得不轉言上生而用其子聲，實即等於下生。觀表，如將子聲繼正聲之後，無射宮隔八位即為中呂子聲，下生者三分去一，無射管長四寸八分八釐四毫，三分去一得三寸二分九釐強，恰等於中呂正聲之半。《通典》所云：「無射上生中呂為徵，中呂正聲長，非無射三分去一為徵之次，故用子聲為徵，亦是三分去一之次。」（正聲長即正聲音低），即等於言下生中呂子聲也。商、角、羽三聲可以類推。無射宮鐘法定之均，依序排列，則為宮（無射正聲）、商（黃鐘子聲）、角（大蔟子聲）、變徵（姑洗子聲）、徵（中呂子聲）、羽（林鐘子聲）、變宮（南呂子聲）。自無射宮起，至南呂子聲止，依此十二律位而鑄鐘，即謂之無射宮鐘。亦此鐘為音之標準，則可奏出無射宮之宮、商、角、徵、羽、變宮、變徵七調（變宮、變徵二調古不用）。《周禮·

樂師》：「乃奏無射，歌夾鐘，舞大武，以享先祖。」蓋即以此鐘為金奏音聲之
標準也。鐘每均之數目及類別，據《周禮・小胥職》曰：「凡縣鐘磬，半為堵，
全為肆。」鄭注：「鐘磬者，編縣之二八十六枚而在一虡謂之堵。鐘一堵，磬
一堵，謂之肆。」賈疏：「經直言鐘磬，不言鼓鎛者，周人縣鼓與鎛之大鐘，
惟縣一而已，不編縣，故不言之。其十二辰頭之零鐘，亦縣一而已。」孫詒讓
《周禮正義》疏引江藩說，以編縣鐘磬十六枚為十二律加四清聲。（編鐘為歌
鐘，非本文所論，不詳引）又引徐養原云：「鐘特縣之法，每均五鐘，每鐘一
說，五虡而成一堵：有事陳於庭，則左右各一堵。《儀禮》：笙鐘、頌鐘之南皆
有鎛。《說文》鎛字注云：堵以二。與《禮經》合。特縣者，五虡為一均，十
二均凡六十虡。編縣者，每虡為一均，十二均凡十二虡。」案為鐘之法，依樂
理推之，可有三式：甲、依十二律位為之。編鐘之十二律加四清聲，特鐘之十
二辰頭零鐘，皆是也。因其具備十二律位之音，故可變奏各律位之調。乙、不
依十二律位而依某宮之宮、商、角、變徵、徵、羽、變宮七音為之。雖律位之
音不盡具，而變徵變宮可代間音（宮與商、商與角、徵與羽，皆間一律，惟角
與徵間二律，變調則二音所當之音差一律，變徵變宮所以補救此失。古雖不
用此二聲，而不能無之，即以此故）。不能如甲之可變奏各律之調，而能變奏
本宮之商、角等調，如笛之僅具七音而可以變調，即依此理為之也。丙、依某
宮之宮、商、角、徵、羽五音為之。因無變徵變宮二音，不能旋宮，僅可奏某
宮一調，奏他調則不諧。依此為之，欲遍奏諸調，則須具十二均之鐘，甲乙二
式則不必也。徐說蓋即據丙之理為說。由是以言，則所謂某律之鐘，其為編
鐘，則指十六鐘全縣而言，其為特鐘，則指全堵加鎛鐘而言。景王祈鑄無射
宮鐘，係依上三式中何式而作，雖不可確知。然據《隋書・律曆志》所引由謙
之記已有三鐘，且皆何夷則新笛，則其鐘數必在五枚以上（連鎛鐘計算），至
少能奏一調，固可斷言也。」〖校勘〗○萬青案：陳氏文章本節固已回應其
在文首所提出的「景王所鑄既為無射宮鐘，何以為之大林？大林又何所指乎？
欲明其故，無射宮鐘法定之均若何？鐘數若何？鐘之類別若何」諸疑問了。
陳氏又別立一節闡明無射鐘何以有大林之故，陳氏云：「無射宮鐘所以有大林
之故，據朱載堉《律呂精義》五曰：『無射倍聲為均，蓋自周景王始。或問：
無射為之大林，何謂大林？答曰：黃鍾律之首，管之最長，鍾之最大而濁者
也。漸而短之小之，以生十二律，則無射應鍾為管之最短，鍾之最小而清者
也。五聲次序論之，宮宜長大而濁，羽宜短小而清，此其常理。而旋宮之法，

無射為宮，則林鍾為之羽，宮短而羽長，羽濁而宮清，故律家相傳以林鍾子聲為無射之羽。景王則不然，使無射為宮者大於其羽，故曰為之大林，謂大於林鍾也。若然，無射必用倍數，用倍數則反長大於黃鍾矣。夫律呂之用倍數，於理無妨也，但不可因無射大於黃鍾，而遂改無射，強名曰黃鍾。故所係甚大。《左傳》、《國語》言之最詳，有國家者不可不慎。當時古律俱存，故單穆公、伶州鳩可得而辨之。自李照之後，遂真以無射命為黃鍾矣，而古律又亡，世鮮知音者，孰能辨之哉？』徐養原《律呂臆說·七律解》曰：『景王將鑄無射，特問七律，意以無射為陽聲第六，何以不再七律之數？以無射為宮，必以林鍾為羽，此旋宮之常，又何咎焉。不知無射居陰律之末，其細已甚，以無射為宮，必以林鍾之半律為羽，今鑄無射而為之大林，鍾安得和（若無射用倍數，則林鍾宜用正律，不得用倍律），故伶州鳩曰：大不踰宮，細不過羽。夫宮，音之主也。第以及曰，今細過其主，不容於耳，非和也。林鍾為羽，故曰細。無射為宮，故曰主。林鍾宜細而反大，是細者過其主矣。和聲之道，在乎律呂不易，大昭小鳴，此而不知，烏足言與七律哉？』案朱說謂景王以無射倍聲為均，大林者，無射正聲之倍聲，大林於林鍾正聲，故謂之大林，如朱之說，其均當為：宮（無射倍聲）、商（黃鍾）、角（大呂）、徵（中呂）、羽（林鍾）。徐說未盡明晰，其意當以大林為林鍾正聲，謂景王以無射為宮，而以大林代林鍾子聲為羽，無射均本有林鍾子聲，無林鍾正聲，今使有林鍾正聲，號林鍾子聲，如其說，其均當為：宮（無射正聲）、商（黃鍾子聲）、角（大呂子聲）、徵（中呂子聲）、羽（林鍾正聲）。朱、徐二說，依據樂理。論無射與大林之關係，以大林為無射均鍾一鍾之稱，自較不究原委者為完善多矣。惟細繹二說，尚有與《國語》不能盡合者，綜觀《國語》單穆公及伶州鳩之言，無射均中而有大林，其重要錯誤之點有三：（一）大林之大，過於法定制度；（二）細聲為大聲所掩而不聞；（三）音聲不龢。朱說無射聲為均，其宮聲鍾之長大，過於林鍾，並過於黃鍾，此合於（一）者也。然無射倍聲為均，其均中之鍾，除林鍾外，餘悉長大於林鍾，不止宮聲一鍾，宮聲既大於黃鍾，依理應云大黃，不應云大林，大林之名不相稱，此說之難通者一；無射倍聲為均，無律中林鍾之理，與賈說『作無射而為大林以覆之，其律中林鍾也』之語不符，此說之難通者二；山謙之記云景王鑄無射三鍾，以夷則新笛飲則聲韻和合，夷則較無射低二律，無射倍聲為均，較無射低十二律，無論其依鍾律位為之，或依宮商為之，三鍾悉合夷則新笛皆為不可能，此說之難通者三；無

射倍聲為均，音階依次下低，無細抑大陵之可言，與（二）不合，此說之難通者四；無射倍聲為均，於樂理無妨，則音聲斷無不龢之理，與（三）不合，此說之難通者五。後世雖有以無射命為黃鐘之事，而景王所鑄，則決非無射倍聲為均也。徐說以大林為林鐘正聲，說較朱說為長。無射均以林鐘正聲為羽，則羽聲低，音聲不龢，與（三）合，林鐘正聲之鐘，長大於無射宮聲，垂於制度，與（一）合，惟無射以林鐘正聲為羽，既無正羽聲，則此均之聲，即以徵聲（中呂子聲）為最高最細，徵聲與低羽聲在理不得同時並奏，無細抑大陵之可言，與（二）稍可不合，說仍不可通也。然則如何而可與上述者皆合乎？是惟有以林鐘正聲為鑄鐘之一事耳。蓋編鐘形小，大林既其大逾常，其不為編鐘，不待言也。夫既不為編鐘，則其不屬於特懸之鐘，即屬於鑄鐘矣。大林之鐘，已知其大於無射宮聲，設其為特懸之鐘，其聲必出於無射均中諸聲之外，奏樂時，不能同時並奏聲音不同之二特懸鐘，既不能同時並奏，大林之聲雖洪，他鐘之聲亦不得為其所掩，與（二）不合（徐說之情形即如此），自當為鑄鐘。鑄鐘所以應鐘磬，《說文》所謂『鑄，大鐘，淳于之屬，所以應鐘磬也，堵以二，金樂則鼓鑄應之』是也。應鐘之聲應應鐘磬何聲，雖無可考知。要之，其必應宮、商、角、徵、羽中之一聲，則可斷言，大林鐘聲大於無射均中任何一聲，自不能正應此均之聲，然旁應則無不可也。無射均中以羽聲（林鐘子聲）為最細最清，正聲與子聲為同音之高低音，可以旁應，正聲洪，子聲細，以林鐘正聲為應鐘，則無射羽聲恰為其所掩，細聲為大聲所掩，清濁因以難分，而鐘聲不龢矣。此與（一）（二）（三）皆合者也。子之於父也，父大而子小，正聲對子聲而言，正可云大，因無射均中有林鐘子聲為羽聲，遂為林鐘正聲應鐘以應之，名之曰大，以別於子，此名實相副者也（律中林鐘解說見下）。觀景王問律於伶州鳩，當非漫不知音理者，其所以致誤，必有致誤之由。其所鑄特懸之鐘，本無不合，惟意嫌無射聲細，欲為大聲應鐘，而以為不背於律，不知有此林鐘正聲應鐘，聲固可加洪，而此全堵之鐘聲，亦因以錯亂（說詳下）。觀《國語》『鐘成，伶人告龢』、『王崩，鐘不龢』二語，可知其鐘聲必在似龢非龢之間，伶人有可以強告和者，否則差誤過鉅，伶人雖欲強言龢，亦有所不能者矣。此無射所以有大林之故也。由此推之，『王將鑄無射而為之大林』之意義彰明易曉，《國語》下此語句時，固極有分寸者也。蓋此特懸之鐘，本無不合，故不得不以無射稱之，《左傳》稱無射而不及大林，即其明證矣。無射法定全堵之鐘中，本無林鐘正聲鑄鐘，今而有

之，故不得不以特殊之名詞『大林』稱之，以示別於林鐘子聲，並示別於林鐘宮聲之林鐘，即如此，尚有誤會大林為林鐘者，益可證大字之重要，非漫設者矣。」（同上）陳小松解《國語》具體語句亦全本此旨。陳氏最後結論云：「由上所論，可知大林乃施於無射均中特殊一鐘之稱，無射雖因有之而聲致不龢，然大體則仍中無射之律，全堵鐘名即不得因有之而不名無射，故景王所鑄，由周迄隋，均名無射也。一時風尚之說，不能決其必無，然即使成為風尚，如阮之說，虢叔旅效法景王鑄鐘，其鐘亦當如《國語》、《左傳》之例，仍名無射，不名大林，何則？蓋大林既非全堵之鐘名，以之名鐘，其鐘中於何律乎？如以獨鑄大林一鐘為說，則古人為鐘非以合樂，即以升歌，斷無鑄一之理。金文從亯之諸鐘，多不止一具，即其實證。其不為《國語》之大林彰然甚明。明乎此，阮說雖多所引據，不得其要，其誤不待辯矣。唐說以為大林即大鐘，林即鐘之別名。如其說，『王將鑄無射而為之大林』即王將鑄無射而為大鐘矣。不知此復成何詞義。唐君自思當亦莞爾也。楊君引魯季武子鑄林鐘，以證大林之鑄造乃一時風尚使然（黃公諸《周秦金石文選評註》『虢叔旅作惠叔鐘』注下亦引之）。魯季武子鑄林鐘之事，誠如所云，惟季武子鑄林鐘，是否效法大林，則不無疑問耳。考《左傳‧襄十九年》載季武子鑄林鐘曰：『季武子以所得於齊之兵作林鐘，而銘魯功焉。』杜注：『林鐘，律名。鑄鐘聲應林鐘，因以名之。』杜所云『鑄鐘聲應林鐘，因以名之』，謂其所鑄全堵諸鐘皆應林鐘之均，非謂鑄一鐘應林鐘宮聲也。詞旨甚顯，聲中某律，即名鐘為某律，亦經典之通例。林鐘宮鐘之稱林鐘，猶無射宮鐘之稱無射，黃鐘宮鐘之稱黃鐘也。季武子鑄林鐘，本循鑄鐘通例，初無特殊情事，《左傳》照通例記載，未有別異之詞，自與景王不同。景王鑄者無射，季武子鑄者林鐘，雖衹相差一字，固未容混為一談也。孫不以大𥁕為《國語》之大林，本不錯誤，至大𥁕究應作何解釋，為別一問題，非本篇所論及。」其說可參。

　　○唐蘭曰（《關於大克鐘》，見載於《出土文獻研究》第1輯，復收於《唐蘭全集‧四‧論文下編》，頁1399～1404）：《國語‧周語》載「（景王）二十三年，王將鑄無射而為之大林」，過去是不能解釋的，賈逵注：「無射，鐘名，律中無射也。大林，無射之覆也，作無射而以林鐘之數益之。」韋昭自己是主張賈逵說的。他們都已不知道什麼什麼是大林，把它當作六呂裏的林鐘，所以作出這一種牽強附會的說法。現在所見西周銅器裏有這麼多的大𥁕（林）鐘、龢𥁕（林）鐘、寶𥁕（林）鐘，並且遠在景王之前二三百年，難道都鑄的

是「律中林鐘」的鐘嗎？《左傳‧襄公十九年》載：「季武子以所得於齊之兵作林鐘而銘魯功焉。」用兵器來改鑄樂器，難道也一定要符合林鐘之律嗎？其實從㐭聲的字，有積聚的意思，倉稟就是積聚米穀的地方，所以《素問‧皮部輪》「稟於腸胃」注：「稟，積也，聚也。」從林聲的字，有眾的意思，也有積聚的意思。《廣雅‧釋詁三》載：「林⋯⋯聚也。」「林⋯⋯眾也。」王念孫《疏證》說：「凡聚與眾義相近，故眾謂之宗，亦謂之林，聚謂之林，亦謂之宗。」《說文》云：「罧，積柴水中以聚魚也。」就是積聚的意思。那麼，大龢計大林，是許多鐘，也就是一羣或一組鐘的意思，等於《周禮‧春官‧磬師》所說的編鐘。

○吉聯抗曰（《春秋戰國音樂史料》，頁四二）：過去如韋昭、賈逵等的注，在說「無射」是無射律的鐘之外，又說「大林，無射之覆也，作無射為大林以覆之，律中林鐘也」等等。解釋文字似乎可通，但從音樂的角度無法理解：是兩個樂器？如何「覆」？⋯⋯考金文有字（見《金文編》三二六頁，變體不列舉），係「作林鐘」之「林」的專用字，是鐘的象形字，以此例彼，則「大林」應即是大鐘。近人還有一個說法：「林」是「鈴」的假借字，「大林」即「大鈴」，亦即鐘。

○馬承源曰（《商周青銅雙音鐘》，見載於《上海博物館文物保護科學論文集》，頁1～20）：編鐘的名稱出現較晚。編鐘再早稱為林鐘，西周鐘的銘又多稱大林鐘，林或作龢、劃、龤。⋯⋯龢、林音通，大龢鐘也就是大林鐘，簡稱為林鐘。大林不是律名，不論在文獻中的黃鐘十二律或曾侯乙編鐘銘文的全部律名中，都沒有大林這個律嗎，名。克鐘銘劃鐘則是大林鐘的簡稱，它與十二律名的林鐘是不同的概念。1979年陝西扶風出土的南宮乎鐘，其甬上銘云：「嗣土（徒）南宮乎乍（作）大龢龤鐘，茲名曰無昊鐘。」顯然「無昊」（無射）是鐘的律名，而大龢是鐘名。龤字《說文》所無，據鐘銘通例，其意或與龢鐘之龢義相應。曾侯乙編鐘中層與下層都為姑洗律，即姑洗為宮音。按比例，則南宮乎鐘以無昊律為宮音，那末大林鐘必須是鐘名而不是律名了。《國語‧周語》景王二十三年：「王將鑄無射而為之大林。」以往理解為景王將鑄無射而結果錯鑄了大林，似乎以大林為律名，這是不對的。今南宮乎鐘的甬銘也是鑄無射律而為大龢鐘，與景王相同，可見大林鐘就是編鐘。《廣雅‧釋詁三》：「林，眾也。」又「林，聚也。」《國語‧周語》：「四間林鐘。」也是指鐘數之眾多的意思。八音鐘有八度以上的音域，其數眾多，編懸之似林

聚植，故稱大林鐘或林鐘。

○方建軍曰（《論周景王鑄鐘的無射和大林》，《中國音樂》2008 年第 1 期，頁 55～56）：周景王所鑄的「無射」應是一套編鐘的名稱或代稱，而「大林」應是指件數較多的大型編鐘。

○魯實先曰（《周金疏證》，頁一二三～一二九）：《虢叔旅鐘》：「用作朕（朕）皇考惠叔大䡄鐘。」䡄，《說文》無其字，蓋為亩之異構，從亩林聲，古鐘以䡄為名，或與䡄聲相近者，其例如下：

1.《士父鐘》云：「乍朕皇考叔氏寶䡄鐘。」（《積古》三卷六葉）

2.《釐白鐘》云：「用乍朕文考釐白龢䡄鐘。」（《窙齋》二冊十一葉。案此為編鐘，其文散見數器，今僅殘存一器，故其文不全。）

3.《遲父鐘》云：「遲父乍姬齊姜龢䡄鐘。」（《考古圖》七卷五葉。遲乃遲之古文，《博古圖》釋䡄為林夾，非是。）

4.《克鐘》云：「用乍朕皇祖考白寶劃鐘。」（《三代》一卷二十葉）

5.《楚王領鐘》云：「楚王領自乍鈴鐘。」（《貞松吉金圖錄》上卷二葉）

6.《鄬子𬐚師鐘》云：「自乍鈴鐘。」（《考古圖》七卷七葉）

7.《井仁妄鐘》云：「妄乍龢父大䡄鐘。」（《三代》一卷二十四葉至二六葉）

8.《兮仲鐘》云：「兮仲乍大䡄鐘。」（《三代》一卷十二葉至十五葉）

9.《柞鐘》云：「用乍大鑪鐘。」（陝西省博物館所編《扶風齊家村青銅器羣》第三九圖）

10.《楚公鐘》云：「自乍寶大襄鐘。」（《三代》一卷五葉至七葉）

以上舉諸器觀之，知䡄鐘之䡄，有作劃、鈴、鑪、襄者，作䡄者，乃從亩林聲，劃乃從刀䡄聲，鑪乃從金䡄聲，襄乃從泉從攴亩聲（䔉見《說文・炎部》，乃從炎亩聲，《說文》云：「讀若甚，乃後世之音變也。」）。以鈴鐘之名證之，可知䡄乃從亩林聲，劃乃從刀䡄聲，鑪乃從金䔉聲，襄乃從泉從攴亩聲，以林亩二聲，古音同為音攝（《段表》第七部）來紐，故相通用。諸器所謂鈴鐘、䡄鐘，或劃鐘者，即《左傳》之林鐘（《左傳・襄十九年》云：「季武子以所得於齊之兵作林鐘，而銘魯功焉。」），諸器所謂大䡄、大鑪或大襄者，即《國語》之大林（《國語・周語下》云：「王將鑄無射，而為大林。」）杜預《左傳注》曰：「林鐘律名，鑄鐘聲應林鐘，因以為名。」《國語》韋注引賈逵說曰：「作無射為大林以覆之，其律中林鐘也。」是二說皆以律名之林鐘為釋，以金文

證之，可以知其說之非矣。阮元釋薾為棽，而謂「大棽乃大於林鐘之律，故謂之大棽」（見《積古》三卷十二葉）。徐同柏釋薾為林，其說蓋應林鐘之律，謂之大者，《爾雅》大鐘謂之鏞是也（《從古》六卷六葉）。說亦謬甚。案《虢叔旅鐘》八器，皆為編鐘，乃以大鐘謂之鏞釋之，說尤非是。通考古鐘之見於著錄者不下百鐘（同文者不計），在諸器之中，其記及律名者，僅有《師𤨳鐘》一器（案𤨳與𤨳當為一字，《說文》有𤨳字而無𤨳字，𤨳見《說文·隹部》，蘇肝切，音ㄙㄢ丶），其銘曰：「師𤨳乍龢鐘夷則（見《綴遺》二卷三葉）。」其「師𤨳乍龢鐘」五字在鉦閒，其「夷則」二字在鼓右，似不與上文相屬。又案《新唐書·楊收傳》云：「涔陽耕得古鐘，高尺餘，收扣之曰：『此姑洗角也。』既劀拭，有克刻在兩欒果然。」據此則古鐘之記及律名者，僅此二器。至於著錄之其他鐘銘，則絕未一見於頌揚先德之銘文中，有記及律名者。若夫見於著錄有所謂《周特鐘》者，其銘曰「大和夷則」（《西清續鑑乙編》十七卷十八葉）。又有《周特鐘》，其銘曰「黃鐘清大和」（《西清古鑑》三十六卷第一葉）。又有《周應鐘》者，其銘曰「應鐘大和」（《西清古鑑》三十六卷第三葉）。此三鐘皆字體庸俗，非唯非先秦之器，且非秦漢之器，乃後世之仿作，或其銘文為後人所增益。若斯之例，不足舉證也。《左傳》之林鐘及《國語》之大林，假令依杜、賈二氏之說，以林鐘及大林，即律名之林鐘，則諸器所記薾鐘或鈴鐘凡六種十三器（《𪔔白鐘》、《遲父鐘》、《楚王領鐘》、《鄦子𤔲師鐘》各一器，《士父鐘》三器，《克鐘》六器，共十三器），諸器所記大薾鐘、大鑶鐘，或大𪔔鐘，凡五種廿八器（《虢叔鐘》八器，《井仁妄鐘》三器，《兮仲鐘》六器，《柞鐘》八器，《楚公鐘》三器作𪔔），通計此四十二器，其所記薾鐘或大薾鐘之名，無不與顯揚先德之文，屬合一體，而未有如《師𤨳鐘》之例，不與銘文相掍者，此可證諸器所謂薾鐘或大薾鐘諸名非音律之名者一也。案《淮南子·天文篇》云：「林鐘之數五十四。」《史記·律書》云：「林鐘長五寸七分四。」二說互殊，而亦相近（《淮南》所謂五十四者，謂五寸四分也）。則其準此製器，而其律中林鐘者，亦必大小一律輕重無殊。縱惑彼此乖益，亦必據林鐘之數以為損益。凡其損益，亦必為林鐘之倍數，而其此十三器之記薾鐘者，二十八器之記大薾鐘者，大小參差，無一可證其為中林鐘之律，且十二律呂之名，於林鐘之外則有黃鐘、大呂、太簇、夾鐘、姑洗、仲呂、蕤賓、夷則、南呂、無射、應鐘諸名，不應大小不同之四十二器，獨記林鐘及大林之名，而別無佗律以相屬雜，此可證諸器之薾鐘與大薾鐘，及《左傳》之林鐘，《國語》

之大林，舉非律名之林鐘者二也。諸器之銘䇷鐘或大䇷鐘者，皆為編鐘，編鐘與鈴相似，《廣韻》云「鈴似鐘而小」者是也。以傳世之《成周鈴》（《三代》十八卷十一葉）、《吳鈴》（《三代》十八卷十葉）、《天尹鈴》（《三代》十八卷十一葉）證之，可知其說之信然矣。《楚王領鐘》為傳世編鐘之至小者，而其銘曰鈴鐘，是可證所謂鈴鐘者，乃言其鐘體之小如鈴，故以為名。作鈴者，為其本書，作䇷、鑤或林者，乃其雙聲相假之字（鈴、䇷、鑤、林同屬來紐），其名大䇷鐘者，乃言其形體大於小編鐘也。《楚公鐘》作裏者，乃從攴從泉亩聲，從攴者，示攴擊之義，猶鼓之從攴，以示擊鼓之義（《說文・攴部》云：「鼓，擊鼓也，讀若屬。」案鼓，之欲切，音觸）、殼之從殳，以示擊殼之義也（案：殼乃磬之初文，卜辭正作殼，《說文・石部》乃以殼為磬體，其說非是）。從泉者，示其為棧鐘之義。《爾雅・釋樂》云：「大鐘謂之鏞，其中謂之剽，小者謂之棧。」泉與戔（昨干切）同為安攝從紐（《段表》十四部），故相通用。案《說文》線之古文作綫（《說文・糸部》），此正泉、戔相通之證。是以裏之從泉，乃以示其棧鐘之義。《楚公鐘》四器皆為編鐘，是以其字從泉作裏。可知彝銘之䇷鐘、《左傳》之林鐘，皆取義於鈴，名之曰鈴鐘或大䇷鐘者，乃就鐘之形體而言，非就鐘之音律而言也。

　　○周柱銓曰（《先秦文獻音樂史料考》，頁三〇～三一）：從中國音樂發展史的角度，關注周景王鑄大鍾這段歷史，筆者主要確認它是先秦最早有確切年份記載十二律律名、律序的文獻，這在中國和世界古代音樂發展史上都有重大意義。它確證至少在公元前 6 世紀中國已有十二個半音系列的觀念。「周景王將鑄大鍾無射而為之大林」可解作：周景王要鑄無射律大鍾，而鑄成林鍾律大鍾。此文係周景王死後寫成，故把鑄鍾誤差寫在開頭。林鍾律比無射律低四律，接近現代律低四個半音，即大三度。無射為陽律，林鍾為陰律。「而為之大林」句的解讀，還可以作另一種考慮。據《左傳・襄公十九年》：「季武子以所得於齊之兵，作林鍾而銘魯功焉。臧武仲謂季孫曰：『非禮也，夫銘，天子令德，諸侯言時計功，大夫稱伐。』」大意是：魯國在晉國的幫助下戰勝了齊國，季武子把繳獲的武器鑄成大林律大鍾。銘文祇記載魯國的功績。臧武仲不讚同他的做法，說：「不合禮法啊！要鑄銘文，天子記其德行；諸侯記其合時的舉措和功勞；大夫記其征伐。」季武子鑄的林鍾律大鍾是在公元前 554 年，周景王即王位在公元前 544 年，22 年後（公元前 522 年）提出要鑄無射律大鍾。所以無射鍾可能是對大林鍾的仿製，所謂「大林之覆（同

復）」是否可解作「大林之仿製」。有學者把「而為之大林」解作先鑄作一大林鍾而以此仿製無射鍾，不如解作「做出像（魯國）大林那樣的大鍾」。這樣解讀「而為之大林」句似較合理。

○王洪軍曰（《鐘律研究》，頁一三八）：當代學者因對《國語》卷三《周語下》之第六章「單穆公諫景王鑄大鐘」文獻理解的不同，導致對「王將鑄無射，而為之大林」一語翻譯的各異。歸納起來，大致有如下三種。吉聯抗的翻譯：景王要鑄無射律的大鐘。牛龍菲的翻譯：景王將鑄鼓音為無射、隧音為大林的樂鐘。秦序的翻譯：景王要鑄包容無射鐘在內的編鐘。三譯文的差異主要在對「大林」一詞的解讀：吉先生取「大鐘」說；牛先生取「林鐘律名的別稱」說；秦序先生則取最早由馬承源先生提出的「編鐘」說。吉先生的理由主要來自對古金文字的考察，牛先生學說的理由似來自音樂考古的成果。遺憾的是牛先生並未給出出處。馬先生的「編鐘」說得到了李純一、秦序的支持。作為「編鐘」說的支持者，秦序先生對「大鐘」說表示出理解，對「林鐘律名的別稱」說則表示堅決的反對。……「王將鑄無射，而為之大林」可做如下翻譯：景王要鑄一件律中無射的鐘，並且要以它為標準鑄造一套編鐘。

○李宏峰曰（《禮崩樂盛：以春秋戰國為中心的禮樂關係研究》，頁一○八～一○九）：《國語》對於景王鑄大鐘之事的直接記述只有一句話，即「王將鑄無射而為之大林」。由於記載簡短，古今注家解釋多有歧異，當今音樂史界也曾對此展開熱烈討論，但仍眾說紛紜、莫衷一是。有學者認為，此記載中的「大林」並非「林鐘律之鐘」，而是指「大鐘」，這句話的意思就是「景王要鑄無射律的大鐘」。顯然，這種理解並沒有體現出「王將鑄無射，而為之大林」一語中存在的前後轉折關係，而且對下文中提到的「無射有林」、「聽樂而震」、「細抑大陵」等評論，均不能予以完滿說明。高田忠周曾指出「林」當依《廣雅‧釋詁》「林，眾也」為釋，「林鐘」指眾多的編鐘。馬承源進一步論證「大林」的含義，認為「大林不是律名……是指鐘數眾多的意思。雙音鐘有八度以上音域，其數眾多，編懸之似林聚植，故稱大林鐘或稱林鐘。」李純一先生也有類似看法。按此理解，則《國語》「為之大林」就應解釋為「鑄造林林總總的一套編鐘」。但正如有學者所指出，西周樂鐘銘文中常見的「林鐘」，「在春秋以後就被專門的名稱『肆』所取代。『肆』指稱編鐘出現於西周晚期，春秋戰國一直沿用，只是在春秋時期又增加了一個比它更大的單位『堵』。顯然，林鐘的含義在春秋後發生了轉化。我們並不反對將「大林」釋

為「林林總總的編鐘」，但這種情況更多先於西周樂鐘銘文的訓釋。若據此解釋二百五十多年後《國語》中的「大林」，雖然可說明伶州鳩批評景王鑄鐘之舉「用物過度妨於財」，但卻不能很好地解釋景王之鐘「無射有林」及「細過其主妨於正」的特徵。也有學者指出，景王將鑄之「無射」並不是代表一定音高的律學術語，而是樂鐘的代名；「大林」之「林」應譯作「鐘」，「大林」就是低音鐘的意思。然而，將文中「無射」與「大林」均視為一口樂鐘，則單穆公所說「若無射有林」一語似很難說通，不足令人信服。此外，對於《國語》中的這段記載，有學者甚至得出景王所鑄是一件「鼓音」為無射、「隧音」為大林的雙音鐘的結論。這一論證疏漏、缺陷之處頗多，秦序先生對此已作詳盡辯駁。上引各家成說之所以存在不同程度的缺憾，原因就在於不能夠完全合理地解釋單穆公和伶州鳩關於景王樂鐘的論證。參考曾侯乙編鐘銘文中「大」的含義，筆者認為，單穆公與伶州鳩這段論樂文字中，涉及音律的「大」字雖然不是嚴格意義上的編鐘樂音分組表記，但其含有「低音」的意思則確定無疑。所謂「大林」，就是比正常編鐘音域中之林鐘低八度的音；「大林」在文中所代表的，應是以低八度林鐘為律的「低音樂鐘」。由此推論，則下文「大不踰宮，細不過羽」中與「大」字相對年度「細」，則應解釋為「高音」。「大不踰宮，細不過羽」的意思是說，編鐘音列中的「低音不應超過宮，高音不應超過羽」。

○李宏峰曰（《禮崩樂盛：以春秋戰國為中心的禮樂關係研究》，頁一一四）：《國語》所載「二十三年，王將鑄無射，而為之大林」，就是周景王計劃鑄造一套以無射為宮的編鐘，並希望將其中發音最高的「羽」鐘（林鐘），改鑄成低八度「羽」鐘（大林）的意思，從而形「大林（g）—無射（^{b}b）—黃鐘（c^1）—太簇（d^1）—仲呂（f^1）」的編鐘音列。

○萬青案：陳小松《〈國語〉「王將鑄無射而為之大林」考》（《新中華》復刊第六卷第 12 期，頁 38～43，1948 年）是現代學者中對本篇進行綜合研究的第一人。陳氏對於《國語》「王將鑄無射而為之大林」的總的觀點，梳理前賢，案以己意，可備一說。又吳曾《能改齋漫錄》曰：「秦滅周，其鐘徙於長安。歷漢、魏、晉，常在長安。及劉裕滅姚泓，又移於江東。歷宋、齊、梁、陳，其鐘猶在。故收賦得而載之。及開皇九年，平陳，又遷於西京，置太常寺。至十五年，敕毀之。《隋志》不言其詳，惟《高祖紀》云：『十一年春正月丁酉，以平陳所得古器，多為妖變，悉命毀之。』」（北京：中華書局 1960 年

點校本，頁 174）可與孔穎達《左傳正義》所載互參。清人徐養原（1758～
1825）《頑石廬經說》卷六有《景王鑄無射解》一篇，為較早系統研究的論述，
全文徵引如下：「周景王將鑄無射，而為之大林。無射者，鑄鍾而叶無射之一
均。蓋專鑄無射一鐘，而以林鍾為之副也。凡以律準聲者，無射為宮，則林
鍾為羽。鑄無射而為之大林，是並鑄宮、羽兩鐘也。大也者，不宜大也。故伶
州鳩曰：『大不踰宮，細不踰羽。夫宮，音之主也。弟以及羽，今細過其主，
妨於正。』細過其主，謂羽大於宮也。無射，律之小者，無射為宮，當以林鍾
之半律為羽。今用林鍾全律，則無射四寸七分，林鍾六寸，是出均也。（均，
謂一均之主，即宮聲也。一均之中，宮鐘最大。十二均中，黃鍾之羽鐘最重。
特鐘黃羽重百二十斤，餘以次而輕，故曰『重不過石』。編鐘黃宮重三十斤，
餘以次而重，故粟氏為鬴重一均，其聲中黃鍾之宮。景王所鑄者特鐘也，然
必五聲各為一鐘，然後成均，非專鑄一鐘也。景王作大林，蓋用宮上生徵法。）
故倍羽之大，踰于宮也。此但可施于瓦絲及石，鐘則非所宜也，故曰大林。
『琴瑟尚宮，鐘尚羽，石尚角，匏竹利制』，尚字之義從損益來，上生下則損
一，下生上則益一。琴瑟莫大於宮，弦塤莫大於宮孔，故曰『瓦絲尚宮』；鐘
莫厚於羽鐘，故曰『鐘尚羽』；磬莫厚於角磬，故曰『石尚角』；匏管有短長，
竹孔有高下，大抵亦尚宮，而宮無定屬，因時制宜，隨所議而尚之，故曰『利
制』。又曰『尚議』，尚謂依之為準則也。凡造器，先定其大者、厚者，其次以
是為差，故重者從細，輕者從大，尚之斯從之矣。濁聲為大，清聲為細，宮、
商、角濁聲也，徵、羽清聲也，而五聲又各有清濁。金十聲，五正聲外有五清
聲，其高至清羽而極；石十聲，五正聲外有二濁聲、三清聲，其高至清角而
極，皆所謂『重者從細』也。瓦絲五聲，宮商角有正無清，徵羽有濁無正，所
謂『輕者從大』也。細鈞有鐘無鎛，大鈞有鎛無鐘，甚大無鎛，此因論律而
及，則細鈞、大鈞皆謂律也。『鈞』與『均』同，即上文『立均出度』之『均』，
謂調也。律以立均，十二律即有十二均。以劉歆三統法推之，林、夷、南、
無、應為細鈞，太、夾、姑、仲、蕤為大鈞。黃、大為甚大，鐘鎛俱特縣之鐘，
即鐘師所擊者。對例則鐘小鎛大，散文則總謂之鎛，以其皆特縣也。故大射
樂縣笙鐘頌鐘之外，惟鎛（同鎛）而已，不更有特縣之鐘。蓋已該於鐘矣。知
鎛非編縣者，無笙頌之別，故知《國語》此文之鐘，亦特縣者。編特異用，不
可相為有無。鐘以動聲，《孟子》所謂金聲也。將奏某鈞之樂，則擊某律之鐘，
細鈞非無大聲，甚大之鈞非無細聲，甚大之細聲適當細鈞之大聲，不使樂聲

為器所掩，故俱有鐘而無鎛也。惟太、夾等五鈞，細聲、大聲本各明晰，故擊鎛以起調，而大者益昭，即小者亦不為所掩也。七律者，以一律為宮而諧他律，為商、角、徵、羽及二變也。一律準一音，凡七音，故曰七律。《左傳》疏（昭二十年）釋七音曰：武王既見天時如此，因此以數比合之，其數有七也。以聲昭明之，聲亦宜有七也。故以七同其數，五聲之外加以變宮、變徵也。此二變者，舊樂無之，聲或下會，而以律和其聲，調和其聲，使與五音諧會，謂之七音由此也。按伶州鳩始言七，繼言聲，終言律。孔疏此解最為分明，蓋本意欲為七音，恐其不和，乃以一律叶一音，以一律叶一音則天然有七音矣。音七，則律亦七矣。於是乎有七律。是七律固遂古所無，至是而始有也。觀數合聲，昭數語，知創始時蓋竭心目之力，始得成聲。原非自然之節奏，蓋偶一用之，以示欽崇天道之意耳。羽厲宣嬴四樂，此周之用七律也。夷則為宮，得夷、夾、無、仲、黃、林、太七律。黃鍾為宮，得黃、林、太、南、姑、應、蕤七律。太蔟為宮，得太、南、姑、應、蕤、大、夷七律。無射為宮，得無、仲、黃、林、太、南、姑七律。黃、太聲濁，故曰下宮。夷、無聲清，故曰上宮。所用皆宮調也。宮有上下之別，而上宮、下宮又有黃、太、夷、無之別，故以四宮分隸四樂。四者並屬陽律，六閒不為宮也、姑蕤在上下之間，亦不為宮也，長以上宮，亂以上宮，循環之道也。周之用七律，唯此而已。《春官》序樂事甚詳，大師掌六律六同，皆文之以五聲宮、商、角、徵、羽，無所謂七律者。至《左氏春秋》始云為九歌、八風、七音、六律以奉五聲。九歌者，九德之歌。八風者，八佾之舞。七音者，羽、厲、宣、嬴七律之樂，并是樂事，故曰以奉五聲。唯六律為正音之具，左氏拉雜言之，讀者勿以辭害意。《虞書》『在治忽』，今文作『采政忽』，《史記》作『來始滑』，唯《漢書》作『七始詠』，劉歆之偽詞也。七始見大傳，亦泛言之，非指舜樂。景王之鑄無射也，意中先有七律在，其問七律也，意中先有無射之上宮在。然而武王之奏無射，有容民之政焉。景王之鑄無射，則離民之器也。州鳩風諫之，旨微而顯矣。對編鐘言，則編縣為鐘，特縣為鎛，禮經之鎛是也。就特縣而論，則小者為鐘，大者為鎛。《國語》之『有鐘無鎛』、『有鎛無鐘』是也。特縣之法，每鈞五鐘，每鐘一虡，五虡而成一堵，有事陳於庭，則左右各一堵。《儀禮》：『笙鐘、頌鐘之南皆有鎛。』《說文》『鎛』字注云：『堵以二。』與《禮經》合。若盛樂所奏，不止一鈞，則左右異鈞。其餘燕飲、饗射，則左右同鈞矣。林、夷、南、無、應為細鈞，細鈞非無宮、商之大聲，然概用鐘，而

不用鏄。太、夾、姑、仲、蕤為大鈞，大鈞非無徵、羽之細聲，然概用鏄，而
不用鐘。黃、大為甚大，亦不用鏄。蓋細鈞用鐘，大鈞用鏄，聲器相稱，然後
鳴者可鳴，而昭者益昭，甚大則聲自昭，不假器以鳴之，故不用鏄也。」（《續
修四庫全書》第 172 冊，頁 374～375）徐氏的這篇文獻是系統研究《國語‧
周語》本篇的重要參考資料，故不憚繁瑣，全文引錄於此。又關於本句之具
體意義，由於說法不一，《國語》今譯亦不同，可分作三種：（1）以無射、大
林為兩種鍾，如李維琦《白話國語》譯作「將鑄無射鍾，造大林鍾覆蓋其上」
（頁 73），鄔國義等《國語譯注》譯作「周景王為了鑄造無射樂鐘而打算先造
個大的林鐘樂鐘」（頁 95），黃永堂《國語全譯》譯作「準備鑄造無射大鍾，
就先鑄造大林鍾來為它審」（頁 136），趙望秦等《白話國語》譯作「鑄造無射
鍾，就先鑄造大林鍾」（頁 103），汪濟民等《國語譯注》譯作「準備鑄造無射
鍾，而以大林與無射相配」（頁 70），來可泓《國語直解》譯作「準備製造無
射鍾，就先替它鑄造一座大林鍾和音」（頁 166）；（2）以無射為鍾，大林為罩
兒，如薛安勤、王連生《國語譯注》譯作「要鑄造大鍾，而且給它做個罩兒」
（頁 133）；（3）以無射、大林為宮調，如董立章《國語譯注辨析》則譯作「準
備鑄造編鐘，一組為無射宮調，一組為大林宮調」（頁 130～131）。曹建國、
張玖青注說之《國語》無譯，但就注文來看，與董義同。古樂學上對於此一認
識亦不相同，李浩概括為三種意見：1.「景王將鑄無射律的單音鍾」（吉聯抗）；
2.「景王將鑄鼓音為無射、隧音為大林的一件雙音鍾」（牛龍菲）；3.「景王將
鑄以無射為宮的一組編鍾」（清人汪烜，今人馬承源、李純一）。李氏自己則
以「無射」為鍾名代稱，譯「大林」為「低音鍾」，全句譯作「王將鑄名為無
射的鍾，但要鑄成低音鍾」（李浩：《關於「王將鑄無射，而為之大林」釋義的
探討》，《中國音樂學》1999 年第 2 期，頁 106～117）。1979 年陝西出土的西
周晚期南宮乎鐘（甬鐘）有銘文「茲鐘名曰無昊鐘」，方建軍以「昊」即「歔」，
「歔」、「射」可通，以「無昊」即「無射」，並云：「它是否就是此鐘發音的律
名標記，則還值得考慮……無射還可能是作器者給鐘起的一個代號或名稱。」
（方建軍：《樂器：中國古代音樂文化的物質構成》，臺北：學藝出版社 1996
年版，頁 224～225）倒是可以和李說相呼應。王洪軍也總結了三種意見，並
提出了自己的說法，見上。李宏峰則綜合各家認為：「所謂『大林』，就是比正
常編鐘音域中之林鐘低八度的音；『大林』在文中所代表的，應是以低八度林
鐘為律的『低音樂鐘』。」（氏著《禮崩樂壞：以春秋戰國為忠信的禮樂關係研

究》，北京：文化藝術出版社 2009 年版，頁 110。下引李氏之說同此）

單穆公曰：「不可。作重幣以絕民資，又鑄大鍾以鮮其繼。

【音義】s

○宋庠曰（《國語補音》卷一，頁二五）：重幣，上直隴反，下婢世反。此章皆同。〖校勘〗○萬青案：張一鯤本、李克家本、綠蔭堂本、鄭以厚本、道春點本、千葉玄之本、冢田本、秦鼎本、高木本等此處不出「幣」字音注，因二字注音在上章已見。

○宋庠曰（《國語補音》卷一，頁二五）：息淺反。下注及「鮮民財」同。〖校勘〗○萬青案：《補音》音注本《說文》。《國語》「鮮」字 13 見，《補音》音注 5 見。

【匯校】

○籛跋本曰（國家圖書館藏王籛校跋本）：資，《治要》作「貨」。鍾，《治要》作「鐘」。下同。

【集解】

○賈逵曰（《本邦殘存典籍による輯佚資料集成》）：繼，餘也。

○敦煌殘卷注曰（敦研三六八）：重幣，錢也。繼，餘。言王作大錢、又鑄大鍾，以費其餘錢，民財以竭也。

○韋昭曰（《國語》卷三，頁一五）：鮮，寡也。寡其繼者，用物過度，妨於財也。〖校勘〗○萬青案：姜恩本本處無注文。

○穆文熙曰（《國語鈔評》卷一，頁三三）：景王之世，九鼎且岌岌可危，不能守矣。尚欲作林鍾以廣侈心乎？穆公始論妨民之財，繼論垂先王之制。皆極切當。〖校勘〗○萬青案：穆文熙語中「欲作林鍾」之「林」，京批云：「一作『大』。」

○關脩齡曰（《國語略說》第一，頁二四）：王既廢輕民匱，王用從乏，於是厚取民所繼蓄之財。

○冢田虎曰（《增注國語》卷三，頁二三）：繼，繼其絕也。言作重幣以絕民之資用，則宜生殖金鐵，以繼其絕也，而又鑄大鐘，乃是寡其繼也。

○牟庭曰（國家圖書館藏校注本）：鮮其繼，謂鐘音太大，諸樂器鮮能繼響。注非也。

○帆足萬里曰（《帆足萬里全集》下，頁五二八）：繼，資財之繼。

○《國語考》曰（日本弘化二年寫本）：已絕民資，則僅存所繼，而今又有鑄，則重鮮之也。

○徐元誥曰（《國語集解》卷三，頁二一）：鍾、鐘古字通用。下同。

○蕭旭曰（《群書校補》，頁九六）：鮮、絕對舉，鮮當訓盡。下文「無益於樂，而鮮民財」義同。《易‧繫辭下‧釋文》：「鮮，盡也。」

○張新俊曰（《讀〈國語〉段札一則》，《學燈》網刊第 25 期）：從文意上說，該段文字中兩處「鮮」，與「絕民資」之「絕」、「積聚既喪」之「喪」意思接近，均可以理解成「散亡」的意思。故韋注訓「鮮」為「寡」，非是。上古音「鮮」、「散」同屬心母元部，可以相通。王引之在《經義述聞》卷十四「穀實鮮落」條說：「季夏行春令，則穀實鮮落。《釋文》：『鮮，音仙。又仙典反。』《正義》曰：『穀實鮮落，謂鮮少墮落也。或云：以夏召春氣，初鮮絜，而逢秋氣肅殺，故穀鮮絜而墮落也。』家大人曰：『鮮字孔氏讀上聲而訓為鮮少，後讀平聲而訓為鮮絜，皆與落字義不相屬，失之矣。今案：鮮之言散也。謂穀實散落也。《周語》「地無散陽」，漢《白石神君碑》作「地無鱻陽」，鱻與鮮同，是鮮落即散落也。』鮮與斯古亦同聲。《小爾雅‧瓠葉》箋：『今作鮮，齊魯之間聲近斯。』《爾雅‧釋詁》釋文：『鮮本或作豐。沈云：古斯字。』《爾雅‧釋言》曰：『斯，離也。』離與散同義。《呂氏春秋‧大樂篇》注：『離，散也。』《釋山》曰：『小山別大山，鮮』，亦取相離之義也。《呂氏春秋‧季夏篇》、《淮南‧時則篇》、並作『穀實解落』。高誘訓為『散落』，義亦與鮮落同。或據《呂覽》、《淮南》而改『鮮』為『解』，蓋未達古訓也。《逸周書‧時訓篇》亦云：『腐草不化為螢，穀實鮮落。』」（王引之：《經義述聞》第 341 頁，江蘇古籍出版社，2000 年）王氏此說，精確不磨。在近些年所發現的出土文獻資料中，也有「鮮」、「散」相通的證據。如著名的秦駰禱病玉版甲版正面上有如下文字：「周世既沒，典法蘚亡。」曾憲通、楊澤生、肖毅、王輝、連劭名等先生讀「蘚」為「鮮」，訓「少，盡」（王輝：《秦曾孫裴駰告華大山明神文考釋》，《考古學報》2001 年第 2 期，後收入《一粟集》第 559～584 頁，藝文印書館，2002 年。曾憲通、楊澤生、肖毅：《秦駰玉版文字初探》，《考古與文物》2001 年第 1 期。連劭名：《秦惠文王禱祠華山玉簡文研究補正》，《中國歷史博物館館刊》2000 年第 2 期）。李零、李學勤二位先生均讀「蘚亡」為「散亡」，我們認為後一種意見可從（李零：《秦駰禱病玉版的研究》，載北京大學中國傳統文化研究中心《國學研究》第六卷，第 525～548

頁，北京大學出版社，1999 年，後收入作者《中國方術續考》第 451～474 頁，東方出版社，2000 年。李學勤：《秦玉牘索引》，《故宮博物院院刊》2000 年第 2 期）。「䉃」從「鮮」得聲，鮮、散音近可通，「䉃」當然也可以讀作「散」。「散」有喪失、亡佚之義。例如《國語・齊語》「其畜散無育」韋昭注：「散，謂失亡也。」我們認為《國語・周語》中的「鮮其繼」應該是「喪其繼」的意思。下文說道「積聚既喪，又鮮其繼」，「鮮」、「喪」意近，可以證明我們把「鮮」讀為「散」，訓為「喪、亡」，從文意上說是通順的。1979 年在四川省青川縣郝家坪秦墓中出土的青川木牘，有如下的文字：「十月，修波（陂）堤，利津梁，鮮草離。」此段文字中的「鮮」，故去也有多種不同的釋讀意見。例如于豪亮先生讀作「獮」，訓「殺」，「鮮草離」就是「除去草萊」的意思（于豪亮：《釋青川秦墓木牘》，《文物》1982 年第 1 期，後收入《于豪亮學術文存》第 163～166 頁，中華書局，1985 年）。李零先生讀作「刪」（李零：《論秦田阡陌制度的復原及其形成線索——郝家坪秦牘〈為田律〉研究述評》，《李零自選集》169～183 頁，廣西師範大學出版社，1998 年）。我們認為此處的「鮮」也可以讀作「散」。從古文字資料來看，「散」的本意當與芟除草木有關係，甲骨文中「散」字正像以手持棍棒等農具擊打草木之形（劉釗、洪揚、張新俊編著：《新甲骨文編》第 262 頁，福建人民出版，2009 年）。裘錫圭先生說：「從字形上看，『㪔』跟『芟』同意，本意應該是芟除草木。古代『散』可訓『殺』。《方言・三》：『虔、散，殺也。東齊曰散……』『殺』在古書裏本來是既可以用來指殺死動物，也可以用來指殺死草木的。如《月令》『季夏之月，……利以殺草』，《管子・度地》『當夏三月……利以疾薅，殺草薉』……」（裘錫圭：《甲骨文中所見的商代農業》，《古文字論集》第 172～173 頁，中華書局，1992 年）不過上古音「散」、「鮮」、「殺」比較接近，所以如果把木牘中的「鮮草離」直接讀作「殺草離」，也無不可。

　　○萬青案：訓「鮮」為「喪」、為「盡」確實更貼合語境，可從。就對本句的串講而言，敦煌殘卷注優於韋昭注。

　　若積聚既喪，又鮮其繼，生何以殖？

【音義】

　　○冢田虎曰（《增注國語》卷三，頁二三）：積，之智反。喪，息浪反。

　　○沈鎔曰（《國語詳注》第三，頁八）：喪，去聲。

【集解】

○敦煌殘卷注曰（敦研三六八）：生，財也；殖，繁多也。

○韋昭曰（《國語》卷三，頁一五～一六）：積聚既喪，謂廢小錢。生，財也。殖，長也。〖校勘〗○萬青案：姜恩本本處無注文。集賢殿校本、黃刊明道本及其覆刻本、上善堂本、寶善堂本、吳曾祺本、徐元誥本等「小錢」下有「也」字。張一鯤本、李克家本、綠蔭堂本、鄭以厚本、道春點本、千葉玄之本、豕田本、秦鼎本、高木本等「殖，長也」之後出「長」字音注，云：「長，展兩切。後同。」

○帆足萬里曰（《帆足萬里全集》下，頁五二八）：生，生產也。

○豕田虎曰（《增注國語》卷三，頁二三）：生何以殖，言貨財之生者不蕃殖也，下文曰「有龢平之聲，則有蕃殖之財」。

○戶崎允明曰（《國語考》）：殖，蕃也，長也。生，生業也。言又寡其資財之可稍繼者，則生產何以能殖。

○秦鼎曰（《國語定本》卷三，頁一七）：已絕民資，則僅存所繼。今又有鑄，則重鮮之也。《略說》：「王既廢輕，民匱王用從之，於是厚取民所繼蓄之財。」《增》：「繼，繼其絕也。言作重幣以絕民之資用，則宜生殖金鐵以繼其絕也。而又鑄大鐘，乃是寡其繼也。」

○高木熊三郎曰（《標註國語定本》卷三，頁一七）：生，謂民之生產也。殖，豐盛也。

○黃永堂曰（《國語全譯》，頁一三三）：殖，增加。

○萬青案：殘卷注、韋注皆釋「生」為「財」，可從。敦煌殘卷本注「殖」為「繁多」，優於韋注。

且夫鍾不過以動聲，

【音義】

○沈鎔曰（《國語詳注》第三，頁八）：夫，平聲，下同。

【匯校】

○渡邊操曰（《國語解刪補》卷上，頁一六）：盧本「鍾」作「鐘」為是，下同。

○千葉玄之曰（《韋注國語》卷三，頁二二）：「且夫鍾」一本作「鐘」，是也。

○籛跋本曰（國家圖書館藏王籛校跋本）：「且夫」以下，至「聖人慎之」，《治要》無。

○萬青案：鐘、鍾之辨已見上文，此處不贅。

【集解】

○敦煌殘卷注曰（敦研三六八）：鍾之為言鍾，鍾聚八音也；聲，五聲也；合樂以金奏，故鍾小大不過足以動五聲、成八音也。

○韋昭曰（《國語》卷三，頁一六）：動聲，謂合樂以金奏，而八音從之。〖校勘〗○萬青案：姜恩本無「動聲」二字。集賢殿校本、黃刊明道本及其覆刻本、上善堂本、寶善堂本、吳曾祺本、徐元誥本等「之」下有「也」字。

○宋庠曰（《國語補音》卷一，頁二五）：合樂，如字。下「於樂」、「夫樂」、「聽樂」並同。〖校勘〗○萬青案：集賢殿校本云：「此章言樂並同，有異者別出。」（集賢殿校本《國語》卷三，本卷頁21）張一鯤本、李克家本、鄭以厚本、道春點本、千葉玄之本、冢田本、秦鼎本、高木本等不錄《補音》注文。

○萬青案：此處之「動」即演奏之義。

若無射有林，耳不及也。

【匯校】

○汪遠孫曰（《國語明道本考異》卷一，頁一九）：公序本「弗」作「不」。〖校勘〗○萬青案：陳奐已校出黃刊明道本與許宗魯本、金李本之異。

○張以仁曰（《國語斠證》，頁一一四）：金、秦、董本作「不」。

○萬青案：有，《百家類纂》本誤作「覆」。敦煌殘卷本、集賢殿校本、黃刊明道本及其覆刻本、上善堂本、寶善堂本、吳曾祺本、沈鎔本、徐元誥本等「不」字作「弗」。審《古史》卷五、《冊府元龜》卷三二三、《通志》卷八九、《文獻通考》卷一二七、明韓邦奇《苑洛志趣》卷九引字作「弗」，《儀禮經傳通解》卷二七引字則作「不」。

【集解】

○敦煌殘卷注曰（敦研三六八）：若作無射，覆之以林鍾，音聲之巨者，故不可聽。細巨相踰，故耳不能聽及。無射，陽聲之細也，林鍾也。無射四寸萬九千六百八十三分之萬九千五百七十二。林鍾八寸。

○韋昭曰（《國語》卷三，頁一六）：若無射復有大林以覆之〔1〕。無射，

陽聲之細者。林鍾，陰聲之大者。〔2〕細抑大陵，故耳不能聽及也〔3〕。〖校勘1〗○陳樹華曰（《春秋外傳考正》卷三，頁一一）：元本、弘治本、許本「復」作「使」。○萬青案：姜恩本無本句注文。除了陳樹華揭出的三種外，靜嘉堂本、顧校明本、許宗魯本、正學本、《國語鈔評》「復」字作「使」。《冊府元龜》卷三二三引注「復」誤作「後」。注文「復」字不誤，改字作「使」者，恐怕因為本句具有假設意味，故以「使」為「假使」之義。實際上本句的假設意味由「若」字承擔，不必改字。又徐元誥《集解》脫「大」字。〖校勘2〗○萬青案：集賢殿校本、黃刊明道本及其覆刻本、上善堂本、寶善堂本、吳曾祺本、沈鎔本、徐元誥本等「細者」、「大者」下俱有「也」字。〖校勘3〗○萬青案：姜恩本無「能」字、「也」字。

○冢田虎曰（《增注國語》卷三，頁二三）：蓋景王欲無射與大林合擊也。

○秦鼎曰（《國語定本》卷三，頁一七～一八）：陶云：十二律雖以鐘名，皆截竹為笛也。其曰「鑄無射」，蓋以金鑄為鐘，其聲中無射耳。所謂度律均鐘也。

○董增齡曰（《國語正義》卷三，頁三五）：《漢書·律曆志》曰：「亡射：射，厭也。言陽氣究物而使陰氣畢剝落之，終而復始，亡厭已也。」故曰陽聲之細者。《志》又言：「林鍾為地統，律長六寸。」「陰氣受任於太陽，繼養化柔……楙之於末，令種剛彊大。」故惠氏以林鍾為大林。以無射之四寸四分三分二覆以林鍾之五寸十分四，則其律數且浮于八寸一分，最尊之黃鍾，故耳不能容。《呂氏春秋·侈樂篇》：「夫音亦有適，太鉅則志蕩，以蕩聽鉅，則耳不能容，弗容則橫塞，橫塞則振動。」即「耳不及」之義也。

○《國語考》曰（日本弘化二年寫本）：無射宮調，今大林則是全調，成至大，故人耳不及也。

○陳小松曰（《〈國語〉「王將鑄無射而為之大林」考》，見載於《新中華》復刊第6卷第12期，頁38～43）：韋注不晰，「無射有林，耳不及也」謂無射有林鐘正聲應鐘，則羽聲不聞，因而全堵鐘聲與林鐘宮鐘聲疑混，耳不能察及其五聲矣，耳不能察及其五聲之鐘聲，豈得謂之鐘聲乎？

○李宏峰曰（《禮崩樂盛：以春秋戰國為中心的禮樂關係研究》，頁一〇九）：這裏的「無射」並非如韋昭等人所說為一件樂鐘，而是以無射為宮的一均（組）編鐘。這樣，「無射有林」便可理解為「以無射為宮的一組編鐘裏面，包含了景王要鑄的『大林』樂鐘。」那麼，為什麼又說「若無射有林，耳弗及

也」呢？因為在單穆公看來，「大林」出現在無射均編鐘之中，破壞了樂鐘的諧和音響，所以有此論述。

　　○萬青案：王洪軍譯本句為：「象以無射為標準造出的編鐘，已超出了耳朵可聽的範圍呀。」（氏著《鐘律研究》，上海音樂學院出版社 2007 年版，頁145）與李宏峰理解不盡相同。

　　夫鍾聲以為耳也，耳所不及，非鍾聲也。

【音義】

　　○冢田虎曰（《增注國語》卷三，頁二三）：為，于偽反。下「為目」同。

【匯校】

　　○牟庭曰（國家圖書館藏校注本）：此二「鍾」字，皆當作「動」，傳寫誤作「鍾」。注非也。據上文改正。

【集解】

　　○韋昭曰（《國語》卷三，頁一六）：非法鍾之聲也。〖校勘〗○萬青案：姜恩本本處無注文。

　　○《國語考》曰（日本弘化二年寫本）：為耳，耳聞也。

　　○高木熊三郎曰（《標註國語定本》卷三，頁一八）：言耳不聽者，不可以為鐘也。注未允。

　　○牛龍菲曰（《「王將鑄無射，而為之大林」之補釋——再論有關先秦青銅器雙音鐘之樂典資料》，《中國音樂學》1991 年第 4 期，頁 108～114）：「耳所不及」，有以下兩層意思。第一層意思是：人耳對於泛音迭加之復合音的感知，是以樂器實發並為人耳感知之骨幹基礎音為主，其餘泛音或基音，是人耳「聽而無聞」的。第二層意思是：人耳對於聲音的感知，有一個頻域的限制。「超聲」或「次聲」，並不在人耳可及的範圍之內。

　　○李浩曰（《關於「王將鑄無射，而為之大林」釋義的探討》，《中國音樂學》1999 年第 2 期，頁 106～117）：如果名為無射的鍾作為低音鍾，耳朵就聽不到了（即超越耳力所限）。

　　○王洪軍曰（《鐘律研究》，頁一四五）：要知道鐘聲是為了耳朵聽，耳朵聽不到，就不是鐘聲了。

　　○萬青案：韋昭注只解釋「非鐘聲也」四字，所釋不誤，高木熊三郎氏理解有誤。王洪軍所譯較為明白易曉。

猶目所不見，不可以為目也。

【集解】

　　○敦煌殘卷注曰（敦研三六八）：言耳所不能聽及者，乃非以鍾為樂。如明所不能見，不可視目也。

　　○韋昭曰（《國語》卷三，頁一六）：若目之精明，所不能見，亦不可施以目也。耳目所不能及而強之，則有眩惑之失，以生疾也。〖校勘〗○陳樹華曰（《春秋外傳考正》卷三，頁一一）：陸敕先校本作「亦可不施以目也」，未詳。○汪遠孫曰（《國語明道本考異》卷一，頁一九）：公序本作「以施」。○章鈺曰（《文祿堂訪書記》，頁九二～九三）：陸改「不可」作「可不」，黃本仍作「不可」。○萬青案：姜恩本本處無注文。陳奐先於汪遠孫校出。集賢殿校本、顧校明本、許宗魯本、正學本、金李本、叢刊本、張一鯤本、李克家本、綠蔭堂本、鄭以厚本、《國語鈔評》、陳仁錫本、詩禮堂本、薈要本、文淵閣本、文津閣本、道春點本、千葉玄之本、冢田本、秦鼎本、董增齡本、高木本等「施以」作「以施」。就語義效果而言，「不可」優於「可不」。若作「以施」，則「施目」為動賓關係。若作「施以」，則當為「施之以目」之省。語言形式不同，但是意義基本相同。從章鈺所引二例來看，黃丕烈重雕明道本《國語》有些未必守明道本之舊，這和其所參據的是轉錄傳抄資料而非原鈔或原刻有關。

　　○宋庠曰（《國語補音》卷一，頁二五）：強之，其丈反。〖校勘〗○萬青案：其，張一鯤本、李克家本、綠蔭堂本、鄭以厚本、道春點本、千葉玄之本、冢田本、秦鼎本、高木本等作「羌」。「羌」、「其」聲同。

　　○《舊音》曰（《國語補音》卷一，頁二五）：眩惑，音縣。《補音》：黃絢反，目無常主也。〖校勘〗○張以仁曰（《國語左傳論集》，頁二二四）：《廣韻》「眩」有二音，一「胡涓切」，平聲先韻。一「黃練切」，去聲霰韻。「縣」亦有此二音。故《補音》注以「黃絢反」，采霰韻之音，取「瞑眩」之義。然《慧琳音義》凡十引《國語》，多音「玄絹反」（卷二、卅九、四五、五一、六七、七八），或「慧絹反」（卷五）、「懸絹反」（卷七五），而絹在《廣韻・線韻》。《玄應音義》（卷十六）、《希麟音義》亦通（卷三）。亦有作「玄冒反」（卷卅二）或「玄練反」者（卷八一），而「冒」、「練」皆為霰韻字。除與《國語》有關者十見外，其他眩字凡數十見，其音切或在霰或在線，初不一致。蓋慧琳先、仙不分也。○萬青案：張一鯤本、李克家本、綠蔭堂本、鄭以厚本、道

春點本、千葉玄之本、冢田本、秦鼎本、高木本等「眩」字唯取《補音》反切且「絢」作「絹」。審張有《復古編》、戴侗《六書故》「眩」字音注與《補音》同。《資治通鑑釋文》、《正字通》則音「黃絹」。

○孫應鰲曰（《國語鈔評》卷一，頁三三）：因耳及目，出入跌宕。要以發明心之樞機以示樂之本原也。文奇。

○《國語考》曰（日本弘化二年寫本）：為目，為，平聲也。樗云：為，去聲。「為目」之「為」同。

○于鬯曰（《香草校書》，頁八九一）：「為耳」、「為目」兩「為」字依四聲法並當讀去聲。鍾聲所以為耳，若耳所不及，則於耳何為之有，故曰「耳所不及，非鍾聲也」。「非鍾聲也」者，猶云非為耳矣，故曰「猶目所不見，不可以為目也」。目所不見，則於目亦何為之有。韋解「非鍾聲」謂非法鍾之聲，則迂泥已甚。且於「目所不見不可以為目」將何如接筍，原其故，蓋由誤讀兩「為」字。韋於上「為」字無解，於下「為」字云：「亦不可以施目也。」（明道本「以施」作「施以」）似以「施」詁「為」（《廣雅‧釋詁》云：「為，施也。」），則當讀「為」作平聲，以至「非鍾聲也」句無義可言矣。或謂如此則兩「為」字曷不讀為「𧵊」？《說文‧貝部》：「𧵊，資也。」鍾聲所以資耳，故「為耳，為資耳」、「為目，為資目」，義固得通。然「為」本有「助」義，《詩‧鳧鷖篇》鄭注云：「為猶助也。」「資」、「助」之義亦相近矣，即不假讀自明。

○蕭旭曰（《群書校補》，頁九六）：二「為」字，于鬯謂讀去聲，是也。于氏又謂或讀為「𧵊」，《說文》：「𧵊，資也。」與「為」訓「助」義近，則不可取。

○萬青案：韋昭串講句義，非專門解釋「為」字，似不必拘泥。

夫目之察度也，不過步、武、尺、寸之閒；

【音義】

○宋庠曰（《國語補音》卷一，頁二五）：如字。下「不度」、「制度」並同。〔校勘〕○萬青案：張一鯤本、李克家本、綠蔭堂本、鄭以厚本、道春點本、千葉玄之本、冢田本、秦鼎本、高木本等不錄《補音》注文。又張一鯤本、李克家本、綠蔭堂本、鄭以厚本、道春點本、千葉玄之本、冢田本、秦鼎本、高木本等此處出「閒」字音注，云：「閒，古間字。凡後同。」

【匯校】

　　○萬青案：許宗魯本「步武」作「武步」，當屬倒乙。或因「步」、「尺」長於「武」、「寸」之故。

【集解】

　　○敦煌殘卷注曰（敦研三六八）：察，審長短。半步為武。言目審長短也，度之數，遠不過步武，近不過尺寸也。

　　○韋昭曰（《國語》卷三，頁一六）：六尺為步，賈君以半步為武。〖校勘〗○萬青案：姜恩本無「賈君以」三字。

　　○牟庭曰（國家圖書館藏校注本）：《樂記》注曰：「百度，百刻也。」是度者，刻識之數也。在一步之外，則不可察其度數也。猶形色在尋常之外，不能察其細大之形。察度在律度量衡，察色在小大器用。

　　○董增齡曰（《國語正義》卷三，頁三六）：《王制》：「古者以周八尺為步，今以周尺六尺四寸為步。」此言六尺為步，據漢文帝以後制也。《玉藻》：「君與尸行接武，大夫繼武，士中武。」「武」訓履跡。此言半步為武，謂兩跡之間相去三尺也。

　　○高木熊三郎曰（《標註國語定本》卷三，頁一八）：足跡為步，一說兩步為武。

　　○徐元誥曰（《國語集解》卷三，頁二二）：《司馬法》曰：「凡人一舉足曰跬，跬三尺也。兩舉足曰步，步六尺也。」然則「跬」與「武」同，聲轉耳。

　　○俞志慧曰（《〈國語〉韋昭注辨正》，頁四七）：韋注與《司馬法》之說本無誤，徐氏聲轉之說則大謬。「武」之本義為足跡，引申為一舉足之距離，即古所謂半「步」。「跬」恰好也具有這樣的意義，廣泛見於《方言》卷十二、《玉篇·足部》、《荀子·解蔽》楊倞注等，本來，同樣的意義由不同的文字來表達與同樣的文字表達不同的意義都是語言豐富性的表現，未必表達同樣意義的不同文字皆出於聲轉之故，武在古音魚部微母，跬（古又作「頍」）在古音支部溪母，聲韻俱不相近，不具備聲轉條件。

　　○蕭旭曰（《群書校補》，頁九七）：《慧琳音義》卷22《華嚴經音義中》注引何承天《纂要》：「三尺曰武。」與賈君以半步為武相合。《儀禮·鄉射禮》疏：「《漢禮》云：『五武成步。』」則武為一尺二寸，與賈君以三尺為武者不同。徐元誥據《司馬法》：「凡人一舉足曰跬，跬三尺也。兩舉足曰步，步六尺也。」謂：「跬與武同，聲轉耳。」徐說不合古音，跬與武只是同義，絕非通

借。沈鎔曰：「五尺為步。」無據。

　　○萬青案：敦煌殘卷注較韋注所釋詳細。董立章注為：「周代八尺為步，六尺為武。」（《國語譯注辨析》，頁130）審邱光明等所著《中國科技史》（度量衡卷）引《論語》馬融注引《司馬法》、《漢書·食貨志》、《說文》、《孫子算經》、夏侯陽《算經》引《北齊令》俱作「六尺為步」，而所引《舊唐書·食貨志》、《金史·食貨志》、《續通典》則皆作「五尺為步」。若按照董增齡六尺為步為漢制的說法，則韋昭、何承天、《司馬法》等說法皆漢代尺度，非周制。若周八尺為步，則武當為四尺，不當為八尺。既然在具體數據上不能統一，倒不如釋步、武為：古代的長度單位。步武尺寸形容視力所及長度範圍較小。

　　其察色也，不過墨、丈、尋、常之間。

【集解】

　　○敦煌殘卷注曰（敦研三六八）：色，五色也。五尺為墨，八尺為尋，倍尋曰常。言目察五色之章，為墨倍曰丈；遠不過常、丈，近不過尋、墨也。〖校勘〗○萬青案：「言目察五色之章」當以置於「遠不過」之前為當，置於此處則不辭。「為墨倍曰丈」當置於「五尺為墨」之後，「為」字涉上句「五尺為墨」而衍，且「倍墨」亦誤倒為「墨倍」。

　　○韋昭曰（《國語》卷三，頁一六）：五尺為墨，倍墨為丈，八尺為尋，倍尋為常。

　　○董增齡曰（《國語正義》卷三，頁三六）：《漢書·律曆志》：「一黍之廣，度九十分，黃鍾之長。一為一分，十分為寸，十寸為尺，十尺為丈……尺者，蒦也。丈者，張也。」《小爾雅》：「五尺為墨，倍墨為丈。」則墨，度名也。《考工記》：「人長八尺……殳長尋有四尺，崇於人四尺……車戟常崇于殳四尺。」是八尺曰尋，倍尋為常也。《大戴禮·王言篇》：「舒肘知尋。」孔廣森《補注》：「《小爾雅》云：『尋，舒兩肱也。』」〖校勘〗○萬青案：董增齡引「崇於人」當作「崇於戈」，《考工記》原文即作「崇於戈」。

　　○汪遠孫曰（《國語發正》卷三，頁一二）：《華嚴音義》引《纂要》云：「五尺曰墨。」《小爾雅》云：「廣度五尺謂之墨，倍墨謂之丈。」《考工記·廬人》注云：「八尺曰尋，倍尋曰常。」

　　○王煦曰（《國語釋文》卷一，頁二七）：韋注本《小爾雅》，五尺為墨者，古者紀數以墨。《禮記經解》云：「繩墨誠陳，不可欺以曲直。」倍墨為

丈者，人長八尺，古以八寸為尺，故稱成人為丈夫。八尺為尋者，《說文》云：「伸臂一尋八尺。」又云：「度人之兩臂為尋八尺也。」倍尋曰常者，《周官‧考工記》：「廬人為廬器，車戟常。」《儀禮》「公食大夫禮」鄭注云：「丈六尺曰常。」

〇黃永堂曰（《國語全譯》，頁一三三）：墨丈尋常比喻距離有限。

〇萬青案：「墨」作為長度單位，在今方言中也存在。如萊陽話中「墨」的長度單位為一丈五，崇明話中「墨」的長度單位為一丈。雖然和古制不同，但仍然是長度單位。這兩句之義，在於說明人的正常目力辨別長度、辨察顏色，都是在一定的距離和長度範圍之內。又鄒伯奇（1819～1869）《補小爾雅‧釋度量衡》對「尋」、「常」有比較詳審的辨析，可參。

耳之察龢也，在清濁之閒；

【匯校】

〇萬青案：龢，集賢殿校本、姜恩本、詩禮堂本、薈要本、黃刊明道本及其覆刻本、上善堂本、寶善堂本、吳曾祺本、沈鎔本、徐元誥本等作「和」。

【集解】

〇敦煌殘卷注曰（敦研三六八）：清濁，十二鍾為宮則濁、大呂為宮則清。言耳之審清濁之變也。黃和聲，不過在律呂、清濁之間也。

〇韋昭曰（《國語》卷三，頁一六）：清濁，律呂之變也〔1〕。黃鍾為宮則濁，大呂為角則清〔2〕。〖校勘1〗〇汪遠孫曰（《國語明道本考異》卷一，頁一九）：「中」作「呂」。〇萬青案：姜恩本不錄本句注文。黃刊明道本及其覆刻本、上善堂本、寶善堂本、吳曾祺本等「呂」作「中」，沈鎔本、徐元誥本從公序本作「呂」。集賢殿校本、黃刊明道本及其覆刻本、上善堂本、寶善堂本、吳曾祺本、沈鎔本、徐元誥本等「之變」下無「也」字。陳奐已先於汪遠孫校出黃刊明道本與公序本之異。字當從公序本作「呂」。〖校勘2〗〇萬青案：集賢殿校本、黃刊明道本及其覆刻本、上善堂本、寶善堂本、吳曾祺本、沈鎔本、徐元誥本等「為角則清」下有「也」字。張一鯤本「宮」誤作「官」。

〇皆川淇園曰（日本京都大學圖書館藏皆川淇園批校本）：清濁，甲乙也。

〇董增齡曰（《國語正義》卷三，頁三六）：《管子‧地員篇》：「凡聽宮，如牛鳴窌中……凡聽角，如雉登木。」《玉海》載徐景安《樂書》引劉歆云：

「宮者，中也，君也。為四音之綱，其聲如君之德而為重……角者，觸也，民也，其聲圓長，經貫清濁，如民之象而為經。」〖校勘〗○萬青案：檢《玉海》卷七引劉歆之語「其聲」下有「重厚」二字。

○陳瑑曰（《國語翼解》卷二，頁一七～一八）：五聲之用，益以二變，為七音。其下於徵曰變徵，高於清宮曰變宮。七音相生之次，宮、徵、商、羽、角、變宮、變徵。七音清濁之次，宮、商、角、變徵、徵、羽、變宮。而八十四聲旋宮之法，則以七音相生為次。黃鍾為宮，林鍾為徵，太簇為商，南呂為羽，姑洗為角，應鍾為變宮，蕤賓為變徵，次則大呂為宮，又次則太簇為宮，夾鍾為宮，姑洗為宮，仲呂為宮，蕤賓為宮，林鍾為宮，夷則為宮，南呂為宮，則大呂為角矣。又次則無為宮，應鍾為宮，而八十四聲旋矣。夫南呂為宮，承乎夷則為宮，夷則為宮而黃鍾為角，南呂為宮而大呂為角，則大呂之角實承乎黃鍾之宮也。故曰大呂為角則清也。又《呂氏春秋‧適音篇》曰：「黃鍾之宮，聲之本也，清濁之衷也。」《音律篇》曰：「黃鍾生林鍾，林鍾生太簇，太簇生南呂，南呂生姑洗，姑洗生應鍾，應鍾生蕤賓，蕤賓生大呂，大呂生夷則，夷則生夾鍾，夾鍾生無射，無射生仲呂。三分所生，益之一分以上生，三分所生，去其一分以下生。黃鍾、大呂、太簇、夾鍾、姑洗、仲呂、蕤賓為上，林鍾、夷則、南呂、無射、應鍾為下。蓋為上為七者，以半律上生；為下為五者，以全律下生也。」江氏永曰：「黃鍾生林鍾，不以全律下生，而以半律上生，則黃鍾之宮位乎清濁之間。在其前者有林鍾、夷則、南呂、無射、應鍾五全律，為濁而下生乎清，在其後者有大呂、太簇、夾鍾、姑洗、仲呂、蕤賓六半律，而上生乎濁也。」是則清濁之間，本是黃鍾之宮，而大呂次黃鍾之後。故韋以黃鍾、大呂分清濁也。

○高木熊三郎曰（《標註國語定本》卷三，頁一八）：聲高者必清，聲下者必濁。絃細而急者清，大而緩者濁。夫清濁甚易知，何至於以律為證。亦何變之有？

○李宏峰曰（《禮崩樂盛：以春秋戰國為中心的禮樂關係研究》，頁一一〇）：單穆公在這裏進一步論述上文「耳弗及也」的原因。他認為，人耳所聽的諧和樂音，應該在「清」、「濁」之間，就是說不能超出一定的高、低音範圍，否則就會破壞原有的音響，造成「耳弗及也」的結果。「耳弗及也」可理解為「超過正常樂音範圍，非聽樂之耳所能分辨、接受」。在「單穆公諫景王鑄大鐘」這一語境中，「耳弗及也」則具體指由於樂鐘聲音過低、音響混濁，

致使樂隊整體音響混雜不清、難以分辨的意思。

　　○萬青案：黃翔鵬謂此處之「和」即是「比」，則是協調、合乎音高標準
的意思。(《黃翔鵬文存》，頁 1178) 亦可備參。今之古樂研究者大多數認為「清
濁之間」實際上就是高低音的音域問題。

　　其察清濁也，不過一人之所勝。

【音義】

　　○宋庠曰 (《國語補音》卷一，頁二五)：式陵反，注同。

　　○沈鎔曰 (《國語詳注》第三，頁八)：平聲。

　　○萬青案：《補音》音注與《玉篇》同。

【匯校】

　　○萬青案：人，靜嘉堂本誤作「乂」。

【集解】

　　○敦煌殘卷注曰 (敦研三六八)：稱也。

　　○韋昭曰 (《國語》卷三，頁一六)：勝，舉也。〖校勘〗○萬青案：姜恩
本本處無注文。

　　○關脩齡曰 (《國語略說》第一，頁二四)：一人所察清濁不足以為正，
故先王立之法度。

　　○戶崎允明曰 (《國語考》)：勝，堪也。以一人之量定其制，故「大不出
鈞，重不過石」。

　　○冢田虎曰 (《增注國語》卷三，頁二三)：勝，任也。

　　○皆川淇園曰 (日本京都大學圖書館藏皆川淇園批校本)：一人之所勝
者，謂其出聲之所勝也。勝，任也。〖校勘〗○萬青案：《國語考》無「勝
任也」三字。

　　○秦鼎曰 (《國語定本》卷三，頁一八)：淇云：「一人之所勝，謂其出聲
之所勝也。」或云：「一人，猶常人。謂不須識微也。」《略說》：「一人所察清
濁不足以為正，故先王立之法度也。」不知孰是。

　　○高木熊三郎曰 (《標註國語定本》卷三，頁一八)：勝，堪也。言無甚難
者也。或云：「大」譌文，當作「輕」。

　　○牛龍菲曰 (《「王將鑄無射，而為之大林」之補釋——再論有關先秦青
銅器雙音鐘之樂典資料》，《中國音樂學》1991 年第 4 期，頁 108～114)：所

謂「清濁也，不過一人之所勝」之「一人之所勝」，乃是專指人耳接受頻域限制的特殊性。此「一人之所勝」正是與「眾人之所勝」對應的特稱命題。近代聲學已經瞭解，不同的人特別是不同年齡的人所接受之頻域，便有很大的差異。

　　○萬青案：《說文·力部》：「勝，任也。」（《說文解字》，頁292）段玉裁注：「凡能舉之，皆克之，皆曰勝。」（《說文解字注》，頁700）是「堪」、「任」、「舉」義同。「勝」即勝任、承當之義。陳小松云：「清為徵羽，濁為宮商，鐘聲之龢，在清濁準確，亦即宮、商、角、徵、羽五音無一音不準則龢，有一音不準則不龢。辨音之準確與否，並非過難之事，故曰『不過一人之所勝』。所以演此者，蓋無射有大林則聲音疑混，清濁不分，而辨之並非難事，以明有大林之非也。」（《〈國語〉「王將鑄無射而為之大林」考》，見載於《新中華》復刊第6卷第12期，頁38～43）亦可參。

　　是故先王之制鍾也，

【彙校】

　　○千葉玄之曰（《韋注國語》卷三，頁二二）：「鍾」當作「鐘」。

　　○關脩齡曰（《國語略說》第一，頁二六）：鍾、鐘通用。

　　○鄭良樹曰（《國語校證（上）》，《幼獅學誌》第七卷第四期，頁1～29）：《記纂淵海》三引「制」作「鑄」。

　　○萬青案：今檢《記纂淵海》並未引《周語下》本句，未知鄭良樹何據。

【集解】

　　○徐元誥曰（《國語集解》卷三，頁二二）：制鍾，謂立鍾之制度也。

　　○萬青案：徐說可從。

　　大不出鈞，重不過石。

【彙校】

　　○陳樹華曰（《春秋外傳考正》卷三，頁一二）：《風俗通義》引「鈞」作「均」。

　　○萬青案：敦煌殘卷本「鈞」作「均」，恐怕早期的《國語》本子中有作「均」的。姜恩本本處無注文。陳仁錫本此處「大」字誤作「太」。

【集解】

　　○敦煌殘卷注曰（敦研三六八）：均，所以均音之法也；以木長七尺有繫

其均法也，其輕之以為均法。四均為石。言鍾聲細大不出均，重不過一石也。〖校勘〗○萬青案：以韋注作比照，則殘卷本注「其均法也其輕」5字當屬衍文。

○韋昭曰（《國語》卷三，頁一六）：鈞，所以鈞音之法也。以木長七尺者，弦繫之〔1〕以為鈞法。〔2〕百二十斤為石。〖校勘1〗○秦鼎曰（《國語定本》卷三，頁一八）：尺者，舊作「尺有」，今從明本。○汪遠孫曰（《國語明道本考異》卷一，頁一九）：「者」，公序本作「有」，是也。○萬青案：顧校明本、集賢殿校本、正學本、金李本、叢刊本、張一鯤本、李克家本、綠蔭堂本、鄭以厚本、陳仁錫本、詩禮堂本、薈要本、文淵閣本、文津閣本、道春點本、千葉玄之本、冢田本、董增齡本、徐元誥本「者」作「有」字。若作「有」，則當屬下為句。陳奐已校出黃刊明道本與許宗魯本、金李本之異。弦，秦鼎本、高木本作「絃」。今檢《冊府元龜》卷三二三、《儀禮經傳通解》卷二七引注文字亦作「絃」。〖校勘2〗○黃翔鵬曰（《黃翔鵬文存（上卷）》，頁五九○）：「鈞」字之注也是錯簡了的。今本落在「大不出鈞，重不過石」處，而正文中這一「鈞」字實為度量衡名詞，非注文「鈞」字之義。「鈞」字之注，應在後文「細鈞」、「大鈞」之處方為貼切。○萬青案：黃氏所指出的有一定道理。敦煌殘卷本注、韋注確實混淆了作為校正樂器音律工具的「鈞」和作為重量單位的「鈞」之間的區別。

○王懋竑曰（《讀書記疑·國語存校》，頁三）：鈞，三十斤之鈞，與石對言之。然「大不出鈞」義未詳，註謂「木長七尺，有弦繫之以為鈞」恐未然。且於「大不出鈞」意亦難合也。

○關脩齡曰（《國語略說》第一，頁二十四～二十五）：大謂聲大也。鈞，三十斤。據下言輕者從大，則其聲大者，其器必輕，故重止於鈞。

○孔廣栻曰（《國語解訂譌》）：胡竹岩先生曰：薛瑩書：建初二年，太常樂鄲上言，請作十二月均，各應其月氣。知鈞法漢時尚有師傳不？《後漢·律志》注。

○皆川淇園曰（日本京都大學圖書館藏皆川淇園批校本）：陶人模下圓轉者為鈞。鈞，當是以一人極展臂為轉圓之宜而作之圓器，正謂之鈞也。〖校勘〗○萬青案：《國語考》「圓轉者為鈞」下有「《書》云關石和鈞」一句。

○冢田虎曰（《增注國語》卷三，頁二四）：此黃鐘之鐘法。

○帆足萬里曰（《帆足萬里全集》下，頁五二八）：鈞，所使其音均平也，

言其大適取均平而止。

　　○董增齡曰（《國語正義》卷三，頁三六～三七）：《文選‧思玄賦》張衡注：「均，所以均聲也。」李善注引《樂緯汁圖徵》曰：「聖人往承天助以立五均。均者，六律調五聲之均也。」宋衷曰：「均長八尺，施弦以調六律五聲。」此即韋解之義所本。《朱子語類》駁之曰：「京房始作律準……梁武帝謂之通。其制十三絃，一絃是全律底黃鍾，只是散聲。又自黃鍾至應鍾有十二絃，要取甚聲，用柱子來逐絃分寸柱取定聲。」案：依朱子所言，則均木有絃，乃漢人所制之器。單穆公何由見之？〔1〕《呂氏春秋‧音適篇》：「何謂衷？大不出鈞，重不過石，小大輕重之衷也。」高注：「三十斤為鈞。百二十斤為石。」案：金器形大者器重，既言大不過鈞，則以三十斤為極大者，何又言重不過百二十斤之石乎？則高注之說亦非也。《周禮‧大司樂》疏：「度律，以律計，自倍半而立鍾之均。均即是應律長短也。」《考工記‧鳧氏》疏：「假令黃鍾之律長九寸，以律計，身倍半為鍾，倍九寸為尺八寸。又取半，得四寸半，通二尺二寸半，以為鍾律。餘律不〔2〕如是。」則黃鍾之鍾不得溢二尺二寸半之數，即所謂鈞也。餘鍾則更降矣。無射鍾應一尺一寸七分弱，又覆以大林之一尺三寸半，是謂過鈞。李杲《論神農本草》謂元代之一斤當秦以上之三斤，則最長黃鍾之鍾，約得今之四十斤，故言其重不過百二十斤之石。此《傳》單穆公言鑄鍾之尺寸，非言鍾音之清濁。《史記‧鄒魯列傳》索隱引張晏曰：「鈞，範也。作器，下所轉者名鈞。」以尺寸為鍾之範，故曰鈞。與下《傳》州鳩所言「立均」之「均」不同。〖校勘1〗○萬青案：稿本「見之」下原有「則宏嗣之說非也」七字，抹去。董增齡引《朱子語類》文字稍有變動。〖校勘2〗○萬青案：稿本「不」作「亦」，是。今檢《周禮》賈疏原文即作「亦」。

　　○《國語考》曰（日本弘化二年寫本）：鈞與均同。均，即均鍾之法也。按：《周禮‧典同》「凡為樂器，以十二律為之數度」注云：「數度，廣長。」疏云：「依《律曆志》云：古之神瞽度律均鍾，以律計倍半，假令黃鍾之管長九寸，倍之為尺八寸。又九寸得四寸半，總二尺二寸半，以為鍾口之徑。及上下之數法。」據此，則「大不出鈞」者，謂制鍾也。雖大不過鈞鍾之法也。注所言以木長七尺有弦繫之以為鈞法者，依《漢書‧律曆志》也。然於古書無所取證。似未必是也。

　　○籛跋本曰（國家圖書館藏王籛校跋本）：胡氏士震云：薛瑩書：建初二

年，太常樂丞鮑鄴上書言，請作十二月均，各應其月氣。知均音之法，漢時尚有師傳。見《後漢・律曆志》。

　　○高木熊三郎曰（《標註國語定本》卷三，頁一八）：鈞，權名，三十斤為鈞。今其形狀不可知，故其喻大小之意難料。然鈞名連舉，非權而何？若注所云，與京房律準相似。必非古制。不可泥。

　　○黃翔鵬曰（《黃翔鵬文存》上卷，頁五九〇）：韋注「鈞，所以鈞音之法也」，這一句話前一「鈞」字為抽象名詞，即細鈞、大鈞之指高音（細）、低音（大）八度組位置而言者。「鈞音之法」的「鈞」是動詞，詮衡、編次之義，指區別與排列出樂音的不同八度位置而言。

　　○魯實先曰（《周金疏證》，頁九）：鈞者，造陶器之鈞也。韋注非。

　　○周柱銓曰（《先秦文獻音樂史料考》，頁三一）：這句難點在「大不出鈞」的「鈞」字。「鈞鍾」既解作測量鍾的音高的一種方法，這樣「大不出鈞」是否可解作：鍾聲的大小不能超過可測度的水平。控制鍾聲的大小也就是控制鍾體的大小。所以「大不出鈞，重不出石」就是鍾體大小和鍾的重量兩方面來控制不能鑄過大的鍾。這只是周王朝的規矩，其實早就被突破了。周景王也不想守這老規矩，所以他拒聽單穆公的規勸。

　　○李宏峰曰（《禮崩樂盛：以春秋戰國為中心的禮樂關係》，頁一一一）：單穆公進一步論證樂鍾組合，應使樂音處於一定範圍的道理。他指出，正確的製鍾原則應是「大不出鈞，重不過石」，即編鍾中的低音樂鍾，其音響不能低於一定限度。同時，由於低音鍾體積大，所用材質（青銅）量多，必然較其他樂鍾重，耗資也要比鑄造高音鍾大的多，所以又規定其重量也不能超過一定限度，否則就違背了「先王之制」。另外，此處「大不出鈞，重不過石」一語，與上文「耳之察和也，在清濁之間」以及下文伶州鳩的「大不踰宮，細不過羽」之論互相對應。

　　○萬青案：從上可知，「大」字有體積之大、聲音之大兩種解釋，對「鈞」有「均鍾之法」與「重量單位」兩種解釋。周柱銓、李宏峰把二者結合進行解釋，頗可信從。

　　律、度、量、衡於是乎生，

【音義】

　　○宋庠曰（《國語補音》卷一，頁二五）：「度」如字。下「不度」、「制度」、

「度量」之「度」并注同。量，力向反，下注「量衡」並同。〖校勘〗○萬青案：張一鯤本、李克家本、綠蔭堂本、鄭以厚本、道春點本、千葉玄之本、冢田本、秦鼎本、高木本等不出《補音》「度」字注文。

【匯校】

　　○萬青案：姜恩本本處正文下無注文。於，二乙堂本作「于」，下文同。

【集解】

　　○韋昭曰（《國語》卷三，頁一六）：律，五聲陰陽之法也。度，丈、尺也。量，斗、斛也。衡稱上衡，衡有斤兩之數〔1〕，生於黃鍾。黃鍾之管容秬黍千二百粒。粒百為銖，是為一龠。龠二為合，合重一兩。故曰「律、度、量、衡於是乎生」〔2〕。〖校勘1〗○黃丕烈曰（《校刊明道本韋氏解國語札記》，頁五）：別本上有「衡稱上衡」四字，《補音》出「稱上」。○萬青案：顧校明本「二百」之「二」誤作「一」。薈要本、文淵閣本、文津閣本、黃刊明道本及其覆刻本、上善堂本、寶善堂本、吳曾祺本、徐元誥本等無「衡稱上衡」四字。陳奐已校出黃刊明道本與許宗魯本、金李本之異。沈鎔本從公序本增此四字。《冊府元龜》引注有「衡稱上衡」四字，《儀禮經傳通解》卷二七引則無。〖校勘2〗○萬青案：集賢殿校本、黃刊明道本及其覆刻本、上善堂本、寶善堂本、吳曾祺本、沈鎔本、徐元誥本等「於是乎生」下有「也」字。

　　○宋庠曰（《國語補音》卷一，頁二五）：稱上，尺證反。通作「秤」。〖校勘〗○萬青案：「稱」字音注前文已見。

　　○宋庠曰（《國語補音》卷一，頁二五）：秬黍，其呂反。〖校勘〗○萬青案：《補音》音注與《龍龕手鑒》同。

　　○《舊音》曰（《國語補音》卷一，頁二五）：一龠，音藥。○宋庠曰：餘若反。〖校勘〗○萬青案：張一鯤本、李克家本、綠蔭堂本、鄭以厚本、道春點本、千葉玄之本、冢田本、秦鼎本、高木本此處「龠」字音注唯取《舊音》直音音注。《一切經音義》音陽灼、羊灼。

　　○宋庠曰（《國語補音》卷一，頁二五）：為合，古合反。〖校勘〗○萬青案：《補音》音注與《經典釋文》、《說文》大徐同。「古合」之「合」，秦鼎本、高木本誤作「杏」。

　　○王懋竑曰（《讀書記疑·國語存校》，頁三）：度、量、衡皆受法於律，非生於鐘也。黃鐘，律名。注以「生於黃鐘」解之，誤矣。他所引亦未詳，疑有缺誤。合、龠，量也。合量一兩，衡也。度則不及，蓋缺文。

　　○秦鼎曰（《國語定本》卷三，頁一八）：《律曆志》「合龠為合」，注「一」作「十」、「龠」為「合」。韋用合龠。

　　○帆足萬里曰（《帆足萬里全集》下，頁五二八）：漢儒以為，度、量、衡生黃鐘之管，是以為生於鐘，蓋鐘之重生衡，大生度，音生律，容生量，皆樂師誇張之言耳。

　　○董增齡曰（《國語正義》卷三，頁三七～三九）：此推律、度、量、衡之所從出，以見鐘律為萬事根本也。《淮南・天文訓》：「黃鐘之律修九寸，物以三生，三九二十七，故幅廣二尺七寸。音以八相生，故人修八尺，尋自倍，故八尺而為尋。有形則有聲。音之數五，以五乘八，五八四十，故四丈而為匹。匹者，中人之度也。一匹而為制，秋分藁定，藁定而禾熟。律之數十二，故十二藁而當一粟，十二粟而當一寸。律以當辰，音以當日，日之數〔1〕，故十寸而為尺，十尺而為丈。其以為量，十二粟而當一分，十二分而當一銖，十二銖而當半兩。衡有左右，因倍之，故二十四銖為一兩。天有四時以成一歲，因而四之，四四十六，故十六兩為一斤。三月而為一時，三十日為一月，故三十斤為一鈞。四時而為一歲，故四鈞為一石。其以為音也，一律而生五音，十二律而為六十音。因而六之，六六三十六，故三百六十音以當一歲之日。故律曆之數，天地之道也。」此即生之義也。《爾雅・釋器》：「律謂之分。」《周禮・典同》鄭司農注：「陽律以竹為管，陰律以銅為管。」鄭康成注：「律，述氣者也。同，助陽宣氣，與之同。皆以銅為之。」《初學記》引蔡邕《月令章句》：「律，率也……截竹為管謂之律……律者，清濁之率法也。」〔2〕孔穎達云：「《漢・律曆志》：『量者，龠、合、升、斗、斛，本起黃鐘之龠，而五量加之。其法皆用銅，聲中黃鐘。』以此準之，故此用銅也。」《漢・律曆志》：黃鐘九寸，「參分損一，下生林鐘；參分林鐘益一，上生太蔟；參分太蔟損一，下生南呂；參分南呂益一，上生姑洗；參分姑洗損一，下生應鐘；參分應鐘益一，上生蕤賓；參分蕤賓損一，下生大呂；參分大呂益一，上生夷則；參分夷則損一，下生夾鐘；參分夾鐘益一，上生亡射；參分亡射損一，下生仲呂。陰陽相生，自黃鐘始而左旋，八八為伍。其法皆用銅。」是也。《漢書・律曆志》：「度者，分、寸、尺、丈、引也，所以度長短也。本起黃鐘之長，以子穀秬黍中者，一黍之廣，度之九十分。黃鐘之長。一為一分，十分為寸，十寸為尺，十尺為丈，十丈為引，而五度審矣。其法用銅，高一寸，廣二寸，長一丈，而分、寸、尺、丈存焉。用竹為引，高一分，廣六分〔3〕，其方法矩高廣之數，

陰陽之象也。分者,自三微而成著可分別也。寸者,忖也。尺者,蒦也。丈者,張也。引者,信也。」《樂律表微》曰:「累黍三法,曰橫黍,一黍之廣為一分;曰縱黍,一黍之長為為一分;曰斜黍,非縱非橫而自首尾相銜。橫黍一百分,縱黍八十一分,斜黍九十分,皆合黃鍾。」此朱載堉之說也。「後魏劉芳依《漢志》,以一黍之廣為一分,即橫黍之說。」「夫年有豐耗,地有肥瘠,黍之大小無定,即所謂中者,亦無定。牛宏以《說文》解『秬黍體大有異於常』,疑今之大者正是其中。李厚菴謂中非不大不小,乃不長不短之謂,蓋員而無縱橫者。是中之說亦無定。無論羊頭山黍,今不可得,即得之,亦不知何者為中也。」案:《淮南》十二粟為一分,《漢志》十黍為一分。物數並異,各記傳聞,未可強合也。《漢書‧律曆志》:「量者,龠、合、升、斗、斛也,所以量多少也。本起於黃鍾之龠,用度數審其容,以子穀秬黍中者千有二百實其龠,以井水準其槩。合龠為合,十合為升,十升為斗,十斗為斛,而五量嘉矣。其法用銅,方尺而圜其外,旁有庣焉。其上為斛,其下為斗。左耳為升,右耳為合龠。其狀似爵,以摩爵祿,上三下二,參天兩地,圜面函方,左三右二〔4〕,陰陽之象也。其圜象規,其重二鈞,備氣物之數,合萬有一千五百二十。聲中黃鍾,始於黃鍾而反覆焉,君制器之象也。龠者,黃鍾律之實也,躍微動氣而生物也。合者,合龠之量也。升者,登合之量也。斗者,聚升之量也。斛者,角斗平多少之量也。」蓋韋《解》舉斗、斛以包五量也。《漢書‧律曆志》:「衡,平也。權,重也。衡所以任權而均物平輕重也。其道如底,以見準之正,繩之直。左旋見規,右折見矩。其在天也,佐助旋機,斟酌建指,以齊七政,故曰『玉衡』。《論語》云:『立則見其參於前也,在車則見其倚於衡也。』又曰:『齊之以禮。』此衡在前居南方之義也。權者,銖、兩、斤、鈞、石也,所以稱物平施,知輕重也。本起於黃鍾之重。一龠容千二百黍,重十二銖,兩之為兩。二十四銖為兩,十六兩為斤,三十斤為鈞,四鈞為石。忖為十八,《易》十有八變之象也……銖者,物由忽微始,至於成著,可殊異也。兩者,兩黃鍾律之重也。二十四銖而成兩者,二十四氣之象也。斤者,明也,三百八十四銖,《易》二篇之爻,陰陽變動之象也。十六兩成斤者,四時乘四方之象也……權與物均,重一千五百二十四銖,當萬物之象也。四百八十兩者,六旬行八節之象也。三十斤成均者,一月之象也。石者,大也,權之大者也。始於銖,兩於兩,明於斤,均於鈞,終於石,物終石大也。四鈞為石者,四時之象也。重百二十斤者,十二月之象也。終於十二辰而復於子,黃鍾之

象也。千九百二十兩，陰陽之數也。三百八十四爻，五行之象也。四萬六千八十銖者，萬一千五百二十物麻四時之象也。而歲功成就，五權謹矣。」韋解即用班氏之義。〖校勘1〗○萬青案：今檢《淮南子‧天文訓》「數」下有「十」字。〖校勘2〗○萬青案：所引非出《初學記》，實出《玉海》卷六「周玉律」條所引，《後漢書‧律曆志》注引亦同。〖校勘3〗○萬青案：今檢《漢書‧律曆志》「廣六分」下有「長十丈」三字。〖校勘4〗○萬青案：稿本「左三右二」作「左一右二」，是。今檢《漢書‧律曆志》文即作「左一右二」。

　　○徐灝曰（《通介堂經說》卷三一，頁一五～一六）：「粒百為銖」下脫「千二百粒重十二銖」八字，各本皆同。《漢書‧律曆志》曰：「黃鍾之龠，以子穀秬黍中者，千有二百。實其龠，合龠為合。」又曰：「一龠容千二百黍，重十二銖，兩之為兩。」案：「千二百黍重十二銖」即「粒百為銖」也，「粒百為銖」之下不得逕接「是為一龠」，使人致疑於粒百即為龠也。韋注本於《漢志》，當據《志》補之。

　　○陳瑑曰（《國語翼解》卷二，頁一九）：《書》曰：「同律度量衡。」案《考工記》：栗氏為量，權之，準之，量之。「深尺，內方尺而圜其外。」「重一鈞，其聲中黃鍾之宮。」方氏希原曰：「此器實兼律、度、量、衡。方尺深尺則度也，實一鬴則量也，重一鈞則衡也，聲中黃鍾之宮則律也。內方外圜，則方圜冪積少廣旁要之理賅而具也。」古人制一器而法度咸備者，以其由黃鍾所生也。

　　○高木熊三郎曰（《標註國語定本》卷三，頁一八～一九）：衡與稱大同而小異，不當混說。注宜言「律，六律也」，不當以五聲淆之。周以前量無斗斛。本文但云四者出於鐘，未嘗言黃鍾也。黃鐘秬黍是劉歆、班固以降，非古法也。注不當采入。古者鑄鐘，其輕重厚薄及其所容皆銘在器上。故其重可以定權，其厚可以定度，其容可以定量，大抵如後世造嘉量者，故曰「律度量衡於是乎出」也。然亦有誇張之意云。蓋三者非鑄鐘之本義也。若其聲調句隨名而存焉，名之在銘者，固不須言也。可以定律，亦不須言耳。但非以鐘為律，所由起也。蓋律之起在鐘之前，是為一龠，宜言十二銖為一龠。不然，其筭不會是繆中之繆。

　　○劉道遠曰（《中國古代十二律釋名及其與天文曆法的對應關係》，《音樂藝術》1988年第3期，頁10～16）：中國古代所謂的「律」，是一個通過「候氣」來驗證過的綜合的標準。它既是用於天文觀測計算方面（候時定曆、陰

陽消息），又是音高和度、量、衡的標準，與中國古代社會中的哲學與科技有著密切的淵源關係。

　　○萬青案：敦煌殘卷注施注位置在下，與韋注施注位置不同。

　　小大器用於是乎出，

【匯校】

　　○萬青案：姜恩本本處正文下無注文。出，二乙堂本誤作「生」。

【集解】

　　○敦煌殘卷注曰（敦研三六八）：律，五聲音陽之法也；衡，一斤兩也。小謂臣，大謂君也。度，丈尺也。量，升石也。出多少、合大小之所由興。設法：度量衡，鍾記於均法，厚薄之振動、輕重之所由、君臣之罶用，皆取法於鍾也。

　　○韋昭曰（《國語》卷三，頁一六）：出於鍾也。《易》曰：「制器者尚其象。」小，謂錙銖分寸；大，謂斤兩丈尺。〖校勘〗○萬青案：分，詩禮堂本、文津閣本誤作「方」。孔廣栻《國語解訂譌》云：「分，誤『方』，據元本改。」則孔廣栻所謂元本，不知道是不是就是陳樹華校勘《國語》所參照的元本。「方」、「分」形近易混。集賢殿校本、黃刊明道本及其覆刻本、上善堂本、寶善堂本、吳曾祺本、沈鎔本、徐元誥本等「尺」下有「也」字。《冊府元龜》卷三二五、《儀禮經傳通解》卷二七引《國語》注無「也」字。

　　○宋庠曰（《國語補音》卷一，頁二五）：錙銖，上側其反，下市朱反。〖校勘〗○萬青案：《補音》「錙」字音注本《經典釋文》，「銖」字音注與《說文》大徐本、《玉篇》等同。

　　○帆足萬里曰（《帆足萬里全集》下，頁五二八）：言因尺度以作大小器用。

　　○高木熊三郎曰（《標註國語定本》卷三，頁一九）：「小大器用」云云，小大謂諸器之大小也。注謬。

　　○萬青案：殘卷注、韋注對於「小大」解釋不同，前者以為身份地位之稱，後者以「大」、「小」為度量衡。高木熊三郎認為韋昭注非是，以「小大」為表體積，表體積之義韋注實已包括，韋注不誤。

　　故聖人慎之。

【集解】

　　○湛若水曰（《格物通》卷五九，頁一六）：先王作樂以宣教化，而關石

和鈞律度量衡器用由茲焉出，故曰黃鍾萬事根本。《傳》曰：「禮樂，積德百年而後興。」今其時矣。伏望聖明，考先王黃鍾之制，以興禮樂之化，追三代之治，天下幸甚。

　　○秦鼎曰（《國語定本》卷三，頁一八）：《後漢書》：「冬夏至，合八能之士，聽樂均度。」《叶圖徵》曰：「聖人承天以立均。」《通雅》曰：「孫登撫一弦琴，唐清商伎有獨弦琴，皆均之遺也。」〖校勘〗○萬青案：均度，秦鼎引作「均樂」，今據《後漢書‧律曆志》改。實際上《通雅》卷三十「樂器」第一條已經引用了《後漢書》、《叶圖徵》的文字。恐秦鼎所引述《後漢書》、《叶圖徵》都是直接根據《通雅》本條。

　　○楊英曰（《祈望和諧：周秦兩漢王朝祭禮的演進及其規律》，頁九五～九六）：若按《史記‧律書》的記載，林鍾律管長五寸十分之四，無射長四寸四分三分二，林鍾長於無射。若以林鍾之數所對應的銅液分量鑄造無射之鍾，不但造出的鍾偏大，而且音也會有偏差，即「耳弗及也」，更為重要的是這樣做破壞了「和」的原則，因為周人的「和」不僅反映在樂音上，當時人們還認為數度為天下均準，度、量、衡均由此出，若鑄出的鍾偏大，氣中的分量就偏重，就違背了原先的度量衡制度。《國語‧周語》韋昭注：「律，五聲陰陽之法也。度，丈尺也。量，斗斛也。衡，稱上衡。衡有斤兩之數，生於黃鍾。黃鍾之管容秬黍千二百粒。粒百為銖，是為一龠。龠二為合，合重一兩。故曰『律、度、量、衡於是乎生』也。」「衡有斤兩之數，生於黃鍾」即衡的重量單位由律管來定，此為以律出度量衡的古法；古人用一定口徑的竹管定下黃鍾之宮這一基準聲後，根據律管不斷削短之數定其他音階，而「黃鍾之宮」能容 1200 粒秬黍，由這 1200 粒秬黍的重量又將管的數度跟「衡」即重量單位聯繫在一起。這個數值的關係《漢書‧律曆志》有詳細記載，為古法孑遺。由此可見音律與度量衡通過「數」聯繫在一起，這是「和」的更深一層意思，若用林鍾之數製作無射之鍾，在古人看來違背了反映當時人心目中宇宙秩序的數度規律和「和」的原則，因此單穆公堅決反對。

　　○萬青案：湛若水發揮本句句義，楊英更進一步詳細論述，可參。

今王作鍾也，聽之弗及，

【匯校】

　　○錢跋本曰（國家圖書館藏王錢校跋本）：《治要》「今王作鐘也」連上「生

何以殖」，又連下「無益於樂」，中間「聽弗之及」亦無。

　　○鄭良樹曰（《國語校證（上）》，《幼獅學誌》第七卷第四期，頁1～29）：《北堂書鈔》一○八引「聽之弗及」作「德之弗及」，疑非。「聽之弗及」，猶上文「耳弗及也」。

　　○萬青案：《風俗通義‧聲音第六‧鐘》、《春秋臣傳》卷二六《國語》引無「也」字。孔廣陶本《北堂書鈔》引作「德」、「反」，陳禹謨本則不誤，孔廣陶已在校語中揭出。

【集解】

　　○韋昭曰（《國語》卷三，頁一六）：耳不及知其清濁也。〖校勘〗○萬青案：姜恩本注唯「不知其清濁」五字。《儀禮經傳通解》卷二七引注同。《冊府元龜》卷三二五引注無「也」字。

　　○萬青案：「聽之弗及」即上文「耳弗及」、「耳所不及」。

　　比之不度，

【集解】

　　○韋昭曰（《國語》卷三，頁一六）：不度，不中鈞石之數。〖校勘〗○萬青案：姜恩本注無「不度」二字。集賢殿校本、黃刊明道本及其覆刻本、上善堂本、寶善堂本、吳曾祺本、沈鎔本、徐元誥本等「數」下有「也」字，《儀禮經傳通解》卷二七引無「也」字。張一鯤本、李克家本、綠蔭堂本、鄭以厚本、道春點本、千葉玄之本、冢田本、秦鼎本、高木本等此處出「中」字音注，云：「中，陟仲切。」以明「中」為動詞義。董增齡本改「數」作「度」，以與正文相應，實無必要。

　　○牟庭曰（國家圖書館藏校注本）：比之不度，目不能察其度數也。

　　○秦鼎曰（《國語定本》卷三，頁一八）：淇云：使以聽、使以觀也。

　　○秦同培曰（《國語評註讀本》，頁一六）：謂比較之不能合鈞石數也。

　　○萬青案：皆川淇園指出「聽之弗及」是從聽覺著眼，「比之不度」是從視覺著眼，可從。秦同培仍用韋注。

　　鍾聲不可以知龢，

【匯校】

　　○陳樹華曰（《春秋外傳考正》卷三，頁一二）：《風俗通義》「鍾聲」作「鐘磬」。

　　○萬青案：今檢元大德九年（1305）無錫刻本、日本萬治三曆（1660）美濃屋伊六刻本《風俗通義》字亦皆作「磬」，王利器《風俗通義校注》、吳樹平《風俗通義校釋》已據《國語》改作「鐘聲」。龢，集賢殿校本、姜恩本、詩禮堂本、薈要本、黃刊明道本及其覆刻本、上善堂本、寶善堂本、吳曾祺本、沈鎔本、徐元誥本等作「和」，《冊府元龜》卷三二五、《儀禮經傳通解》卷二七引字作「龢」。姜恩本本處正文下無注文。

【集解】

　　○韋昭曰（《國語》卷三，頁一六）：耳不能聽，故不可以知和。〖校勘〗○萬青案：集賢殿校本、黃刊明道本及其覆刻本、上善堂本、寶善堂本、吳曾祺本、沈鎔本、徐元誥本等「和」下有「也」字。董增齡本「和」作「龢」，《冊府元龜》卷三二三引注字亦作「龢」，《儀禮經傳通解》卷二七引注文字則作「和」。注文用字當和正文保持一致。正文既作「龢」字，注文亦當作「和」。當然，也不排除韋注原本即用「和」字，以「和」釋「龢」的可能性。

　　○董增齡曰（《國語正義》卷三，頁三九）：昭二十一年《傳》：「和聲入於耳而藏於心，心億則樂，窕則不咸，攠則不容，今鍾攠矣。」杜注：「攠，橫大不入。心不堪容。」謂無射與大林相比，律數之所不能紀。心不容，故耳不能聽也。

　　○高木熊三郎曰（《標註國語定本》卷三，頁一九）：不可以知龢，蓋律中林鍾而器大者，聲隨而大。故耳不能聽，所謂農以此。

　　○萬青案：上文已言「無射有林，耳弗及也」、「耳所不及，非鐘聲也」、「耳之察和也，在清濁之間」，此處云「鐘聲不可以知龢」，蓋謂所作之鐘超出正常尺度標準。

　　制度不可以出節，

【集解】

　　○敦煌殘卷注曰（敦研三六八）：節，法量衡度節也。

　　○韋昭曰（《國語》卷三，頁一六）：節，謂法度量衡之節。〖校勘〗○秦鼎曰（《國語定本》卷三，頁一八）：或云：法度，疑「法律」之誤。○萬青案：姜恩本本處無注文。集賢殿校本、黃刊明道本及其覆刻本、上善堂本、寶善堂本、吳曾祺本、沈鎔本、徐元誥本等「之節」下有「也」字。秦鼎引或說未可信從。

○牟庭曰（國家圖書館藏校注本）：不可以知和，則無益於樂矣。不可以出節，則鮮民之財矣。

○來可泓曰（《國語直解》，頁一七〇）：節，標準。

○萬青案：審吳樹平《風俗通義校釋》釋「節」為「律度量衡之節」（天津人民出版社 1980 年版，頁 234），這倒和《國語》上文相符，因上文云「律度量衡於是乎生」。如果按照吳樹平的解釋，恐怕秦鼎所引「或云」當為「法度，疑『律度』之誤」。

無益於樂，

【音義】

○宋庠曰（《國語補音》卷一，頁二五）：如字。此章言樂並同，有異者別出。〚校勘〛○萬青案：張一鯤本、李克家本、綠蔭堂本、鄭以厚本、道春點本、千葉玄之本、冢田本、秦鼎本、高木本等此處不錄《補音》注文。

○萬青案：《補音》之遞修本、文淵閣本「無樂」條在「將焉」條下，失次，今移。

【彙校】

○萬青案：於，二乙堂本作「于」。

【集解】

○李宏峰曰（《禮崩樂盛：以春秋戰國為中心的禮樂關係研究》，頁一一一）：單穆公批評周景王欲鑄之「大林」，違背了上述「大不出鈞，重不過石」以及音響在「在清濁之間」的原則。就是說，由於樂鐘音低、體積龐大，破壞了「無射」均編鐘的整體音響。假設當是黃鐘音高相當於 c_1，則此「無射均」編鐘的音列應為「宮—商—角—徵——羽」，對應的絕對音高依次為：「無射（^{b}b）—黃鐘（c^1）—太簇（d^1）—仲呂（f^1）—林鐘（g^1）」。可見周景王將鑄之「以無射為宮的編鐘」，最後「羽」鐘的絕對音高應為「林鐘（g^1）」。然而，由於景王對音樂的偏好，他欲將最後的「羽」鐘按其低八度音高的「大林鐘（g）」鑄造，因此產生了「而為之大林」的結果。「低音林鐘」樂鐘（g）的出現，逾越了原來「無射均」編鐘「宮（^{b}b）—羽（g^1）」的音列範圍，其「渾濁」音響破壞了「在清濁之間」的樂音組合，「大林」鐘（g）的龐大規模也違背了「重不過石」的製鐘原則。因此單穆公批評景王所做的鐘，「聽之弗及，比之不度，鐘聲不可以知和，制度不可以出節，無益於樂」。由於鑄造龐大樂

鐘需要大量貴重「吉金」（青銅），如此浪費財力必將導致國匱民困，所以單穆公對景王又有「鮮民財，將焉用之」的批評。

　　○萬青案：李說可參。

　　而鮮民財，將焉用之？夫樂不過以聽耳，而美不過以觀目。若聽樂而震，觀美而眩，患莫甚焉。

【音義】

　　○宋庠曰（《國語補音》卷一，頁二五）：焉，於虔反。

　　○沈鎔曰（《國語詳注》第三，頁八）：夫，平聲。

　　○萬青案：《儀禮經傳通解》卷二七引「患莫甚焉」下專門有注文標註讀音：「『焉用』之『焉』，於虔反。」（《景印文淵閣四庫全書》第 131 冊，頁 481）是專門釋疑問代詞「焉」字。

【匯校】

　　○萬青案：敦煌殘卷本「聽耳」之「聽」處字闕，又敦煌殘卷本「震」作「振」，但是注文既然作「震」，則恐正文「振」字當為「震」字之誤。「甚焉」以下文字，《百家類纂》不錄。「甚焉」以下至「王弗聽問之伶州鳩」以前文字，《國語鈔評》略去。董增齡本「甚焉」之「甚」改作「大」。

【集解】

　　○賈逵曰：眩，惑也。〖校勘〗○籛跋本曰（國家圖書館藏王籛校跋本）：《南都賦》賈逵注：「眩，惑也。」戶偏切。○張以仁曰（《張以仁先秦史論集》，頁二一二）：《慧琳音義》卷八十一「惑」作「感」，蓋形近而誤。卷六十九下有「顛冒也」三字，當是《吳語》「有眩瞀之疾」之訓，參彼條。《音義》每繫數訓於一字，分合之際，甚費斟酌，因不嫌辭費，特作說明。○萬青案：徐元誥《集解》亦引《文選・南都賦》李善注引賈逵注曰：「眩，惑也。」又引宋庠曰：「目無主也。」從敦煌殘卷注可知，賈逵注適用於本文語境。

　　○敦煌殘卷注曰（敦研三六八）：美，采色也；震，動；眩，惑目也。

　　○關脩齡曰（《國語略說》第一，頁二五）：震，懼也。言宜樂而懼，以聲不和。

　　○冢田虎曰（《增注國語》卷三，頁二四）：震，懼也。

　　○陳小松曰（《〈國語〉「王將鑄無射而為之大林」考》，見載於《新中華》復刊第 6 卷第 12 期，頁 38～43）：謂無射有大林則樂聲不龢，樂聲不龢則聽

之者不能悅適而反致震動不寧也。

　　○于民曰（《春秋前審美觀念的發展》，頁一五六）：單穆公在這裏所說的
察色、察度與察和、察清濁，指的並非一般的視聽能力、對自然聲、形的一般
感覺，和通常的主客體關係而言，而是指審美的視聽能力，對藝術之美的感
受，和人與音樂文飾的審美關係而言。耳之及與不及，或目之見與不見，也
並非通常口語中的是否看得見或聽得清，而是就審美（察色、察和等）中主
體能否適應主體的極限而言，限度之內，耳所能及，目所能見，超出了這個
限度，則耳所弗及、目所不見。具體到音樂的審美活動來講，察和、察清濁和
耳之所及，就是指人們對五聲相和的審美感受的能力。

　　○李宏峰曰（《禮崩樂盛：以春秋戰國為中心的禮樂關係研究》，頁一一
一～一一二）：單穆公進一步指出，景王如果堅持鑄造「大林」，必然帶來「聽
樂而震」的後果，違背以「和」為標準的音樂審美原則。這裏所說的「震」，
也突出表明了「大林」鐘音響「濁」、音量大（由於龐大體積而造成）的特徵
（可以想見，實際演奏中如有這樣一個低音樂鐘存在，與正常編鐘的樂音組
合相比，必然使整體音響更為低沉，發出嗡嗡的效果）。

　　○萬青案：敦煌殘卷上文釋「美」為「五色」，此處釋「美」為「采色」，
「五色」、「采色」義近。賈逵釋「眩」為「惑」，敦煌殘卷注「眩」為「惑目」，
較賈逵注更符合語境。陳小松釋「震」字更為具體可從。

　　夫耳目，心之樞機也，

【集解】

　　○韋昭曰（《國語》卷三，頁一六）：樞機，發動也。心有所欲，耳目為之
發動。〖校勘〗○籛跋本曰（國家圖書館藏王籛校跋本）：《治要》無「為之」
兩字，多「也」字。○萬青案：姜恩本本處無注文。《群書治要》卷八引注文
「耳目為之發動」作「耳目發動也」，無「為之」二字實亦可通，但是不如有
「為之」二字能進一步強調對象。《冊府元龜》卷三二五引注「為之發動」下
有「也」字。冢田本於韋注之下增「為，于偽反」的音注。

　　○關脩齡曰（《國語略說》第一，頁二五）：《易·繫辭》曰：「言行，君
子之樞機。」蓋謂言行發于此而應於彼也。因按《左傳》晏子曰：「先王之
濟五味，和五聲也，以平其心，成其政也。」論味則曰君子食之以平其心，
論聲則曰君子聽之以平其心。心平德和，言皆由口耳而發動其心也。此曰

「聽和則聰，視正則明」，是知視聽在外而聰明成乎內也。明矣耳目之所以發動其心也。

　　○冢田虎曰（《增注國語》卷三，頁二四）：樞機，發動之所由。言由耳目之所觸，心為之發動。

　　○秦鼎曰（《國語定本》卷三，頁一八）：《易》云：言行，君子之樞機。

　　○帆足萬里曰（《帆足萬里全集》下，頁五二八）：耳目，所以動心。

　　○高木熊三郎曰（《標註國語定本》卷三，頁一九）：樞機以器而喻焉。機，所以發弩矢。樞，所以動門扇。故耳目感於不正，則使心不正，是耳目能發動其心也，故曰「心之樞機」也。是心猶扇矢也。注顛倒不通，在下文亦多窒礙不可曉。

　　○黃永堂曰（《國語全譯》，頁一三四）：樞機，戶樞門閫，樞主開，機主閉，故以樞機並言，比喻事物的關鍵部分。

　　○萬青案：本句以判斷句的形式，表明主語與述語之間是比喻關係。關脩齡、秦鼎都引述《易・繫辭》句為釋，蓋謂言行是君子立身的關鍵。以《繫辭》而言，則「耳目，心之樞機也」蓋謂耳目的活動是立心、立德的關鍵。高木熊三郎認為，此處所述，是耳目的活動影響內心，而韋注所釋是耳目的活動受內心的牽制。《易・繫辭上》「言行，君子之樞紐」王弼注：「樞機，制動之主。」孔穎達疏謂：「樞謂戶樞，機謂弩牙。」（阮刻本《十三經注疏》，頁79）若把韋注「心有所欲」、「耳目為之發動」理解為因果關係，前者是果，後者是因，則韋注亦不誤。「發」故訓中亦可訓作「動」，則韋注「發動」為同義連文。

　　故必聽龢而視正。

【匯校】

　　○萬青案：龢，集賢殿校本、姜恩本、詩禮堂本、薈要本、黃刊明道本及其覆刻本、上善堂本、寶善堂本、吳曾祺本、沈鎔本、徐元誥本等作「和」。

【集解】

　　○《國語考》曰（日本弘化二年寫本）：言為上者，是以必由其聽和而視正也。

　　○萬青案：因為「耳目，心之樞機」，也即視、聽是立心的關鍵，想要立心正，就必須「聽龢」、「視正」。

聽和則聰，視正則明。

【匯校】

　　○鄭良樹曰（《國語校證（上）》，《幼獅學誌》第七卷第四期，頁1～29）：《天中記》二二引此兩「和」字並作「龢」，古通。

　　○萬青案：此「和」字，金李本、叢刊本、吳勉學本、張一鯤本、李克家本、綠蔭堂本、鄭以厚本、閔齊伋本、二乙堂本、文淵閣本、文津閣本、道春點本、千葉玄之本、冢田本、秦鼎本、董增齡本、高木本等字作「龢」。《通鑑前編》卷十六、《冊府元龜》卷三二五、《經濟類編》卷四六引字亦作「龢」。又明本《冊府元龜》卷三二五引注以及董增齡本注文「和」亦作「龢」。

【集解】

　　○韋昭曰（《國語》卷三，頁一六）：習於和、正，則不眩惑也。〖校勘〗○萬青案：姜恩本本處無注文。《冊府元龜》卷三二三引注無「也」字。又明本《冊府元龜》卷三二五引注「眩」誤作「聰」，文淵閣本則不誤。

　　○關脩齡曰（《國語略說》第一，頁二六）：「習於」至惑也，似乖本義。

　　○萬青案：關脩齡認為韋注「習於」二字難解。耳目既然為心之樞機，則耳之所聽、目之所視很關鍵，聽龢則聰、視正則明，既然聽龢則能聰，而視正則能明，因此就應當「習於和、正」，也即經常性或者恆常性地聽龢、視正。《左傳》孔疏引《國語》本句並謂：「所謂聰明者，不聽淫辭、不視邪人之謂也。」（阮刻本《十三經注疏》，頁1783）亦可參。

聰則言聽，

【集解】

　　○皆川淇園曰（日本京都大學圖書館藏皆川淇園批校本）：言，「《詩》言志」之「言」。

　　○關脩齡曰（《國語略說》第一，頁二五）：聽察善言。

　　○戶崎允明曰（《國語考》）：言聽者聰則審聽其言，猶云言審，下文云「聽言昭德，則能思慮純固，以言德於民，民歆而德之，則歸心焉」，依此則審聽言而昭德，思慮自純固。《管子》「耳司聽，聽必順聞，聞審之謂也，聰又猶受也。」《尚書‧大甲》「聽德惟聰」。

　　○冢田虎曰（《增注國語》卷三，頁二四）：聽用善言也。

　　○秦鼎曰（《國語定本》卷三，頁一八）：言聽，謂得聽人善言也。

　　○萬青案：「言聽」之「聽」為被動用法。皆川淇園藏批校本謂「言」為
「《詩》言志」之言，不妥。此處之「言」當為名詞。敦煌殘卷注、關脩齡、
秦鼎之釋可參。

　　明則德昭。

【集解】

　　○敦煌殘卷注曰（敦研三六八）：聽聰，則發言可聽用也；視明，則德昭
也。

　　○關脩齡曰（《國語略說》第一，頁二五）：昭察厚德。

　　○戶崎允明曰（《國語考》）：明則德亦明也。

　　○冢田虎曰（《增注國語》卷三，頁二五）：昭顯德行也。

　　○秦鼎曰（《國語定本》卷三，頁一八）：德昭，謂明於善也。

　　○萬青案：「言聽」、「德昭」都是主述關係。

　　聽言昭德，則能思慮純固。

【匯校】

　　○孔廣栻曰（《國語解訂譌》）：《綱目》無「能」字。

　　○籛跋本曰（國家圖書館藏王籛校跋本）：《綱目》無「能」字。《治要》
無「則能思慮純固，以言德於民」十一字。

　　○萬青案：姜恩本無「能」字。聽，鄭以厚本誤作「聰」。德昭，二乙堂
本作「昭德」，似涉上文而倒。

【集解】

　　○敦煌殘卷注曰（敦研三六八）：言君言德明，壹其聽，則能思慮專義不
貳，以言德於民，民憒而德之。憒猷欨也。以言德於民，民欨而思德之也。

　　○萬青案：敦煌殘卷本注「言德明」之「言」當為衍文。「專義」之「義」
當為「壹（一）」字之誤。今《國語》各本「憒」作「歕」，且施注位置與敦
煌殘卷本不同，在「歸心焉」後，詳見下。《玉篇·心部》云：「憒，安和兒，
悅兒。」（《宋本玉篇》，頁152）《說文·欠部》云：「歕，神食气也。」（《說
文解字》，頁180）馬瑞辰《毛詩傳箋通釋》云：「歕之言忻。」（北京：中華
書局1989年陳金生點校本，頁873）清王聘珍《大戴禮記解詁》云：「歕猶
欣也。」（北京：中華書局1983年王文錦點校本，頁146）義並相合。殘卷
本注「欨」即「服」之俗體字，今《漢語大字典》「欨」字條收「xù」、「qiǎn」

二音（《漢語大字典》第一版，頁 2051；修訂本，頁 2199），未言「肷」是「服」之俗字。《玉篇殘卷‧欠部》云：「肷俏𦝢字也。𦝢，衣服也，重服也。《訞文》為𦝢字，在𦝢部。」（北京：中華書局 1985 年影印本，頁 78）沈文倬（1917～2009）云：「卜辭有𠬝字，當從舊定為𠬝；彝銘有作𠬝，亦有加舟旁作𦩞，即今之服字。」（氏著《宗周禮樂文明考論》，杭州：浙江大學出版社 1999 年版，頁 552）至《宋本玉篇》則收「肷」字在「肉」部，訓為「牛肉」（《宋本玉篇》，頁 147），與顧野王（519～581）《原本玉篇》所釋不同。《說文‧舟部》云：「𦩞，用也。一曰：車右騑，所以舟旋。从舟、𠬝聲。𦨶，古文服，从人。」（《說文解字》，頁 176）「肷」或即「服」之古文「𦨶」之楷化形式，本從「舟」，今皆從「月」。

　　以言德於民，民歆而德之，則歸心焉。

【音義】

　　〇宋庠曰（《國語補音》卷一，頁二五）：許金反。

　　〇萬青案：《補音》音注與《經典釋文》、《一切經音義》、《龍龕手鑑》、《廣韻》同。

【匯校】

　　〇陳樹華曰（《春秋外傳考正》卷三，頁一二）：宋本作「歆猶嘉服也」。

　　〇關脩齡曰（《國語略說》第一，頁二六）：欣歆，一作「歆」。

　　〇牟庭曰（國家圖書館藏校注本）：「民歆而德之」之「德」當作「聽」，據文義改正。《一切經音義》七引云：「民歆而得之。」是又「德」字之譌也。

　　〇汪遠孫曰（《國語明道本考異》卷一，頁一九）：賈本「德」作「得」。

　　〇秦鼎曰（《國語定本》卷三，頁一八～一九）：此解，明本作「歆猶嘉服也」，陳本「歆猶歆歆喜服也」。

　　〇張以仁曰（《張以仁先秦史論集》，頁二一二）：《慧琳》、《玄應》引「德」皆作「德」。按賈訓「歆」為「貪」，故下作「得」，韋訓「歆」為「嘉服」，故下作「德」，兩兩相應。賈、韋自是不同，非後世傳鈔刊刻者之誤。是以汪氏《考異》云「賈本德作得」也。蔣氏亦有此說。作「得」字於文費解。

　　〇萬青案：姜恩本本處正文下無注文。

【集解】

　　〇賈逵曰（《本邦殘存典籍による輯佚資料集成》）：歆，貪也。歆猶服也。

○韋昭曰（《國語》卷三，頁一七）：歆，猶歆歆喜服也〔1〕。言德，以言發德教〔2〕。〖校勘1〗○惠棟曰（南京圖書館藏丁丙舊藏配補本）：喜，抄本作「嘉」。○汪遠孫曰（《國語明道本考異》卷一，頁一九）：公序本作「歆猶歆歆喜服也」。「猶歆」，《治要》作「猶欣」。○萬青案：審駿河版、天明本《群書治要》引作「欣歆」，鐮倉本引作「歆歆」，汪遠孫所參當為天明本而未見鐮倉本，故云。又鐮倉本、駿河版《群書治要》引注「德」誤作「意」。歆歆，李克家本、二乙堂本、陳仁錫本、詩禮堂本之孔傳鐸本、道春點本、千葉玄之本、秦鼎本、高木本等作「欣歆」，詩禮堂本作「歆欣」。敦煌殘卷本「歆」作「憛」，義與「歆」同。薈要本、文淵閣本、文津閣本、黃刊明道本及其覆刻本、上善堂本、寶善堂本、吳曾祺本、沈鎔本等注作「歆猶嘉服也」。陳奐已校出黃刊明道本與許宗魯本、金李本之異。徐元誥《集解》注則從公序本。古書中有「喜」、「嘉」混用者，如《公羊傳·襄公十九年》「公子喜」陸德明《釋文》云：「二傳作『嘉』。」（《經典釋文》，頁1249）《說文·喜部》：「喜，樂也。《說文·壴部》：「嘉，美也。」（《說文解字》，頁101、頁102）從《說文》的解釋看，「喜服」恐更合韋注本處語境。冢田本改「歆，猶歆歆」為「歆猶欣，謂」，是不了解注文之義而臆改。〖校勘2〗○籛跋本曰（國家圖書館藏王籛校跋本）：《治要》無「言德以」三字，餘與原刻本正同。○萬青案：顧校明本、正學本「發」誤作「廢」。集賢殿校本、黃刊明道本及其覆刻本、上善堂本、冢田本、秦鼎本、高木本、寶善堂本、吳曾祺本、沈鎔本、徐元誥本等「德教」下有「也」字。

○湛若水曰（《格物通》卷一九，頁一〇）：夫人心之神皆發於耳目。故《書》曰：「不役耳目，百度惟貞。」百度者，心之謂也。故耳和目正，則心亦正而常存矣。夫然後思慮純固，言順德昭而民心歸焉。為人君者可不慎耳目之好，養其心以為化民之本乎？伏惟聖明留意焉。

○冢田虎曰（《增注國語》卷三，頁二五）：歆，猶「上帝居歆」之「歆」，欣饗也。

○帆足萬里曰（《帆足萬里全集》下，頁五二八）：歆，如「神歆之」之歆，服聽也。

○秦同培曰（《國語評註讀本》，頁一六）：歆讀如欣，猶嘉服也。

○蕭旭曰（《群書校補》，頁九七）：歆讀為訢、欣。《冊府元龜》卷325引注作「歆，猶欣欣喜服也」。《玄應音義》卷7引賈逵曰：「歆，貪也。」貪，

猶欲也，義亦相會。

　　○萬青案：明本《冊府元龜》卷三二五引注作「欣欣」作「歆歆」。蕭謂賈逵釋「歆」作「貪」義亦相會，恐未如韋昭釋「歆」為「歆歆喜服」，張以仁謂賈訓「貪」下文作「得」、韋昭下文作「德」，以「賈、韋自是不同」，可從。賈逵、敦煌殘卷注、韋昭注都以「服」字釋「歆」，三者在這一點上是相同的。冢田虎、帆足萬里舉例不同，其義則一。《論語‧堯曰》：「興滅國，繼絕世，舉逸民，天下之民歸心焉。」「歸心」與《國語》本處「歸心」同。

上得民心，以殖義方，

【匯校】

　　○錢跋本曰（國家圖書館藏王錢校跋本）：《治要》無「上得民心，以殖義方」八字。

【集解】

　　○韋昭曰（《國語》卷三，頁一七）：殖，立也。方，道也。〖校勘〗○汪遠孫曰（《國語明道本考異》卷一，頁一九）：公序本作「殖，立也。方，道也」。○萬青案：姜恩本本處正文下無注文。敦煌殘卷注與韋昭注同。《冊府元龜》卷三二五引注無「也」字。黃刊明道本及其覆刻本、上善堂本、寶善堂本、吳曾祺本等注文作「殖立於道也」。陳奐已校出黃刊明道本與許宗魯本、金李本之異。沈鎔《詳注》、徐元誥《集解》注文從公序本。

　　○關脩齡曰（《國語略說》第一，頁二五）：隱三年《傳》石碏曰：「臣聞，愛子教之以義方。」閔二年《傳》「衛文公授方任能」注云：「方，百事之宜也。」

　　○冢田虎曰（《增注國語》卷三，頁二五）：義之貌方正，故曰義方。《易》曰「義以方外」是也。

　　○秦鼎曰（《國語定本》卷三，頁一九）：隱三年《傳》：「教以義方。」《易》云：「義以方外。」

　　○汪遠孫曰（《國語發正》卷三，頁一二）：「殖，立」，《方言》文。

　　○《國語考》曰（日本弘化二年寫本）：「義以方外」之方。

　　○黃永堂曰（《國語全譯》，頁一三四）：義方，正道。

　　○趙望秦等曰（《白話國語》，頁一○二）：殖，通「植」，樹立。

　　○蕭旭曰（《群書校補》，頁九七）：殖訓立，則當讀為植。敦煌寫本《國

語》殘卷注作「殖，長也」，則「殖」讀如字。韋注為長。

〇萬青案：《廣雅・釋詁二》云：「切、直、方，義也。」王念孫《疏證》引《左傳・隱公三年》「教之以義方」為例（《廣雅疏證》，頁61）。趙生群老師以「義」、「方」為同義複詞，「猶言『正義』、『正道』」。可從（《左傳疑義新證》，頁5）。今《中文大辭典》、《漢語大詞典》皆收錄為詞條，前者釋為「所宜之道也」（《中文大辭典》普及版，頁11454），後者釋為「行事應該遵守的規範和道理」（《漢語大詞典》縮印本，頁5376），可從。

是以作無不濟，求無不獲，然則能樂。

【音義】

〇宋庠曰（《國語補音》卷一，頁二五）：箋詣反。下「不濟」同。〖校勘〗〇萬青案：張一鯤本、李克家本、綠蔭堂本、鄭以厚本、道春點本、千葉玄之本、冢田本、秦鼎本、高木本等此處不出「濟」字音注。冢田本於此處補「樂，盧洛反。下『能樂』同」音注。

【匯校】

〇孔廣栻曰（《國語解訂譌》）：《綱目》「則」作「後」。

〇萬青案：《冊府元龜》卷三二五引「然則」作「然後」，於義亦通，唯不與《國語》本文同。

【集解】

〇張以仁曰（《國語虛詞集釋》，頁四四～四五）：然則，猶如此則也。謂如此則能樂也。本書「然則」多可釋為「如此則」。《集釋》誤引本文為「然則能樂此」（各本皆無「此」字），乃臆釋「然則」為「乃」，非是也。

〇萬青案：《詩・大序》「然則《關雎》、《麟趾》之化」孔穎達疏云：「然者，然上語；則者，則下事。因前起後之勢也。」（阮刻本《十三經注疏》，頁273）實已得此虛詞之義與用法。「然則」為複合連詞，表順接。

夫耳內

【音義】

〇《舊音》曰（《國語補音》卷一，頁二五）：音納。《補音》：奴答反。《經典》多借為「納」字，下「口內」同。〖校勘〗〇萬青案：張一鯤本、李克家本、綠蔭堂本、鄭以厚本、道春點本、千葉玄之本、冢田本、秦鼎本、高

木本等此處唯取《補音》音注。

【匯校】

　　○錢跋本曰（國家圖書館藏王鏊校跋本）：內，《治要》作「納」。

　　○萬青案：姜恩本「內」作「納」。《群書治要》卷八引「內」作「納」。

【集解】

　　○吳曾祺曰（《國語韋解補正》卷三，頁八）：「內」即「納」字，下同。

　　○沈鎔曰（《國語詳注》第三，頁八）：內，通「納」。下同。

　　○徐元誥曰（《國語集解》卷三，頁二三）：「內」為「納」之借字，下「口內」同。

　　○蕭旭曰（《群書校補》，頁九七）：《說文》：「內，入也，自外而入也。納，絲濕納納也。」經傳多以「納」為「內」。徐元誥失之。

　　○萬青案：蕭說可從。「內」、「納」古今字。

　　龢聲，而口出美言，

【匯校】

　　○萬青案：龢，集賢殿校本、姜恩本、詩禮堂本、薈要本、黃刊明道本及其覆刻本、上善堂本、寶善堂本、吳曾祺本、沈鎔本、徐元誥本等作「和」。

【集解】

　　○韋昭曰（《國語》卷三，頁一七）：耳聞和聲，則口有美言，此感於物也。〖校勘〗○萬青案：姜恩本本處無注文。和，董增齡本作「龢」。

　　○《國語考》曰（日本弘化二年寫本）：即言德於民。

　　○秦同培曰（《國語評註讀本》，頁一六）：耳內和聲，謂耳中收納音樂之和聲也。內通「納」，下同。

　　○萬青案：《國語考》所述可從。

　　以為憲令，而布諸民，

【集解】

　　○敦煌殘卷注曰（敦研三六八）：憲，法也；言耳入聲口出善言，君耳聽和而布之於言而法令萬民也。

　　○韋昭曰（《國語》卷三，頁一七）：憲，法也。〖校勘〗○萬青案：姜恩本本處正文下無注文。

○皆川淇園曰（日本京都大學圖書館藏皆川淇園批校本）：諸，「之」、「於」合。

○萬青案：敦煌殘卷本注、韋昭注釋「憲」同。敦煌殘卷注串講句義，而韋昭注無之。

正之以度量，民以心力從之不倦。

【匯校】

○汪遠孫曰（《國語明道本考異》卷一，頁一九）：《治要》「從」作「行」。〖校勘〗○萬青案：秦鼎、徐元誥、蕭旭並校出《治要》「從」作「行」。徐元誥說實本汪遠孫《考異》之說而未出注。

○籛跋本曰（國家圖書館藏王籛校跋本）：《治要》無「正之以度量」五字。從，《治要》作「行」。

○高木熊三郎曰（《標註國語定本》卷三，頁一九）：「以」，疑當作「竭」。

○蕭旭曰（《群書校補》，頁九七）：《廣雅》：「從，行也。」《管子‧正世》尹注：「從，為。」

○萬青案：高木熊三郎謂當作「民竭心力」。實「以」字可通，高木熊三郎誤會而誤斷。

【集解】

○敦煌殘卷注曰（敦研三六八）：度、量皆出於鍾。鍾平，民悅樂以心；聲和，則度鍾量力從之不鮮也。

○王引之曰（《經義述聞》卷二〇，頁二一）：據下「民無據依，不知所力」，則當讀「民以心力」為句。

○《國語考》曰（日本弘化二年寫本）：以度量，即「歆而德之」之事。

○萬青案：徐元誥《集解》引王引之說，然王說恐未可從，「以心力」為介賓結構，只能作狀語，不當單獨為句。

成事不貳，樂之至也。

【集解】

○敦煌殘卷注曰（敦研三六八）：貳，變也。樂成，政不可變易也。

○韋昭曰（《國語》卷三，頁一七）：貳，變也。〖校勘〗○萬青案：姜恩本本處無注文。

○冢田虎曰（《增注國語》卷三，頁二五）：不貳，謂專一也。

　　○王引之曰（《經義述聞》卷二〇，頁二一）：古無訓「貳」為「變」者。「貳」當為「貳」，「貳」即「忒」之假借字也。《大雅·瞻卬篇》「鞫人忮忒」毛傳曰：「忒，變也。」《洪範》「衍忒」，《史記·宋微子世家》作「衍貳」，《集解》引鄭注曰：「卦象多變，故言衍貳。」是「貳」正訓「變」，故韋注曰：「貳，變也。」「貳」音他得切，與「力」為韻。若作「貳」，則失其韻矣。（「貳」、「力」古音在之部，「貳」字古音在脂部。脂、之二部古不相通。）書傳「貳」字多誤作「貳」。

　　○高木熊三郎曰（《標註國語定本》卷三，頁一九）：貳，渝也，岐也。

　　○蕭旭曰（《群書校補》，頁九七）：《詩·都人士》序：「衣服不貳。」鄭箋：「變易無常謂之貳。」《廣韻》：「貳，變異也。」皆與韋合。徐元誥《集解》本據王引之說徑改，失之。《治要》卷8、《冊府元龜》卷325、《通志》卷89引並作「貳」字。

　　○萬青案：吳曾祺《補正》、沈鎔《詳注》、徐元誥《集解》、秦同培《讀本》引王引之為說，徐元誥《集解》據王引之說改易正文。

口內味而耳內聲，聲、味生氣。

【匯校】

　　○孔廣栻曰（《國語解訂譌》）：《綱目》「耳內聽」。

　　○籤跋本曰（國家圖書館藏王籤校跋本）：自「口內味」以下至「政成生殖，樂之至也」十句，《治要》無之。

　　○萬青案：徐元誥《集解》誤脫「口內味而耳內聲，聲味生氣」及注文。

【集解】

　　○韋昭曰（《國語》卷三，頁一七）：口內五味，則耳樂五聲；耳樂五聲，則志氣生也。〖校勘〗○冢田虎曰（《增注國語》卷三，頁二五）：本注當作「口內五味。耳樂五聲，則志氣生也」。上「則」字與「耳樂五聲」一句皆似衍。○秦鼎曰（《國語定本》卷三，頁一九）：《增》：「則耳樂五聲，『五』字衍。」○萬青案：正學本誤脫「耳樂五聲」四字。姜恩本本處無注文。「五聲」不誤，不處理作衍文也是可通的。秦鼎雖然引用冢田虎之說，恐怕誤會了冢田虎的原意。

　　○宋庠曰（《國語補音》卷一，頁二五）：耳樂，盧各反，又五教反。〖校勘〗○萬青案：「盧各」音注與《說文》大徐同，「五教」音注與《經典釋文》、

《一切經音義》、《廣韻》同。

　　○董增齡曰（《國語正義》卷三，頁四〇）：《大戴禮・四伐篇》：「子曰：『食為味，味為氣，氣為志。』」昭二十年《傳》晏子曰：「水、火、醯、醢、鹽、梅以烹魚肉，燀之以薪，宰夫和之，齊之以味，濟其不及，以洩其過。君子食之，以平其心。」「聲亦如味，一氣、二體、三類、四物、五聲、六律、七音、八風、九歌，以相成也。清濁、小大、短長、疾徐、哀樂、剛柔、遲速、高下、出入、周流，以相濟也。君子聽之，以平其心。」心，氣之帥。氣，體之充。心平德和，氣之周流百體者，日新而不窮矣。【校勘】○萬青案：《孟子・公孫丑上》「志，氣之帥也；氣，體之充也。」趙岐注：「志，心所念慮也。氣，所以充滿形體，為喜怒也。志帥氣而行之，度其可否也。」

　　○高木熊三郎曰（《標註國語定本》卷三，頁一九）：內味、內聲也是兩平語，非遞送。注兩「則」字舛，兩「樂」字失例，「志」字亦蛇足。

　　○黃永堂曰（《國語全譯》，頁一三四）：氣，氣血（也包括意志）。聲味生氣，五聲五味產生氣血，充實意志。

　　○萬青案：高木熊三郎「兩平語」意在說明二者為並列關係，非承遞關係。按照這個理解，本句韋注當作「口納五味、耳納五聲，則志氣生也」，高木氏之說可從。從董增齡的疏解來看，韋注「志」字可留，並非蛇足。

　　氣在口為言，在目為明。言以信名，

【集解】

　　○敦煌殘卷注曰（敦研三六八）：名，號令也。言從，則號令信也。

　　○韋昭曰（《國語》卷三，頁一七）：信，審也。名，號令也。【校勘】○汪遠孫曰（《國語明道本考異》卷一，頁一九）：「號」下，公序本有「令」字。○萬青案：姜恩本「審」後無「也」字、「號」下無「令」字。黃刊明道本及其覆刻本、上善堂本、寶善堂本、吳曾祺本等無「令」字。陳奐已校出黃刊明道本與許宗魯本、金李本之異。徐元誥《集解》從公序本增「令」字。《冊府元龜》引注文亦作「號令」。

　　○皆川淇園曰（日本京都大學圖書館藏皆川淇園批校本）：名者，公器也。名不信，則其物淆亂矣。言所以信其名也。

　　○牟庭曰（國家圖書館藏校注本）：隱元年《穀梁傳》注曰：「信，申字。古今所共用。」《釋文》曰：「信即古伸字也。」然則「信名」，謂申束號令。

注非也。

　　○冢田虎曰（《增注國語》卷三，頁二五）：名，人倫庶物之名也。信名，不使名與實相違也。所謂「名不正則言不順」也。

　　○董增齡曰（《國語正義》卷三，頁四○）：《大戴禮·四代篇》：「子曰：『發志為言，發言定名，名以出信，信載義而行之。』」《論語》「名不正則言不順」馬融注：「正自事之名也。」襄二十七年《傳》：「志以發言，言以出信，信以定之。」皆言審定其名也。〖校勘〗○萬青案：發言定名，董增齡原引誤作「發言發定」，今據《大戴禮記》改。又「信以定之」，審《左傳》作「志以發言，言以出信，信以立志，參以定之」，董增齡合後二句為一句。

　　○高木熊三郎曰（《標註國語定本》卷三，頁一九）：信如字。

　　○薛安勤、王連生曰（《國語譯注》，頁一三二）：信通「申」。

　　○萬青案：敦煌殘卷本注釋「名」字，與韋昭注同。秦鼎《定本》亦引《大戴禮記》之言為說。「言以信名」、「明以時動」、「名以成政」、「動以殖生」，四個「以」字用法相同，都表目的。「信名」、「時動」、「成政」、「殖生」都是動賓結構，「信」、「時」、「成」、「殖」都是使動用法。言使名得以信，明使動得其時，信名使政得以成，時動使生得以殖。

　　明以時動。

【匯校】

　　○萬青案：徐元誥《集解》「明以時動」下有「得其時也」四字，當是為注文誤入正文中。

【集解】

　　○敦煌殘卷注曰（敦研三六八）：動，作也。視明則作，事得其時也。

　　○韋昭曰（《國語》卷三，頁一七）：視明則動，得其時也。〖校勘〗○萬青案：姜恩本本處無注文。明本《冊府元龜》卷三二五引注「視明」之「明」誤作「物」。

　　○萬青案：敦煌殘卷注、韋注義同。

　　名以成政，

【集解】

　　○敦煌殘卷注曰（敦研三六八）：號令政教，成則成也。

　　○韋昭曰（《國語》卷三，頁一七）：號令所以成政。〖校勘〗○萬青案：

姜恩本本處無注文。集賢殿校本、黃刊明道本及其覆刻本、上善堂本、寶善堂本、吳曾祺本、沈鎔本、徐元誥本等「成政」下有「也」字，徐元誥《集解》脫「成」字。號令，董增齡本改作「名信」，恐誤。

　　○冢田虎曰（《增注國語》卷三，頁二五）：信名所以成政，所謂「必也正名」也。

　　○《國語考》曰（日本弘化二年寫本）：信名以成也。

　　○萬青案：《國語考》頗為得義。

　　動以殖生。

【集解】

　　○敦煌殘卷注曰（敦研三六八）：作事所得時，以長生也。《傳》曰：時以作事，事以厚生。〖校勘〗○萬青案敦煌殘卷注引《傳》出《左傳・文公六年》。

　　○韋昭曰（《國語》卷三，頁一七）：殖，長也。動得其時，所以財長生也。〖校勘〗○萬青案：姜恩本本處無注文。

　　○宋庠曰（《國語補音》卷一，頁二五）：財長，丁丈反。〖校勘〗○陳樹華曰（《國語補音訂誤》）：韋注作「財長」，此誤。○萬青案：財長，遞修本、明德堂本《補音》誤作「長財」。張一鯤本、李克家本、鄭以厚本、道春點本、千葉玄之本、冢田本、秦鼎本、高木本等此處不出「長」字音注。

　　○皆川淇園曰（日本京都大學圖書館藏皆川淇園批校本）：生，材也。

　　○關脩齡曰（《國語略說》第一，頁二五）：生，謂生材財也。言所生之財，以長殖也。

　　○戶崎允明曰（《國語考》）：生，生業也。動得其時，生業長殖。

　　○秦鼎曰（《國語定本》卷三，頁一九）：上文「殖生」解曰：「生財也。」然則此解當作「所以長財也。」

　　○《國語考》曰（日本弘化二年寫本）：時動以殖也。生，材也。

　　○高木熊三郎曰（《標註國語定本》卷三，頁一九）：生，謂民生也。殖生，謂豐殖民生也。

　　○俞志慧曰（《〈國語〉韋昭注辨正》，頁四七）：殖生，猶生生（物），下一句「生殖」，猶生物之得以生。「成政」、「殖生」皆動賓短語，「政成」、「生殖」（《楚語下・觀射父論祀牲》「滯久不振，生乃不殖」之「生」「殖」亦同樣

用法）皆主謂短語，生生思想乃先秦思想的一個大端，「生生」一詞則為先秦
文獻中的高頻詞，韋注將「殖生」釋為「財長生」不僅意義模糊，而且境界狹
窄，故特予揭出。

　　○萬青案：上文「生何以殖」韋昭注釋「生」為「財」，故此處不注「生」
字。審本處韋注之義，實亦以「生」為「財」義，故云「財長生也」，變正文
「殖生」之動賓關係為注文之主謂關係為釋，其前後文語境一致，恐亦未可
遽言不當。

　　政成、生殖，樂之至也。若視聽不龢，

【彙校】

　　○萬青案：龢，集賢殿校本、姜恩本、二乙堂本、陳仁錫本、詩禮堂本、
薈要本、黃刊明道本及其覆刻本、上善堂本、寶善堂本、吳曾祺本、沈鎔本、
徐元誥本等作「和」。

　　而有震眩，則味入不精，不精則氣佚，

【音義】

　　○宋庠曰（《國語補音》卷一，頁二五）：逸。〖校勘〗○萬青案：《補音》
音注與《經典釋文》、《廣韻》等同。

【彙校】

　　○籛跋本曰（國家圖書館藏王籛校跋本）：「有」下，《綱目》有「以」字。
自「則味」至「不和」十五字，《治要》無。〖校勘〗○萬青案：孔廣栻《國
語解訂譌》唯錄「『有』下，《綱目》有『以』字」七字。

　　○鄭良樹曰（《國語校證（上）》，《幼獅學誌》第七卷第四期，頁1～29）：
《白孔六帖》三〇引「而」作「則」。

　　○萬青案：佚，敦煌殘卷本作「失」。「失」、「佚」通。類書引文有時候會
變易文字，這不是引用的問題，恐怕還是類書編纂時候為了文從字順而作的
一種技術處理。姜恩本「而有」下有「以」字，且在「震眩」下出「不和，无
射、大林也。不和則聽樂而震、視色而眩」注文，與其他本韋注位置不同。

【集解】

　　○賈逵曰（《本邦殘存典籍による輯佚資料集成》）：佚亦淫也。
　　○敦煌殘卷注曰（敦研三六八）：不精，不精專也。氣失，氣散失也。

　　○萬青案：此處「佚」字和「太子晉諫壅穀水」章「淫失其身」之「失」同字，故賈逵有「佚亦淫也」之說。就本文語境而言，敦煌殘卷本注「散失」、韋昭注「放佚」更合。

　　氣佚則不龢。

【匯校】

　　○萬青案：龢，集賢殿校本、姜恩本、二乙堂本、陳仁錫本、詩禮堂本、薈要本、黃刊明道本及其覆刻本、上善堂本、寶善堂本、吳曾祺本、沈鎔本、徐元誥本等作「和」。

【集解】

　　○韋昭曰（《國語》卷三，頁一七）：不和，無射、大林也。若聽樂而震，視色而眩，則味入不精美。味入不精美，則氣放佚，不行於身體也。〖校勘〗
○萬青案：顧校明本、正學本「聽」誤作「德」。注文「和」字，董增齡本作「龢」。董增齡本第二句不重「味入」二字，亦通。集賢殿校本、黃刊明道本及其覆刻本、上善堂本、寶善堂本、吳曾祺本、徐元誥本等「不行於身體」下無「也」字。

　　○冢田虎曰（《增注國語》卷三，頁二五）：下「不和」，謂氣不和於身體也。行，巡行也。

　　○秦鼎曰（《國語定本》卷三，頁一九）：《增》：下「不龢」謂氣不和於身體也。

　　○高木熊三郎曰（《標註國語定本》卷三，頁一九）：不和，謂人生非樂過慝等，皆泛言。而注撫王之後事以切之，非也。

　　○沈鎔曰（《國語詳注》第三，頁九）：不和，謂身體不順適也。

　　○吳曾祺曰（《國語韋解補正》卷三，頁八）：不和，是泛言身體不順適，非泥指無射大林說。

　　○萬青案：秦同培說與沈鎔同。本文所有的假設性狀態都是因為「王將鑄無射而為之大林」，故韋昭的解釋也僅僅圍繞此一前提，故不誤。韋注「不和」實指上「視聽不龢」之「不龢」，非指此處「氣佚不龢」之「不龢」。高木氏謂「視聽不龢」之「不和」者為「泛言」，恐亦未當，吳曾祺之說誤與高木等同。冢田虎《增注》「氣不龢於身體」亦即韋注「不行於身體」之謂。

於是乎有狂悖之言，

【音義】

　　○宋庠曰（《國語補音》卷一，頁二五）：補對反。

　　○萬青案：《補音》引注與《經典釋文》同。《儀禮經傳通解》卷二七引注有「悖，布內反」音注。

有眩惑之明，有轉易之名，

【音義】

　　○宋庠曰（《國語補音》卷一，頁二五）：並如字。〖校勘〗○萬青案：張一鯤本、李克家本、鄭以厚本、道春點本、千葉玄之本、冢田本、秦鼎本、高木本等此處不出《補音》注文。

有過慝之度。

【音義】

　　○《舊音》曰（《國語補音》卷一，頁二五）：音忒。《補音》：它得反。〖校勘〗○萬青案：它，集賢殿校本作「他」。張一鯤本、李克家本、鄭以厚本、道春點本、千葉玄之本、冢田本、秦鼎本、高木本等此處音注唯取《舊音》直音音注。《補音》音注亦本《經典釋文》。《補音》「慝」字音注3見，此為第2見。

　　○沈鎔曰（《國語詳注》第三，頁八）：音忒。

【匯校】

　　○籛跋本曰（國家圖書館藏王籛校跋本）：「有轉易」十字，《治要》無。

　　○萬青案：姜恩本本處正文下無注文。

【集解】

　　○敦煌殘卷注曰（敦研三六八）：名，令也。「氣以實志，志以定言，言以出令。」令志不實，則言有狂悖惑眩之候，則令有轉易，行有過惡也。狂，不定，故王子晃敵賓孟也。轉易、過悖、惑眩、說惡，嬖子配適，將敘大臣也。〖校勘〗○萬青案：「氣以實志，志以定言，言以出令」，語出《左傳・昭公八年》。從韋注可知，敦煌殘卷本注「敘」為「殺」字之誤。殘卷本注「令志不實」之「令」恐當解作假設連詞「假使」、「假令」之義。

○韋昭曰（《國語》卷三，頁一七）：慝，惡也。此四者，氣佚〔1〕之所生也。狂悖、眩惑，說子朝寵賓孟也。轉易、過慝，嬖子配適，將殺大臣也。〔2〕【校勘1】○汪遠孫曰（《國語明道本考異》卷一，頁一九）：「失」，《補音》作「佚」。○萬青案：黃刊明道本及其覆刻本、上善堂本、寶善堂本、吳曾祺本等字作「失」，倒是與上文敦煌殘卷本「失」字相合。陳奐已校出黃刊明道本與許宗魯本、金李本之異。「失」、「佚」音同義通。《儀禮經傳通解》引注字作「佚」，與公序本同。【校勘2】○冢田虎曰（《增注國語》卷三，頁二五～二六）：本注「說子朝」上宜有「謂若」二字。然傳文皆是泛言耳。非敢斥言如是之事。○萬青案：張一鯤本、鄭以厚本、道春點本、千葉玄之本、冢田本、秦鼎本、高木本等此處出「說」字音注，云：「說，古悅字。」適，徐元誥《集解》作「嫡」。「適」、「嫡」古書通用，實不必改。

○宋庠曰（《國語補音》卷一，頁二五）：配適，丁歷反。【校勘】○萬青案：《補音》音注與《經典釋文》同。「適」讀作「嫡」。

○汪中曰（《國語校文》，頁五）：此汎言不和之害耳，不當舉後事以實之。《禮》曰：毋測未至。【校勘】○萬青案：汪中引《禮》出《禮記・少儀》。

○牟庭曰（國家圖書館藏校注本）：言狂悖，則不能信名，而有轉易矣。明眩惑，則不能察度，而有過慝矣。皆迭說二事。注以為四者，非也。

○秦鼎曰（《國語定本》卷三，頁一九）：《增》：「說子」上、「嬖子」上皆宜有「謂若」二字。

○王引之曰（《經義述聞》卷二〇，頁二二）：家大人曰，慝之為惡，常訓也。此「慝」字當讀為「忒」。忒，差也（見《豫卦》鄭注、《左傳・文二年》注、《呂氏春秋》孟春、先己二篇注）。「狂」與「悖」、「眩」與「惑」、「轉」與「易」、「過」與「忒」義並相近，過忒即過差也。事差其度，故曰過忒之度。若以「慝」為「惡」，則別為一訓，且與「之度」二字義不相屬矣。《洪範》之「民用僭忒」（「僭忒」即「僭差」，說見《洪範》）。《漢書・王嘉傳》引「忒」作「慝」，董仲舒《雨雹對》曰：「以此推移，無有差慝。」是「差忒」字古通作「慝」也。

○萬青案：汪遠孫、吳曾祺引汪中之說為說，徐元誥引汪中、王引之說。其實以後世之事舉例也是可以說得過去的，汪中恐要求過嚴。敦煌殘卷、韋昭釋「慝」為「惡」，王念孫謂「慝」通「忒」，今多從之。

出令不信，

【集解】

　　○敦煌殘卷注曰（敦研三六八）：狂悖、眩惑也。

　　○韋昭曰（《國語》卷三，頁一七）：有轉易也。〖校勘〗○萬青案：姜恩本本處無注文。

　　○關脩齡曰（《國語略說》第一，頁二五）：「言以信名」之反。

　　○《國語考》曰（日本弘化二年寫本）：出令，則名存乎其中矣。

　　○萬青案：敦煌殘卷本、韋昭注釋「出令不信」的原因。

　　刑政放紛，

【集解】

　　○敦煌殘卷注曰（敦研三六八）：紛，亂也。謂轉易之名、過愆之度也。

　　○關脩齡曰（《國語略說》第一，頁二五）：「名以成政」之反。

　　○石光瑛曰（《國語韋解補正》卷第三，《國立中山大學文學院專刊》第3期，頁365～369）：韋無注。《內傳・昭十六年》「獄之放紛」杜注：「放，縱也。紛，亂也。」《釋名》：「紛，放也。防其放弛以拘之也。」紛、放雙聲，字義亦相因。《說文》訓「紛」為「馬尾韜」。馬尾散亂，故韜之。

　　○黃永堂曰（《國語全譯》，頁一三四）：放，放任，隨便。紛，繁雜。

　　○萬青案：按照石光瑛的解釋，「放」、「紛」為同義連文，可以看作合成詞。石光瑛引《釋名》、《說文》以釋「紛」字恐怕不盡妥當。《說文》釋「紛」為名物詞，《釋名》恐怕也是為「紛」作束馬尾之器具作語源上的解釋。敦煌殘卷注釋「紛」為「亂」，與杜注同。《荀子・致士》云：「邢政平而百姓歸之。」刑政放紛，故有下文「民無據依」的結果。刑政，即刑法、政令。

　　動不順時，民無據依，

【集解】

　　○關脩齡曰（《國語略說》第一，頁二五）：動不順時，「明以時動」之反；民無據依，「動以殖生」之反。

　　○萬青案：「民無據依，不知所力」纔是「動以殖生」之反。「據」、「依」同義連言，可看作合成詞。

不知所力，各有離心。

【集解】

　　○敦煌殘卷注曰（敦研三六八）：言民不知所為盡力也。

　　○韋昭曰（《國語》卷三，頁一七）：不知所為盡力也。〖校勘〗○籛跋本曰（國家圖書館藏王籛校跋本）：《治要》無「也」字，又下注「也」字亦無。○萬青案：姜恩本本處無注文。冢田本韋注之下增「為，于偽反」音注。

　　○皆川淇園曰（日本京都大學圖書館藏皆川淇園批校本）：各有離心，其何以能樂，國其危哉！

　　○萬青案：敦煌殘卷注在「不知所力」下，與韋昭注位置不同，但二者都是解釋「不知所力」這句話的，就注文與正文對應的規整性而言，殘卷本注優於韋注。《呂氏春秋·上農》「以力婦教也」高誘注：「力，任其力，效其功也。」（《呂氏春秋新校釋》，頁 1724）高注「力」字亦適用於本處語境。

上失其民，作則不濟，求則不獲，其何以能樂？三年之中，而有離民之器二焉，

【音義】

　　○宋庠曰（《國語補音》卷一，頁二五）：盧各反，又如字。〖校勘〗○萬青案：張一鯤本、李克家本、鄭以厚本、道春點本、千葉玄之本、冢田本、秦鼎本、高木本等此處不出「樂」字音注。冢田本於正文之下增「離，力智反」音注。

【集解】

　　○韋昭曰（《國語》卷三，頁一七）：二，謂作大錢、鑄大鍾也。〖校勘〗○萬青案：姜恩本注無「二」、「謂」二字。

　　○于民曰（《春秋前審美觀念的發展》，頁一六一）：這段話是見於記載最早的關於感覺與思維關係的概括。認為心理上的不同變化是通過耳目等感官對音色等接觸開始的。有了音聲之諧和，不僅使耳的審美感覺能力提高，而且還能提高它的辨別能力，分清言談的好壞。這樣，君主就可避免順從阿諛者的讒言，善於聽取不同的意見，使自己良好的道德昭明於外，得到人民的擁護。看來，人們對音與心關係的認識是有一個發展過程的，在當時，人們的心目中，音不是直接作用於人的內心，而是通過味這個中間環節，通過聲對味的影響，間接地作用於思想情感。單穆公特別強調兩種感覺之間的諧和

對內心的作用。對於音和味引起耳與口感官的美快之感，早在西周就初步形成了一定的理性認識，史伯的「和六律以聰耳，和五味以調口」，就是這方面的概括。但由於時代條件所限，當時祇能從人的感覺與物質享受和審美的對象的關係上作出初步的概括，對感覺與思維的界限，認識還不清晰，有關不同感覺之間、感覺與思維之間關係的探求，則尚未提到哲學、心理學研究的日程。進入春秋時期，隨著整個認識水平的發展，和挽救奴隸制危機的需要，人們對音、味與心之間的關係的認識，便有了顯著的進步。《國語・周語上》關於「味以行氣，氣以充志，志以定言，言以出令」的記載，就反映了這一點。從中我們可以看出：第一，它不再停留在味與口之間那種物質享受對象和相應的感覺器官的關係上，停留對主體的表面印象上，而是深入到物質享受對象的味和氣、志的關係，深入到思維。第二，它不僅初步接觸到物與心的關係，而且進一步接觸到志與言、言與令、令與政之間的關係；不僅對這些關係的特點，分別作出了體現當時認識水平的概括，而且對味、氣、言、令、政之間的聯繫，即對物作用於心和經過心的能動作用見諸於實踐的全過程，作出了明確的表述，這是我國古代對這一全過程最早的理論概括。第三，在這種認識中，突出了味對心和政的決定作用。體現了味和味感在政治上和人們欲求中的顯赫地位，反映出我國奴隸制下特有的哲學認識。在《國語・周語中》則提到「五味實氣，五色精心，五聲昭德」。如果和前者加以比較，可以看出：第一，這種認識可能晚於前者，它明確地把味、色、聲與五行觀念聯繫在一起，是陰陽五行哲學思想進一步發展下的產物。第二，它不僅指出物質欲求對象——美味與心氣的關係，也明確指出審美欲求對象——五聲、五色與思想道德的關係，並把它們與味並列起來。這樣，它既有著物質享受的主客體關係的認識，也有著審美的主客體關係的認識，但認識畢竟比較簡單，對味、聲、色三者間的關係和它們對心的作用，未能作出進一步的理解。而單穆公關於「聲味生氣」、「視聽不和則味入不精」等一連串的認識，則比前者有著明顯的發展。在單穆公看來，審美對象中音色的和諧與否，直接關係人的生理、心理的適應與否，並進而影響味向氣的轉化，關係氣的精與佚。這裏所說的氣，仍然是由飲食之物轉化而成，與後世所談的氣不同。就與味的關係而言，它是物質的；就與心志的關係而言，它又近於精神，是物理、生理、心理的合一。這種把心志與物質的氣聯繫在一起的認識，在心物關係認識的早期階段中是不可避免的，是整個科學認識低下時的產物。古代的人們

根據日常生活的經驗，感到吃飽、吃好，就有氣力，有精神，感覺敏銳，心志穩定，思慮通暢。相反，就無氣力無精神，視聽遲鈍，心思不清。這樣，反映在君主決定政令及其實施時，就有著不同的後果。人們把這一連串的表面的聯繫加以概括，就很自然地認為味轉化氣，氣與心合，心與政連，從而味決定政了。隨著音樂文飾的發展，在奴隸主的欲求中，審美的內容日益擴大上升。奴隸主們不僅貪吃好的，也追求美的聲色享受，常在飲食之中或飲食的前後，進行音樂的演奏。這樣，在味、音、色的結合的長期實踐中，人們便逐步對美與味、美感與快感的關係有所體驗，感到音聲的平和與否，對生理心理起著不同的作用，影響著食物消化的正常與否。所謂「聲味生氣」就是這種認識的一個具體表述。隨著整個認識的發展，和審美享受在整個欲求中地位的進一步變化，音成為欲求的主要內容，這樣，在人們的認識中，味也就降為音與心之間的重要環節。於是，味—氣—言—令—政的邏輯，被音—味—言—令—政的邏輯代替，氣的內容也就有了變化與發展。一旦脫離這種認識，形成音—心—政的邏輯時，則已經進入春秋末戰國初了。

○萬青案：于氏所論頗有益於本部分之理解，故引錄於此。

國其危哉！」王弗聽，問之伶州鳩。

【音義】

○宋庠曰（《國語補音》卷一，頁二五）：上力丁反，《內傳》作「泠」，一也。下凡言「伶」，皆同。〖校勘〗○萬青案：《國語》「伶」字，此為首見。《補音》音注本《經典釋文》。

【匯校】

○鄭良樹曰（《國語校證（上）》，《幼獅學誌》第七卷第四期，頁1～29）：《左》昭二一年《傳》疏引「弗」作「不」。弗，不也。《左》襄十九年《傳》疏、《文選·班孟堅·兩都賦》注、《潘安仁·笙賦》注、《班孟堅·幽通賦》注、《潘元茂·冊魏公九錫文》注、《鄒陽·獄中上書自明》注、《張景陽·七命》注、《太平御覽》四九五引「伶」咸作「泠」。泠、伶正俗字。

○萬青案：鎌倉本《群書治要》引「伶州」誤作「泠則」，「泠則」旁有手寫「伶州」二字以正之。天明本、駿河版則不誤。《左傳·成九年》「問其族，對曰：泠人也」杜注云：「泠人，樂官。」（阮刻本《十三經注疏》，頁1905）陸德明《經典釋文》卷一六云：「泠，依字作伶。」（《經典釋文》，頁988）《六

書故》卷八云：「伶，樂官也，亦通作『冷』，周有冷州鳩。」（《六書故》，同前，頁199）正當作「伶」，「冷」字亦通用，故《補音》云「一也」。洪亮吉《曉讀書齋雜錄・四錄》卷上云：「《左傳》僖公十年『秦伯使冷至報問』、昭公二十一年『冷州鳩曰』《釋文》：『本並或作伶。』今考成公九年鍾儀對曰『伶人也』，《詩疏》及《文選注》即引作『伶』，是『冷』、『伶』本一字。」（《續修四庫全書》第1155冊，頁643）亦可參。

【集解】

○賈逵曰：伶，司樂之官也。〖校勘〗○張以仁曰（《張以仁先秦史論集》，頁二一三）：《慧琳音義》未引正文。《國語》「伶」字此為首見，韋注相同，因繫之。馬、王、汪、蔣皆未收。

○敦煌殘卷注曰（敦研三六八）：聆，司樂官也。州鳩，名也。〖校勘〗○萬青案：敦煌本「聆」為「伶」字之誤。

○韋昭曰（《國語》卷三，頁一七）：伶，司樂官；州鳩，名也。〖校勘〗○萬青案：姜恩本注唯「樂人名」三字。徐元誥《集解》「名」下脫「也」字。李克家本注文誤作「伶，司鑄大鍾。鳩，名也」，恐是以他處注文誤竄。

○宋庠曰（《國語補音》卷一，頁二五）：樂官，如字。下「保樂」、「樂以」、注「以樂」、「樂器」、「象樂」、「樂從」、「和樂」、「樂極」、「樂正」、「妨於樂」、「樂成」、「樂人」並同。有異者別出。〖校勘〗○萬青案：張一鯤本、李克家本、鄭以厚本、道春點本、千葉玄之本、冢田本、秦鼎本、高木本等此處不出《補音》注文。

○呂邦燿曰（《國語髓析》卷三，頁一一～一二）：單襄公從外說進來，精研其體；伶州鳩從內說出去，通覈其用。

○董增齡曰（《國語正義》卷三，頁四一）：成九年《傳》疏：「《詩・簡兮序》云：『衛之賢者仕於冷官。』鄭《箋》：『冷氏世掌樂官而善焉，故後世名號樂官為冷官。』《呂氏春秋》稱黃帝使冷倫自大夏之西崑崙之陰，取竹，斷兩節而吹之，以為黃鍾之宮。……《魯語》冷簫歌詠及《鹿鳴》之三……是冷為樂官之名。」《漢書・五行志》應劭注：「冷，官也。州鳩，名也。」顏師古注：「冷，音零。其字從水。」《左傳》釋文曰：「或作『伶』，非也。」〖校勘〗○萬青案：《經典釋文》云：「冷州鳩，力丁反。字或作『伶』，樂官也。或作『冷』，字非。」（頁1123）董增齡節略引用未當，易增誤解。

○汪遠孫曰（《國語發正》卷三，頁一三）：《詩・簡兮》箋云：「伶氏，世

掌樂官而善焉，故後世多號樂官為伶官。」

　　○吳曾祺曰（《國語韋解補正》卷三，頁八）：《詩・簡兮》鄭箋：「伶氏，世掌樂而善，故後世號樂官為伶官。」伶古作「泠」，秦有泠至。

　　○萬青案：從形式上看，「問之伶州鳩」為雙賓語句。「之」為近賓語，「伶州鳩」為遠賓語。

　　　對曰：「臣之守官弗及也。

【匯校】

　　○籛跋本曰（國家圖書館藏王籛校跋本）：自「臣之守也」以下至「神是以寧，民是以聽」一段，《治要》本無之。

【集解】

　　○韋昭曰（《國語》卷三，頁一七）：守官，所守之官也〔1〕。弗及，弗及知也〔2〕。〖校勘1〗○萬青案：姜恩本本處無注文。集賢殿校本、黃刊明道本及其覆刻本、上善堂本、寶善堂本、吳曾祺本、徐元誥本等「所守之官」下無「也」字。陳奐已校出黃刊明道本與許宗魯本、金李本之異。〖校勘2〗○汪遠孫曰（《國語明道本考異》卷一，頁一九）：公序本重「弗及」二字，是也。○萬青案：黃刊明道本及其覆刻本、上善堂本、寶善堂本、吳曾祺本等不重「弗及」二字。陳奐已校出黃刊明道本與許宗魯本、金李本之異。假如不重「弗及」二字的話，則不當出現被釋詞「守官」二字。

　　○關脩齡曰（《國語略說》第一，頁二五）：守官，即孟子所謂官守。鍾儀所謂職官也。下言「非宗官之所司」是也。

　　○戶崎允明曰（《國語考》）：弗及，謙辭。

　　○皆川淇園曰（日本京都大學圖書館藏皆川淇園批校本）：守官，謂守其官也。言所議不及也。

　　○牟庭曰（國家圖書館藏校注本）：守官弗及，謂聲不和平，非宗官之所司也。

　　○冢田虎曰（《增注國語》卷三，頁二六）：言己徒是守官者，而不及知其可否也。蓋謙辭。

　　○秦鼎曰（《國語定本》卷三，頁一九）：問樂器於樂人，而答以不知者，蓋以其器非正故也。下文曰：「妨正匱財，聲不和平，非宗官之所司也。」是也。

○《國語考》曰（日本弘化二年寫本）：弗及，猶言弗與也。下言「非宗官之所司」，可合考。

○高木熊三郎曰（《標註國語定本》卷三，頁一九）：臣之守官弗及也，言大林之制非法，非臣之官所與知也。下文「非宗官之所司」與此相應。

○蕭旭曰（《群書校補》，頁九七）：及，知也。《新序・雜事二》：「以謂設以辭，鄒忌不能及。」下文「三知之」，及、知異字同義。《韓子・外儲說右上》：「孔子曰：『由之野也，吾以汝知之，汝徒未及也。』」亦及、知異字同義。《說苑・指武》：「孔子曰：『賜也，非爾所及也。』」皆其例。

○萬青案：日本諸家注釋義相同。「及」為一般性動詞，韋注已釋「及」為「逮」，本《說文》。只是在本語境下可以釋作「知」，但不能因此就認為「及」和「知」同義。

臣聞之，琴瑟尚宮，

【彙校】

○萬青案：《文選》李善注引無「瑟」字，《太平御覽》卷六六五引「琴瑟」前有「夫」字。

【集解】

○韋昭曰（《國語》卷三，頁一七）：凡樂輕者從大，重者從細，故琴瑟尚宮也。〖校勘〗○萬青案：姜恩本無「琴瑟」、「也」三字。李克家本無「故」字。

○渡邊操曰（《國語解刪補》卷上，頁一六）：凡樂器，聲有輕重、大小也。輕者其聲清且小，重者其聲濁且大。蓋五音，宮音濁，最重最大。商、角、徵、羽，漸音清且細小。重大者聲調下，細小者聲調上。琴瑟等輕者，其聲細小，故以宮為尚也。金鐘等重者，其聲重大，故以羽為尚也。器物之與聲調大小輕重從用而錯綜事理，樂以成矣。

○千葉玄之曰（《韋注國語》卷三，頁二四）：「琴瑟尚宮」注「凡樂輕者從大，重者從細」，凡樂器聲有輕重大小者，固也。輕聲清且小，重聲濁且大，故五音相分也。宮音濁而重大，商、角、徵、羽者音清而細小。重大則聲調下，細小則聲調上，琴瑟之聲輕而細小，故以宮為尚也。金鐘之聲濁而重大，故以羽為尚也。器物與聲調大小、輕重錯綜互用，於是乎物備而樂成。

○董增齡曰（《國語正義》卷三，頁四一）：錢大昕曰：「《韓子・外儲篇》：

『琴以小絃為大聲，大絃為小聲。』雖詭辭以諷，然因是知古者調瑟之法。黃鍾、大呂、太蔟、夾鍾、姑洗、仲呂、蕤賓，用半而居小絃；林鍾、夷則、南呂、無射、應鍾，用全而居大絃也。《管子》書五聲徵、羽、宮、商、角之序亦如此。」〖校勘〗○萬青案：董增齡引錢大昕之說出錢大昕《潛研堂文集》卷三九《江先生永傳》，所論也是錢氏轉述江永的觀點，並非錢大昕個人的觀點。董氏不察，誤繫在錢大昕名下。

○蔡仲德曰（《中國音樂美學史資料注譯（增訂版上）》，頁一八）：琴，撥弦樂器，周代已有。湖北隨州擂鼓墩一號墓出土的琴與今之古琴（七弦琴）形制不同：無徽，一足，岳山很低，十弦。但文獻記載有七弦、五弦者。瑟，撥弦樂器，春秋時已流行。據長沙馬王堆一號漢墓出土實物，其形似琴，二十五弦，一弦一柱，由低到高弦的粗細不同。

○萬青案：千葉玄之注文實本渡邊操而文字稍有變動。蔡仲德注譯《中國音樂美學史資料注譯（增訂版上）》（北京：人民音樂出版社 2007 年版）對本章詳盡注釋，本書所引蔡仲德之言皆出《中國音樂美學史資料注譯（增訂版上）》。

鍾尚羽，

【集解】

○韋昭曰（《國語》卷三，頁一七）：鍾聲大，故尚羽。〖校勘〗○萬青案：姜恩本無「鍾」字。集賢殿校本、黃刊明道本及其覆刻本、上善堂本、寶善堂本、吳曾祺本、沈鎔本、徐元誥本等「羽」下有「也」字。《儀禮經傳通解》卷二七引注「羽」下有「也」字。

○董增齡曰（《國語正義》卷三，頁四一）：《周禮》：「典樂器，鍾高聲硍，陂聲散，連聲贏。」凡此皆聲大之病，故《內傳》州鳩曰「大者不槬，槬者不容」杜注：「槬，橫大不入。」羽聲細。大聲之器以細為尚，則大不陵小，而小亦不致自抑，斯為和也。〖校勘〗○萬青案：董增齡引《周禮》出《春官·典同》，原文云：「典同：掌六律、六同之和，以辨天地四方陰陽之聲，以為樂器。凡聲，高聲硍，正聲緩，下聲肆，陂聲散，險聲斂，達聲贏，微聲韽，回聲衍，侈聲筰，弇聲鬱，薄聲甄，厚聲石。」董增齡節略引用不當。

○陳小松曰（《〈國語〉「王將鑄無射而為之大林」考》，見載於《新中華》復刊第 6 卷第 12 期，頁 38～43）：金石之聲，貴其鏗鏘，而鏗鏘之聲，尤以

清聲為最。此鐘之所以尚羽也。言此以明羽聲之不可有掩覆之者，由斯益足證大林之為林鐘正聲應鐘矣。

　　○蔡仲德曰（《中國音樂美學史資料注譯（增訂版上）》，頁一八）：鐘，古擊樂器，青銅制，懸掛架上，以槌叩擊發聲。其大而單一者稱特鐘，大小相次成組者稱編鐘。

　　○萬青案：陳小松之說明白可從。

　　石尚角，

【集解】

　　○韋昭曰（《國語》卷三，頁一七）：石，磬也。輕於鍾，故尚角。角，清濁之中。〖校勘〗○萬青案：鍾，集賢殿校本誤作「細」。姜恩本注唯「角，清濁之中也」六字。集賢殿校本、黃刊明道本及其覆刻本、上善堂本、寶善堂本、吳曾祺本、沈鎔本、徐元誥本等「之中」下有「也」字。陳奐已校出黃刊明道本與許宗魯本、金李本之異。《儀禮經傳通解》引注文「之中」後有「也」字。

　　○董增齡曰（《國語正義》卷三，頁四二）：《樂記》：「石聲磬，磬以立辨。」言以辨清濁之界也。《爾雅》「角謂之𦪉，居宮、商、徵、羽之間」邵晉涵引劉歆說「角者，觸也，民也，其聲圓長，經貫清濁，如民之象而為𦪉」是也。〖校勘〗○萬青案：劉歆說為徐景安《樂書·五音旋宮第三》所引，載在《玉海》卷七。邵晉涵復轉引自《玉海》。

　　○皆川淇園曰（日本京都大學圖書館藏皆川淇園批校本）：宮、羽、角，皆王府和均之五物也。

　　○蔡仲德曰（《中國音樂美學史資料注譯（增訂版上）》，頁一八）：石，即磬。以石或玉雕成，懸掛架上，叩擊發聲。商代已有單一的特磬及三個一組的編磬，周代編磬則以十餘個大小相次成組。

　　○萬青案：皆川淇園藏批校本與《國語考》之言恐未可從。

　　匏竹利制，

【匯校】

　　○萬青案：張一鯤本、李克家本、鄭以厚本、道春點本、千葉玄之本、冢田本、秦鼎本、高木本等此處出「匏」字音注，云：「匏，白交切。」是移《補音》下文「匏」字音注於本處，遵其音注繫於首見字之例。《補音》音注本《經

－142－

典釋文》。

【集解】

〇韋昭曰（《國語》卷三，頁一七）：匏，笙也。竹，簫管也。利制，以聲音調利為制，無所尚也。〖校勘〗〇萬青案：姜恩本無「利制」、「無所尚也」六字，又「調利」作「調和」。顧校明本、正學本「調利」之「調」誤作「謂」。聲音調利，《國語鈔評》省作「聲利」。

〇皆川淇園曰（日本京都大學圖書館藏皆川淇園批校本）：琴宮弦大，羽弦細，故曰「尚宮」。瑟弦疑古制，亦有小大，故曰「琴瑟」也。鍾，夷則已下乃用鍾，其前用鎛，故曰「羽」也。石磬之尚角，蓋姑洗已下大而夾鍾以上用小，故曰「尚角」也。匏竹唯以人咬之之氣息，若用手指之便利制之，而無所尚也。

〇董增齡曰（《國語正義》卷三，頁四二）：《周禮》：「笙師掌吹竽笙。」《廣雅》：「笙以匏為之，十三管，在東方。竽，象笙，三十六管，宮管在中央。」崔豹《古今注》：「匏，瓠也。有柄者縣匏，可以為笙。」《舊唐書·音樂志》：「列管于匏上，內簧中其中。」潘安仁《笙賦》「剞生幹裁熟簧」，謂用熟銅片為簧，簧用蠟點，以火炙簧，調之使和，謂之煖笙。《月令》「季夏調竽笙笢簧」是也。〖校勘〗〇萬青案：今檢《廣雅》「在東方」之「東」作「左」，又「在東方」前有「宮管」二字。董增齡引有省誤。又引《舊唐書》「內簧中」之「中」字為衍文。今檢胡彥昇《樂律表微》卷七亦引《古今注》與《舊唐書·音樂志》之言。

〇恩田仲任曰（《國語備考》）：陳氏《樂書》曰：「《國語》『匏竹利制』，蓋匏竹相合而成聲，得清濁之適故也。」

〇黃模曰（《國語補韋》卷一，頁一二）：匏竹以人氣發聲，其清濁高下利于裁制以適其宜。下云「匏竹尚議」即擬議所以制之之法也。（《補正》）

〇《國語考》曰（日本弘化二年寫本）：自琴瑟不過羽，蓋古語也。按《五禮通考》李光地曰：琴瑟細恐其過于羽，故尚宮。鐘聲大，恐其踰於宮，故尚羽。唯石聲清和而角在清濁之間，故其音獨相得也。匏竹者，人氣所吹也。歌以人聲，吹人氣，高下在心，有所裁，故曰「利制」。又曰「尚議」，革木無五聲，為樂之節而已，故曰「一聲」。此說近是。匏竹專所，其音即流利以制高下細大之宜，故曰利制。

〇于鬯曰（《香草校書》，頁八九二）：「利」本有「和」義。《說文·刀部》

云：「和然後利，从和省。」引《易》曰：「利者，義之和也。」《廣雅・釋詁》云：「利，和也。」利制者謂聲音不偏尚一音，以「調和」為制度。韋解於「利」字不專詁，云以「聲音調利為制」，「調利」當即調和之義，顧「調利」二字不經見。竊疑韋本或原作「匏竹和制」，韋解「調利」及下文解「議從其調利」原並作「調和」，後人據作「利制」之本，以故韋解兩「調和」字並為「調利」，夫可知矣。「和」為調和之義，學人盡曉，故不煩專出詁字。若作「利」似不應省「和」字一詁也，惟下文又言「樂從和，和從平」，又出「和」字甚多。蓋凡樂原莫不尚和，非匏竹偏尚和。則以文法論之，雖利即和，而作「利」之本似字面不溷為較善。又案下文云：「匏竹尚議。」議之言義也。義，宜也（顏師古《匡謬正俗・坿卷》謂「議」、「誼」並有宜音）。尚宜，正謂非偏尚一音而宜是尚也。宜即聲音調和之謂也。韋云「議從其調和」，以「議」作「謀議」解，失矣。

○蔡仲德曰（《中國音樂美學史資料注譯（增訂版上）》，頁一八）：匏，指笙、竽等簧管樂器。笙，由簧片、笙管、斗子三部分組成，簧片、笙管竹製（後以銅製），斗子用匏（或木、銅）製成，管自十三至十九根不等，能奏和音。竽，似笙而達，管數也多。竹，簫、管之屬。簫，指排簫，古管樂器，由若干長短不同的竹管編排而成。「琴瑟」以下六句，《史料》云：「琴、瑟、編鐘、編磬、笙（匏）、簫（竹）這些樂器，都是能發出音階中的各音的，所謂某種樂器『尚』某個音，似乎不同樂器擅長於發不同的樂音，只是『伶州鳩』或者『左丘明』的說法，代表了那時對音樂和樂器的一種認識。這種說法對後代似乎沒有什麼影響，因為後人的文獻中就沒有這樣說的了。所謂『大不踰宮，細不過羽』，即把音樂使用的樂音限制在五音的範圍內（用現代音樂術語是『一個八度』內），也是不符合音樂實際的。但它對後世的影響很大，南宋朱熹把琴上的散音比作『君子』，泛音比作『小人』，應即淵源於此。」此說可從。

○李宏峰曰（《禮崩樂盛：以春秋戰國為中心的禮樂關係》，頁一一二）：伶州鳩的意思是說，琴瑟以演奏「宮」音為尚，鐘以演奏「羽」音為尚，並不是說樂曲中的「宮」音只能由琴瑟演奏，「羽」音只能由鐘演奏。因此，樂隊中所用琴瑟也並非只演奏「宮」一音，鐘也並非只能演奏「羽」一音。否則，身為高級樂官的伶州鳩，便無法面對琴瑟樂器除「宮」音外所發出的其他樂音，也無法接受西周以來豐富的「編鐘」音樂實踐。筆者認為，伶州鳩在這裏

以「宮」、「羽」、「角」音名與不同材質樂器相類比，旨在以音名高低為據，闡述樂隊合奏時「鐘」不應安排在低音區的道理。

　　○萬青案：上句的分歧主要在「利制」二字，恩田仲任引陳祥道《樂書》「相合而成聲，得清濁之適」以釋「利制」，其實陳祥道所述之義。黃模引《補正》謂「利於裁制」之義。李光地（1642～1718）《古樂經傳》卷四謂：「歌以人聲，吹人氣，高下在心，有所取裁。」（《景印文淵閣四庫全書》第 220 冊，頁 56）皆川淇園所說，皆與黃模引《補正》之義同，也即韋昭「以聲音調利為制」之義。《國語考》則釋為「匏竹專所，其音即流利以制高下細大之宜」，和《樂書》所言近同。唯于岂破字為釋，恐嫌迂曲。董立章釋「利制」為「以相應地調式調到與其他樂器和諧為準則」（《國語譯注辨析》，頁 133），也從韋注。

　　大不踰宮，細不過羽。

【匯校】

　　○陳樹華曰（《春秋外傳考正》卷三，頁一二）：《禮記‧月令》鄭康成注引此「踰」作「過」。孔氏《正義》引此二句並作「踰」，云：「踰即過也。」

　　○孔廣栻曰（《國語解訂譌》）：細不過羽，《集傳》、《月令‧孟春》疏引作「踰」。

　　○汪遠孫曰（《國語明道本考異》卷一，頁一九）：宋本《禮記‧月令》疏引《國語》「踰」作「過」，與下句一例。

　　○張以仁曰（《國語斠證》，頁一一四）：《御覽》五六五、《天中記》四二皆引作「踰」，藝本《禮記‧月令》疏則下句「細不過羽」亦作「踰」，與宋本適相反，而疏云：「踰即過也。」則二句或兩皆作「踰」，或一「踰」一「過」，決無兩皆作「過」之理。宋本《禮記》非是。

　　○萬青案：踰、過義同。鄭玄引文，或亦憑藉記憶而未察本書，故求其義是，而未必拘泥於文字相應。古人引書往往如此。審《禮記‧月令》疏引文從《國語》作「踰」並云：「踰即過也。」（阮刻本《十三經注疏》，頁 1354）

【集解】

　　○董增齡曰（《國語正義》卷三，頁四二）：《文選‧笙賦》李周翰注：「宮於五聲為君，故大不踰也。羽以五聲為物，故細不過羽。」《甘泉賦》李善注引張晏曰：「聲細不過羽，穆然相和也。」

○關脩齡曰（《國語略說》第一，頁二五）：聲大，以宮為極。聲細，以羽為極。

○高木熊三郎曰（《標註國語定本》卷三，頁二〇）：宮、羽元無定聲，云「不踰」、「不過」頗不通。

○黃翔鵬曰（《黃翔鵬文存（上卷）》，頁二〇九）：《國語》所說的「大不逾宮，細不過羽」未必完全是西周鐘樂制度。「大不逾宮」可能是東周人對西周人的片面看法。

○黃翔鵬曰（《黃翔鵬文存（上卷）》，頁三五一）：《國語》伶州鳩論樂（周景王時），用「大」字表述中音，用「細」字表述高音。

○李宏峰曰（《禮崩樂盛：以春秋戰國為中心的禮樂關係研究》，頁一一二～一一三）：此語進一步說明樂鐘所應遵循的音律範圍，指出編鐘音列低音不能超過「宮」，高音不能超過「羽」。這句話與單穆公所說「是故先王之製鐘也，大不出鈞，重不過石」正相對應，伶州鳩用「宮——羽」的具體音列範圍，解釋了單穆公所說「大不出鈞」中「鈞」的含義。同時，「大不踰宮，細不過羽」的音列範圍，也與前文「無射有林」之論對應，印證了景王將鑄之「無射」為一套「以無射為宮」編鐘的觀點。

○萬青案：黃翔鵬探討的是樂制問題，並且也解釋了「大」、「細」之義，其釋「大」為中音，而李宏峰謂「大」為低音，二者仍有不同。就句義而言，謂「宮」、「羽」為二音之最高極限，這是可以理解的。

夫宮，音之主也。第以及羽，

【匯校】

○孔廣栻曰（《國語解訂譌》）：《集傳》無「第」字，《綱目》有。〖校勘〗○萬青案：國家圖書館藏王筬校跋本原作「陳以綱云：《集傳》無『第』字」。陳以綱（1732～1781），字立三，號竹庵，海寧貢生，善分隸。著有《隸釋》等書。曾經主講於曲阜孔氏，孔廣森從學。後來又館於永清知縣周震榮家。章學誠（1738～1801）著有《庚辛之間亡友列傳》，其中即有陳以綱傳，載其事較詳，可參。

○萬青案：第，許宗魯本作「弟」，注及下文同。「弟」、「第」通。

【集解】

○韋昭曰（《國語》卷三，頁一八）：宮聲大，故為主。第，次也。〖校勘〗

○陳樹華曰（《春秋外傳考正》卷三，頁一二）：從宋本增下「第」字。○汪遠孫曰（《國語明道本考異》卷一，頁一九）：「次」下，公序本無「第」字，脫。○萬青案：姜恩本本處無注文。集賢殿校本、黃刊明道本及其覆刻本、上善堂本、寶善堂本、吳曾祺本、沈鎔本、徐元誥本等「次」下有「第」字，陳奐先於汪遠孫校出。今檢《儀禮經傳通解》卷二七引注「第」下無「次」字。

　　○皆川淇園曰（日本京都大學圖書館藏皆川淇園批校本）：第以及羽者，乃旋宮之說也。

　　○關脩齡曰（《國語略說》第一，頁二十五）：及，至也。五音次第，宮為第一，至羽第五。

　　○董增齡曰（《國語正義》卷三，頁四二）：《呂氏春秋·適音篇》：「黃帝使冷倫作為律……取竹於嶰谿之谷，以生空竅厚鈞者，斷兩節間，長三寸九分而吹之，以為黃鍾之宮……制十二筩，以之阮隃之下，聽鳳皇之鳴，以別十二律。其雄鳴為六，雌鳴為〔1〕六，以此〔2〕黃鍾之宮，適合。黃鍾之宮皆可以生之，故曰黃鍾之宮，律呂之本。」《漢書·律曆志》：「黃者中之色，君之服也。鍾者，種也。天之中數五，五為聲，聲尚宮，五聲莫大焉。地之中數六，六為律，律有形有色，色尚黃，五色莫盛焉。故陽氣施種于黃泉，孳萌萬物，為六氣元也。以黃色名元氣律者，著宮聲也。」《樂記》：「宮為君，商為臣，角為民，徵為事，羽為物。」故羽位最卑。哀十六年《傳》「楚國第」，是「第」訓「次」也。【校勘1】○萬青案：檢《呂氏春秋》本文此「為」字作「亦」。【校勘2】○萬青案：《呂氏春秋》本文此處「此」作「比」，董氏引誤作「此」。

　　○《國語考》曰（日本弘化二年寫本）：此謂自宮聲之漸至羽聲之細也。第者，十二律也。

　　○陳小松曰（《〈國語〉「王將鑄無射而為之大林」考》，見載於《新中華》復刊第6卷第12期，頁38～43）：此言鐘有宮、商、角、徵、羽五聲，則細大已備，而宮為音之主，其他各聲皆據宮聲以生，大至宮聲為止，不容再有大聲，語意指有林鐘正聲應鐘之非。據此，徐說特縣每堵五鐘可信，蓋特縣所占地位較廣，鐘過多，則一人臂長有限，不能遍擊也。

　　○蔡仲德曰（《中國音樂美學史資料注譯（增訂版上）》，頁一八）：「夫宮」三句在歷史上第一次提出了音階序列中的主音觀念，值得注意。

　　○黃翔鵬曰（《黃翔鵬文存》，頁八一）：宮音，就是音階的主音，音階的主音就是宮，或稱「宮主」。

　　○陳其射曰（《中國古代樂律學概論》，頁二六一）：這涉及「宮」音在中國古代音樂中的地位問題。就是說「宮」音在音階中是最重要的音，是音階主宰。「宮」音與「調的中心，音階的首音」的西方樂理的主音概念存在一定的差異，其內涵在自然音樂形態中積澱了社會、地域和傳承三方面內容。首先「宮」音是「音主」。它與同宮各音都有已規定的音程關係，是超出各調式的一種共同關係。民族調式的識別有賴於宮音的明確。其次是除宮音外，五聲各調式的核心音稱為調首，亦稱「煞聲」、「住字」。宮調式只是其中的一種。再次是終止音不一定是宮音，中國民族調式有確定性與游移性兩面，它可以是宮音，也可以是五聲音級的任何一個，帶有一定的隨機性特徵。從歷史上來看，我國宮調體系存在「宮音系統」和「調聲系統」兩種命名法。《國語‧周語》「夫宮，音之主也」這句話突出了「宮」在宮、商、角、徵、羽五聲之中「音之主」的地位。

　　○萬青案：楊蔭瀏（1899～1984）云：「《禮記‧禮運》說：『五聲六律十二管，旋相為宮也。』是說明宮音位置的可以移易，音階的可以有十二個。這種移易宮音的位置，叫做旋宮。」（氏著《中國音樂史綱》，見載於中國藝術研究院音樂研究所編《楊蔭瀏全集》第 1 卷，南京：江蘇文藝出版社 2009 年版，頁 69）亦可參。

聖人保樂而愛財，

【彙校】

　　○萬青案：姜恩本「而」作「以」。

【集解】

　　○關脩齡曰（《國語略說》第一，頁二五）：保樂，謂不妨於正。愛財，謂不妨於財。

　　○秦鼎曰（《國語定本》卷三，頁二〇）：《略說》：保樂，謂不妨於正。愛財，謂不妨於財。或云：保樂謂不亂聲律也。下文「聲應相保曰和」是也。

　　○帆足萬里曰（《帆足萬里全集》下，頁五二八）：保，保重也。

　　○《國語考》曰（日本弘化二年寫本）：保樂，不令踰過也。保猶重也。以下十五字抑。

○黃永堂曰（《國語全譯》，頁一三五）：保，依靠、利用。

○萬青案：《國語考》釋「保」字與帆足萬里同。《國語考》釋「保樂」較關脩齡所釋更為明白易曉，秦鼎引或云「保樂謂不亂律」實亦「不妨於正」，義亦相近。審今《國語》譯注本多以「愛」為吝惜，似更合語境。

財以備器，樂以植財。

【匯校】

○萬青案：植，集賢殿校本、顧校明本、許宗魯本、正學本、姜恩本、金李本、叢刊本、吳勉學本、張一鯤本、李克家本、鄭以厚本、《國語鈔評》、閔齊伋本、二乙堂本、陳仁錫本、《國語髓析》、詩禮堂本、薈要本、文淵閣本、文津閣本、道春點本、千葉玄之本、冢田本、黃刊明道本及其覆刻本、上善堂本、秦鼎本、董增齡本、高木本、寶善堂本、吳曾祺本、沈鎔本、徐元誥本等「植」作「殖」，注同。「植」、「殖」音同可通，當然，以字作「殖」為正。《通鑒前編》、《通志》、《文獻通考》引字皆作「殖」。

【集解】

○賈逵曰：備，具也。〖校勘〗○張以仁曰（《張以仁先秦史論集》，頁二一三）：《慧琳音義》未引正文。「備」字前文多見，如《周語上》「小丑備物」（韋注：言德小而物備）、「土不備墾」（韋無注），皆有完備之義，與「具有」之義不同，因繫於此。韋注同。馬、王、汪、蔣未收。

○韋昭曰（《國語》卷三，頁一八）：保，安也。備，具也。植，長也。古者以樂省土風而紀農事，故曰「樂以殖財」也。〖校勘〗○萬青案：姜恩本本處無注文。土，《國語鈔評》誤作「王」。集賢殿校本、黃刊明道本及其覆刻本、上善堂本、寶善堂本、吳曾祺本、沈鎔本、徐元誥本等「故曰『樂以殖財』」下無「也」字。陳奐已校出黃刊明道本與許宗魯本、金李本之異。

○宋庠曰（《國語補音》卷一，頁二五）：樂省，悉井反。

○《國語考》曰（日本弘化二年寫本）：殖財，應上「殖」。

○高木熊三郎曰（《標註國語定本》卷三，頁二〇）：殖財，蓋以遂八風之類而言也，非省土風之謂。下文「氣無滯陰，嘉生繁祉」可以為「殖財」之註解。

○蔡仲德曰（《中國音樂美學史資料注譯（增訂版上）》，頁一八～一九）：

用財物購置樂器，用音樂繁殖財物。按，「樂以殖財」，即下文所說「節之鼓而行之，以遂八風，於是乎……陰陽序次，風雨時至，嘉生繁祉，人民和利，物備而樂成」，是「樂通八風」說的應用與發揮，反應了古人音樂思想中的神秘觀念。這一觀念也反映於《國語·周語上》「瞽帥音官以風土」（韋注：「音官，樂官。風土，以音律省土風。風氣和則土氣養也。」）。這也說明「八風」之風是自然之風，而不是民歌民謠。

○萬青案：器，當即下文「故樂器重者從細」之「樂器」。

故樂器重者從細，

【集解】

○韋昭曰（《國語》卷三，頁一八）：重，謂金、石也。從細，尚細聲。謂鍾尚羽，石尚角也。〖校勘〗○萬青案：姜恩本注唯「金尚羽」三字。集賢殿校本、黃刊明道本及其覆刻本、上善堂本、寶善堂本、吳曾祺本、沈鎔本、徐元誥本等「尚細聲」下有「也」字。陳奐已校出黃刊明道本與許宗魯本、金李本之異。《儀禮經傳通解》引「尚細聲」下無「也」字。

○蕭旭曰（《群書校補》，頁九八）：《爾雅》：「從，重也。」即「崇尚」之義，故韋氏釋為「尚」，本字為崇。

○萬青案：細、大為固有的特徵。故「從」當依本字解，遵循之義。不必改字為釋。

輕者從大。

【集解】

○韋昭曰（《國語》卷三，頁一八）：輕，瓦、絲也。從大，謂瓦絲尚宮也。〖校勘〗○萬青案：姜恩本注唯「絲尚宮」三字。正學本、上善堂本注「宮」誤作「官」。

○穆文熙曰（《國語鈔評》卷一，頁三四）：重者從細，輕者從大，得損益相生之理。語極精微可玩。

○黃翔鵬曰《黃翔鵬文存（下卷）》，頁七五二）：如用貴重金屬做樂器，要做高音樂器，不要做低音樂器。琴瑟可以做大一些，因為是用木材，比較便宜。

○萬青案：穆文熙釋文從辯證角度出發。黃翔鵬釋句可從。

是以金尚羽，

【集解】

　　○《國語考》曰（日本弘化二年寫本）：重者從細、輕者從大，乃愛財為主也。故下先言「金尚羽」。

　　○陳其射曰（《中國古代樂律學概論》，頁二五九）：「金尚羽」說明鐘類樂器以羽聲為主，為低音。我們從大量出土的早期鐘和編鐘中確認，羽一宮小三度的結構式最多的結構。在一鐘雙音中，往往羽是鐘體的正鼓音，宮是側鼓音。特別是兩周以來的鐘，幾乎沒有例外。

　　○萬青案：陳其射《中國古代樂律學概論》有部分篇章論及《國語》本篇相關語句《中國古代樂律學概論》杭州：浙江大學出版社 2011 年版），可參。故附諸相關條目之下，以為參考。

石尚角，瓦、絲尚宮，

【匯校】

　　○萬青案：瓦，《四部叢刊》影宋本《太平御覽》誤作「尾」。

【集解】

　　○王懋竑曰（《讀書記疑・國語存校》，頁三）：瓦，土也。

　　○關脩齡曰（《國語略說》第一，頁二五）：八音之器，土居其一。而此不言土，惟有瓦矣。瓦是燒土所成，乃塤是也。

　　○秦鼎曰（《國語定本》卷三，頁二〇）：瓦者，燒土所成，塤也。大如雁卵。見《周禮・小師》注。

　　○汪遠孫曰（《國語發正》卷三，頁一三）：《周禮・龠章》杜子春注云：「土鼓以瓦為匡。」

　　○高木熊三郎曰（《標註國語定本》卷三，頁二〇）：瓦即土也，非別物。

　　○沈鎔曰（《國語詳注》第三，頁一〇）：瓦，土鼓也。以瓦為匡。

　　○徐元誥曰（《國語集解》卷三，頁二四）：瓦，謂土也。

　　○陳其射曰（《中國古代樂律學概論》，頁二五九）：「石尚角」說編磬類樂器的最大（低）的一件是角音（這句話無法得到實證。因為目前編磬類樂器均無完整保留。因石磬用料是石灰石，遇水就酥，很難保存，且易碎）。「瓦絲尚宮」中的「瓦」是陶塤類樂器，陶塤的最低音以宮較多。「絲」是琴瑟類樂器。琴的最低弦是宮音。

　　○萬青案：沈鎔從杜子春注，徐元誥《集解》亦引杜子春注，實皆本汪
遠孫《發正》。

　　匏、竹尚議，

【匯校】

　　○陳樹華曰（《春秋外傳考正》卷三，頁一二）：徐堅《初學記》引《國
語》曰：「竹尚商，絲尚宮，匏土尚徵。」

　　○鄭良樹曰（《國語校證（上）》，《幼獅學誌》第七卷第四期，頁1～29）：
《初學記》十五引此三句作「金尚羽，石尚角，絲尚宮」，疑古本自作如此。
《太平御覽》五六五引「宮」作「商」。《初學記》、《太平御覽》、《天中記》四
二引「議」作「徵」。

　　○蕭旭曰（《群書校補》，頁九八）：《初學記》卷15引作「金尚羽，石尚
角，竹尚商，絲尚宮，匏土尚徵」。《御覽》卷565、《記纂淵海》卷78引「宮」
作「商」，「議」作「徵」。《樂書》卷9、《玉海》卷110、《廣博物志》卷33引
「議」作「徵」。

　　○萬青案：審《國語》本文，前既言「宮」、「羽」、「角」，則後當以「商」、
「徵」，故類書多本引作「匏竹尚徵」。《周禮・春官・大師》：「皆播之以八音
金、石、土、革、絲、木、匏、竹。」鄭注云：「金，鍾鎛也；石，磬也；土，
塤也；革，鼓鞀也；絲，琴瑟也；木，柷敔也；匏，笙也；竹，管簫也。」（阮
刻本《十三經注疏》，頁795）按照鄭注的解釋，則《國語》本文尚宮者為絲，
尚羽者為金，尚角者為石，已含八音之三，後之尚商、尚徵者則當為土、革、
木、匏、竹。後已有「匏竹」、「革木」四音，只餘「土」一音。《初學記》卷
一五引《國語》本部分作：「金尚羽，石尚角，竹尚商，絲尚宮，匏土尚徵。」
（北京大學圖書館藏宋刻配補本，本卷頁1）加之「革木」，則八音備矣。然
《國語》本文「石尚角」後有「匏竹利制」一語，韋注云：「以聲音調利為制，
無所尚也。」如此則下文「匏竹尚徵」之「徵」當從今本作「議」，韋注云：
「議，從其調利也。」秦鼎引文徽云：「此叚八音中言六音器，而不及土木，
然則本文『繫之絲』絕句，『木』與『土』別有所論，但韋解前久已脫之，今
無所考。」（《國語定本》卷三，本卷頁20）陳祥道（1053～1093）《禮書》卷
一一七云：「蓋樂器重者從細，輕者從大，大不踰宮，細不踰羽，大細之中，
則角而已。金，重者也，故尚羽；瓦絲，輕者也，故尚宮；石輕於金而重於瓦

絲，故尚角；匏竹無大細之從，故尚議；革木無清濁之變，故一聲。此八音所以直八卦而遂八風也。」（元至正七年福州路儒學刻明修本，本卷頁 5）秦蕙田（1702～1764）《五禮通考》卷七四引《禮書》之說。可為《國語》本文作一註腳。

【集解】

　　○韋昭曰（《國語》卷三，頁一八）：議，議從其調利。〖校勘〗○孔廣栻曰（《國語解訂譌》）：《集傳》作「調和」。○汪遠孫曰（《國語明道本考異》卷一，頁一九）：公序本重「議」字。○萬青案：姜恩本注作「議從其調利也」。集賢殿校本、黃刊明道本及其覆刻本、上善堂本、寶善堂本、吳曾祺本、沈鎔本、徐元誥本等不重「議」字，「利」下有「也」字。陳奐已校出許宗魯本、金李本無「也」字。且集賢殿校本「議」字誤作「義」。《國語評苑》第二個「議」字用重文符號替代。《儀禮經傳通解》卷二七引注「利」作「和」，清胡彥昇《樂律表微》卷七、清秦蕙田《五禮通考》卷七四注並從之。「利」、「和」形近易混誤。

　　○牟庭曰（國家圖書館藏校注本）：議，猶制也。《左傳》曰：「議事以制。」

　　○董立章曰（《國語譯注辨析》，頁一三三）：議，選擇。

　　○黃永堂曰（《國語全譯》，頁一三五）：議，定，從樂曲本身的調而定。

　　○陳其射曰（《中國古代樂律學概論》，頁二六○）：「匏竹尚議」中的「匏竹」是笙，「尚議」是視具體情況而定。

　　○萬青案：清蔡孔炘《經學提要》卷八引《國語》並注云：「議取其和，無偏向也。」（《四庫未收書輯刊》第四輯第 10 冊影道光五年江州蔡氏刊本，本卷頁 15）徐鍇《說文繫傳》云：「定事之宜也。」（同前，頁 44）段注云：「議，誼也。誼者，人所宜也。言得其宜者之謂宜。」（《說文解字注》，頁92）於聲，則調之宜者謂之和，韋昭注「調利」之「利」當承《國語》正文上文「匏竹利制」而來，上文韋昭注云：「利制，以聲音調利為制，無所尚也。」隋蕭吉《五行大義》卷三《論配聲音》引《國語》並曰：「瓦絲琴瑟尚宮鍾，金尚羽，石尚角，匏竹尚徵，革木尚商，呂以和樂，律以平聲。金石以動之，絲竹以行之，歌以詠之，匏以宣之，瓦以贊之，革木以節之，物得其常曰樂，所奪曰擊，相保曰和，細大不踰曰平。瓦絲皆大也，故尚宮；子母相應之道。鍾：金尚羽亦然。石尚角者，石金也，與角為牝杜相和之義。匏，土也；竹，木也；尚徵，亦子母相應也。革、木俱角，尚商，亦以牝杜

相和也。宮聲和以舒，其和博以柔，動脾；商聲散以明，其和溫以虛，動肺；角聲防以約，其和靜以清，動肝；徵聲敗以疾，其和平以均，動心；羽聲疾以虛，其和短以散，動腎。」（日本林衡編《佚存叢書》，光緒壬午（1882）滬上黃氏刻本，本卷頁6～7）則「議」、「徵」在此語境下義同，然故訓言五聲、五音者率以宮、商、角、徵、羽，未見有言宮、商、角、議、羽者，《國語》此處以「議」不以「徵」，在明「匏竹」與各種調式的適應性，故不用五聲之名。

革木一聲。

【匯校】

○萬青案：「革木一聲」以下至「於是乎氣無滯陰」以前文字，《國語鈔評》略去。

【集解】

○注曰：一聲，無宮商、清濁。〖校勘〗○張以仁曰（《張以仁先秦史論集》，頁二一三）：馬、王、蔣未收。○萬青案：注出自《禮記正義》引，和韋注不盡同。

○韋昭曰（《國語》卷三，頁一八）：革，鼕鼓也。木，柷圉也。一聲，無清濁之變。〖校勘〗○陳樹華曰（《春秋外傳考正》卷三，頁一二）：宋本「圉」作「敔」。《補音》云：「《經典》作『敔』，古字通。」○黃丕烈曰（《校刊明道本韋氏解國語札記》，頁五）：《補音》作「圉」。○汪遠孫曰（《國語明道本考異》卷一，頁一九）：《補音》作「圉」，云：「經典作『敔』，古字通。」○萬青案：正學本「木柷」誤作「大不」。姜恩本注作「革，鼕鼓。木，柷敔。無清濁之變」。集賢殿校本字作「祝敔」，音注條目用字亦作「祝」。徐元誥《集解》、點校本《集解》「柷」亦作「祝」，未從《國語》眾本作「柷」。集賢殿校本、黃刊明道本及其覆刻本、上善堂本、寶善堂本、吳曾祺本、沈鎔本、徐元誥本、《四部備要》本、《叢書集成初編》本、上古本等「圉」作「敔」。陳奐已校出黃刊明道本與許宗魯本、金李本之異。《儀禮經傳通解》引注字亦作「敔」。《別雅》卷五云：「祝圉、柷圉，柷敔也。《虞書‧益稷》『合止柷敔』，《堯廟碑》作『祝圉』，《詩‧周頌》作『柷圉』。《廣韻》云：『柷亦作祝。』《禮記‧樂記》『椌楬』註：『謂柷圉也。』《釋文》云：『圉，本又作敔。』同。『圉』亦與『圄』通用。『囹圄』之『圄』，《說文》作『囹圉』，『圉』既與『圄』

通，『圉』又與『敔』通，故『圉』亦通作『敔』。」（《景印文淵閣四庫全書》
第 222 冊，頁 745）則「圉」、「敔」可通，「祝」、「柷」亦同。其說可參。又
集賢殿校本、黃刊明道本及其覆刻本、上善堂本、寶善堂本、吳曾祺本、徐元
誥本等「變」下有「也」字。陳奐已校出黃刊明道本與許宗魯本、金李本之
異。

　　○《舊音》曰（《國語補音》卷一，頁二五）：革鼗，音兆。《補音》：徒刀
反。疑《舊音》「兆」是「桃」字傳寫訛謬。【校勘】○萬青案：張一鯤本、
李克家本、鄭以厚本、道春點本、千葉玄之本、冢田本、秦鼎本、高木本等此
處唯取《補音》反切音注。《補音》音注與《經典釋文》、《玉篇》同。

　　○宋庠曰（《國語補音》卷一，頁二五）：柷圉，上朱叔反〔1〕，下魚呂
反。《經典》〔2〕作「敔」，古字通。【校勘 1】○陳樹華曰（《國語補音訂誤》）：
明道本韋注作「敔」。○關脩齡曰（《國語略說》第一，頁二十六）：夫叔，乃
「尺」訛。○山田直溫等曰（日本內閣文庫藏批校本）：夫，李本作「尺」。○
萬青案：因為集賢殿校本字誤作「祝」，所以反切上字「朱」也相應改作「尺」，
秦鼎本、高木本字亦作「尺」。李克家本反切上字亦作「尺」，張一鯤本、鄭以
厚本、道春點本、千葉玄之本「朱」誤作「夫」。《經典釋文》「柷」字音尺叔。
【校勘 2】○萬青案：張一鯤本、李克家本、鄭以厚本、道春點本、千葉玄之
本、冢田本、秦鼎本、高木本等誤脫「典」字。《補音》的「經典」實際上是
《經典釋文》之省稱。

　　○高木熊三郎曰（《標註國語定本》卷三，頁二○）：十二律還相為宮，
則亦還為商角，為徵羽者。注舉其一，一如一定不移者，未允。

　　○于民曰（《春秋前審美觀念的發展》，頁三六）：「一聲」突出了鼓樂器
的節奏性。這種只有輕重緩急的「一聲」比起協奏曲，的確不吸引人，但在舊
石器時期，它在當時人的心目中，卻是悅耳動聽和異常激動人心的。人類的
音樂，人對音樂的審美能力，就是憑藉這「一聲」和「一聲」之感逐漸發展起
來。從這個意義來講，鼓可以說是樂器之祖；節奏的「一聲」可以稱作音樂之
聲的基石；而「一聲」的節奏感，則可算得上美感的起點。

　　○李炳海曰（《〈國語〉瑣記》，《古籍整理研究學刊》1990 年第 6 期，頁
17～20）：何為大？何為細？韋注不夠明確。他有時釋細為細聲，大為宮聲，
雖然不違本旨，但終究是隔靴搔癢，未中肯綮。五音按宮商角徵羽順序排列，
五音相生之數，宮 81，商 72，角 64，徵 54，羽 48。五音之數宮最大，也最

為濁重。從宮到羽，也就是從濁到清，因此，大為濁，細為清。宮聲最濁，羽聲最清，角居五音之間，故韋注：「角，清濁之中也。」周代強調清濁適中，不能超過限度，故伶州鳩提出「大不踰宮，細不過羽」。周代主張清濁結合，所以「琴瑟尚宮，鍾尚羽，石尚角」。琴瑟屬清音，用它演奏濁重的宮聲。鐘聲濁重，用它演奏清越的羽調。石磬在音質上居於鍾和琴瑟之間，故用它演奏清濁適中的角聲。這種搭配是以清濟濁、以濁濟清，清濁結合。伶州鳩又說：「夫宮，音之主也。」周代音樂以宮聲為本，也就是以濁重為主，以渾厚為本，在提出清濁適中、清濁結合的同時，又崇尚濁重。《左傳·襄公二十九年》載季札觀樂，稱鄭風「其細已甚，民弗堪也」。何謂細？歷來未得確解。杜預注：「譏其煩碎。」孔穎達疏：「鄭君政教煩碎，情見於詩，以樂播詩，見於聲內，言其細碎已甚矣。」楊伯峻注：「所言多男女間瑣碎之事，有關政治極少。」孔、楊二氏都是發揮杜注，但所得結論卻相反。上述諸說都是由於不理解細字含意而產生的誤會，未能和《國語》參照比較。季札批評鄭風過細，實際是嫌其曲調過於清切會使「民弗堪」。這是因為清音近哀。《韓非子·十過篇》載，晉平公連續向師曠發問：「清商固最悲乎？」「音莫悲乎清徵乎？」可見清音都是表達悲哀的。《樂記·魏文侯篇》列舉各種樂器，其中說「絲聲哀」，絲聲即琴瑟之音，琴瑟音質清切，故悲哀。「太清則志危」（《呂氏春秋·適音》），清音悲哀，從而使人產生危機感。鄭風過於清切，所激起的必然是極度的悲傷哀怨之情，季札斷定「民弗堪」也。是說鄭風的悲怨程度超過了人的心理承受能力，因此把它視為亡國之音。細大即清濁，伶州鳩是周王朝的專職樂官，季札作為有教養的貴族公子，他們運用這對概念時是很準確的，對其含義的理解也是一致的。因此，必須確切揭示出細和大的美學內涵，指明這對音樂術語的本來意義。

○董立章曰（《國語譯注辨析》，頁一三三）：一聲，一個聲調，無須調制而與其他樂器協奏任何樂曲。

○陳其射曰（《中國古代樂律學概論》，頁五八～五九）：從文中「琴瑟尚宮，鐘尚羽，石尚角，匏竹利制……瓦絲尚宮，匏竹尚議，革木一聲」一段話裏可以看出周代音階的一些情況，是以宮音為最低音，羽為最高音。音注「宮」是音階中確定調式性質的地位最重要的核心音，音階以宮、角、羽三音為主，相對來說商、徵出於次要地位，或者是臨時加進來的偏音（尚議）。

○陳其射曰（《中國古代樂律學概論》，頁二六〇）：「革木一聲」中的「一

聲」表示沒有固定音高的聲響。

〇李宏峰曰（《禮崩樂盛：引春秋戰國為中心的禮樂關係研究》，頁一一三）：此論材質輕重與高低音樂器閒的關係。伶州鳩認為，樂隊中的樂器在組合時，應該用重材質的樂器演奏音高，用輕材質的樂器演奏低音。所謂「樂器重者」，即以「金」為代表的樂器；所謂「樂器輕者」即以「絲」為代表的樂器。只有這樣的樂器組合，纔符合「和」的審美觀念。伶州鳩觀念中的「和」，不僅是音響組合層面的審美標準，而且包含社會政治層面的含義。

〇萬青案：陳其射認為伶州鳩這段話「說明了不同的材料製成的樂器在五聲裏有不同傾向」（氏著《中國古代樂律學概論》杭州：浙江大學出版社 2011年版，頁 259）。黃翔鵬云：「不同的材料製成的樂器在五聲裡有不同傾向。鐘（金）類樂器以羽聲為主（尚羽）。實際情況確實如此，鐘裡羽～宮（la～do）這樣的小三度的結構比較多。一般是，羽音在鐘體的正鼓部，宮音在鐘體邊的側鼓部。特別是西周以來的鐘，幾乎沒有例外。我們得到的測音結果，最大的一個鐘都是羽──宮結構。『石』是磬。編磬類樂器，最大的一件可能是角音（尚角）。但這一句話無法得到實證，因為編磬類樂器幾乎都保留得不完整。製石磬最合適的石料不是玉石。許多人看到『金聲玉振』這個熟語就認為磬是玉石製成。那是文字脩飾，其實用玉製磬音響不好。最好的石料是石灰石，音響非常清脆。但石灰石一遇水就酥，保存不久，而且易碎。山西出土的磬最多，可是沒有一組是完整的，幾乎都有碎損。如果不碎，我們就可以測音，知道音高是什麼樣，來證實磬是否『尚角』。『瓦』是陶塤類樂器，『絲』是琴瑟類樂器。琴的最低弦是宮音，『尚宮』一語講得有道理。『匏竹』是笙，『尚議』是什麼意思？『義』──商議，商量著辦，視具體情況而定。『革木』，鼓類打擊樂器，『一聲』，沒有固定音高，只有聲響而已。」（《黃翔鵬文存》，頁 752）又黃氏云：「先秦時代祭鬼神時所用的樂器為鼉鼓、搏拊、柷、敔。柷用於起樂，敔用於止樂，最常用於雅樂、祭孔典禮中。」（《黃翔鵬文存》，頁 782）陳其射、黃翔鵬對「議」字的解釋是相同的，可參。

夫政象樂，樂從和，和從平。

【匯校】

〇陳樹華曰（《春秋外傳考正》卷三，頁一二）：元明諸本此處兩「和」字不作「龢」，與上下異。（許本不用省文，前後皆畫一）

　　○牟庭曰（國家圖書館藏校注本）：當作「聲從平」。寫者沿上文，誤「聲」為「和」。據下文改正。

　　○萬青案：二「和」字，閔齊伋本、文淵閣本、文津閣本、董增齡本等字皆作「龢」。董增齡本注文字亦作「龢」。姜恩本正文之下無注。

【集解】

　　○韋昭曰（《國語》卷三，頁一八）：和，八音克諧也。平〔1〕，細大不踰也，故可以平民。樂和即諧，政和即平也〔2〕。〖校勘1〗○萬青案：道春點本「平」誤作「乎」，下「平民」誤同。前文已多次揭出，下不再出。〖校勘2〗○陳樹華曰（《春秋外傳考正》卷三，頁一二）：元明諸本二「則」並作「即」。○汪遠孫曰（《國語明道本考異》卷一，頁一九）：「則」，公序本皆作「即」。○萬青案：集賢殿校本、黃刊明道本及其覆刻本、上善堂本、董增齡本、寶善堂本、吳曾祺本、徐元誥本等二「即」字作「則」。陳奐已校出黃刊明道本與許宗魯本、金李本之異。今檢《儀禮經傳通解》引注二字亦皆作「則」。「則」、「即」二字此處語法語義功能基本相同，二字字形也比較接近。

　　○《國語考》曰（日本弘化二年寫本）：和、平一也。以數斟酌細大以會之，乃平也。平聲即和也。五聲所以和樂，故云和從平。樂從和，六律所以平五聲，故云和從平。樗云：平金石以動之，樂以金奏而八音從之。

　　○黃永堂曰（《國語全譯》，頁一三五）：平，平穩。

　　○蔡仲德曰（《中國音樂美學史資料注譯（增訂版上）》，頁一九）：象，法，效法。「政象樂」意思是政治應效法音樂，像音樂一樣「和」、「平」。平，平正不偏，無過無不及。

　　○黃翔鵬曰（《黃翔鵬文存（下卷）》，頁七五二）：政治就像音樂當中所表現出來的各種道理一樣，音樂中相互不同的東西放在一起相互協和纏行。什麼是「和」？音調到合適的高度那纔能「和」，而調準高低就是「平」。這個音是高一點還是低一點，要像水一樣，看它是否平。如果不「平」，有高有低，就沒準。調校音準用「平」字。

　　○陳其射曰（《中國古代樂律學概論》，頁二六〇）：「樂從和，和從平」是說音樂是需要和諧的。「和」是關係密切的異音的結合體。這種和諧只有當「音」調整到合適的高度纔能達到。

　　○萬青案：按照韋昭的理解，「樂從和」之「和」是樂和，而「和從平」之「和」則為樂和與政和相通，樂和則政和，政和則會至於平和之境。

聲以龢樂，律以平聲。

【匯校】

○陳樹華曰（《春秋外傳考正》卷三，頁一二）：《初學記》引作「呂以和樂」。

○孔廣栻曰（《國語解訂譌》）：《集傳》「平」作「成」。

○鄭良樹曰（《國語校證（上）》，《幼獅學誌》第七卷第四期，頁1～29）：《初學記》、《太平御覽》、《天中記》引「聲」皆作「呂」。

○蕭旭曰（《群書校補》，頁九八）：《初學記》卷 15、《御覽》卷 565 引「聲」作「呂」。律、呂對舉成文。

○萬青案：隋蕭吉《五行大義》引字亦作「呂」。但《國語》各本既作「聲」字，恐當從《國語》各本本文。《初學記》囿於「律呂」對應之例，以字作「律」，正如蕭旭所云「對文」，也講得通。但是不可以此來改易《國語》本文。集賢殿校本、正學本、姜恩本、詩禮堂本、薈要本、黃刊明道本及其覆刻本、上善堂本、寶善堂本、吳曾祺本、沈鎔本、徐元誥本等「龢」作「和」。又陳抄本《春秋外傳國語考正》「學」原誤作「樂」，今徑改正。又徐元誥《集解》誤脫「律」字。

【集解】

○韋昭曰（《國語》卷三，頁一八）：聲，五聲，以成八音而調樂也。賈侍中云：「律，黃鍾為宮，林鍾為徵，大蔟為商，南呂為羽，姑洗為角，所以平五聲也。」〖校勘〗○萬青案：姜恩本本處無注文。集賢殿校本、黃刊明道本及其覆刻本、上善堂本、寶善堂本、吳曾祺本、沈鎔本、徐元誥本等「聲，五聲」下有「也」字。陳奐已校出黃刊明道本與許宗魯本、金李本之異。《儀禮經傳通解》卷二七引注「聲，五聲」作「謂五聲」且「聲」下有「也」字。

○宋庠曰（《國語補音》卷一，頁二五）：為徵，張里反。〖校勘〗○萬青案：《補音》音注本《經典釋文》。

○《舊音》曰（《國語補音》卷，頁一，頁二五）：大蔟，音湊。《補音》：七豆反，上它蓋反。〖校勘〗○萬青案：張一鯤本、李克家本、鄭以厚本、道春點本、千葉玄之本、冢田本、秦鼎本、高木本「蔟」字音注唯取《舊音》直音音注，「大」字反切作「他蓋切」。《補音》音注本《經典釋文》。

○《舊音》曰（《國語補音》卷一，頁二五）：姑洗，如字，或音小典反。《補音》：今按《月令》音素典反，無「如字」之說。《舊音》失次，今移，下

同。〔校勘〕○張以仁曰（《國語左傳論集》，頁二二四～二二五）：《補音》云云，《補音》是也。《廣韻》「姑洗」字為蘇典切，「洗濯」字則為先禮切。《左傳・定公四年》「闕鞏姑洗」杜注姑洗為「鐘名」，《釋文》作「息典反」。《舊音》讀如字者，蓋因時人誤以洗滌之音音姑洗也。《說文》大、小徐洒足之「洗」猶音「穌典」或「思典」，然《慧琳音義》則已音「先禮」（卷八）、「西禮」矣（卷五三、五六、六三）。○萬青案：「小典反」之「小」，集賢殿校本、張一鯤本、李克家本、鄭以厚本、道春點本、千葉玄之本、冢田本、秦鼎本、高木本等作「素」。《經典釋文》「洗」即音素典。素、小聲紐同，又體現了精組字是從照組中分化出來這一聲紐分化現象。

○皆川淇園曰（日本京都大學圖書館藏皆川淇園批校本）：和、平一也。以數斟酌，細大以會之，乃平也。平聲即和也。

○董增齡曰（《國語正義》卷三，頁四三）：《呂氏春秋・音律篇》：「黃鍾生林鍾，林鍾生太蔟，太蔟生南呂，南呂生姑洗，姑洗生應鍾，應鍾生蕤賓，蕤賓生大呂，大呂生夷則，夷則生夾鍾，夾鍾生亡射，亡射生中呂。三分所生，益之一分以上生。三分所生，去其一分以下生。黃鍾、大呂、太蔟、夾鍾、姑洗、中呂、蕤賓為上，林鍾、夷則、南呂、亡射、應鍾為下。」《史記・律書》：「生黃鍾術，以下生者，倍其實，三其法；以上生者，四其實，三其法。」《漢書・律曆志》：「陰陽相生，自黃鍾始而左旋，八八為伍。」「三統合於一元，故因一元而九三之以為法，十一三之以為實。實如法得一。黃鍾初九，律之首，陽之變也。因而六之，以九為法，得林鍾初六，呂之首，陰之變也。皆參天兩地之法也。上生六而倍之，下生六而損之，皆以九為法。九、六，陰陽、夫婦、子母之道也。律娶妻而呂生子，天地之情也。六律六呂，而十二辰立矣。」《樂律表徵》引梁武帝《鍾律緯》云：「案律呂，京、馬、鄭、蔡，至蕤賓並上生大呂，而班固《志》至蕤賓仍以次下生。若從班義，夾鍾唯長三寸七分有奇，律若過促〔1〕……求聲索實，班義為乖。」「《宋史・樂志》胡銓《審律論》曰：『馬遷言，丑二，寅八，卯十六，辰六十四。夫丑與卯，陰律也。寅與辰，陽律也。生陰律者皆二，所謂下生者倍其實。生陽律者皆四，所謂上生者四其實。遷之言律數〔2〕可謂簡矣。而後之言律者祖焉。……班固言三分蕤賓，損一，下生大呂，而不言夫所謂濁倍之變何。夫蕤賓之于大呂，則蕤賓清而大呂濁也。今又損三分之一以生大呂，則大呂之生，乃清於蕤賓，是不知夫大呂之濁。然則梁武帝之論，至夾鍾而裁長三寸七分，其

失兆于此矣。』」朱子曰：「樂律自黃鍾至中呂，皆屬陽。自蕤賓至應鍾皆屬
陰，此是一箇大陰陽。黃鍾為陽，大呂為陰；太蔟為陽，夾鍾為陰；皆一陽間
一陰，又是一箇小陰陽。自黃鍾至中呂，皆下生；自蕤賓至應鍾，皆上生。」
〔3〕朱載堉曰：「凡陰呂居陽方，即皆屬陽。凡陽律居陽方，即皆屬陰。惟應
鍾、蕤賓同在陰方，中呂、黃鍾同在陽方。故別論小陰陽乃變例也，其餘諸律
則止論大陰陽乃變〔4〕例也。」〖校勘 1〗○萬青案：今檢《隋書》引《鐘律
緯》「律若過促」、「求聲索實」之間尚有「則夾鍾之聲成一調，中呂復去調半，
是過於無調。仲春、孟夏，正相長養，其氣舒緩，不容短促」諸字。《樂律表
微》引文脫去這段文字，文義不明，當補。董氏亦當補。〖校勘 2〗○萬青案：
今檢《宋史》本文「律數」作「財數百」，董增齡從《樂律表微》引文，未檢
《宋史》原文。〖校勘 3〗○萬青案：引朱子之言出《朱子語類》卷九二。朱
載堉《樂律全書》卷二一引之，謂出《經世大訓》。〖校勘 4〗○萬青案：檢
朱載堉《樂律全書》卷二一、《樂律表微》卷二，此「變」字皆為「正」，董氏
引誤。《樂律表微》卷二亦引朱載堉此論。

　　○陳瑑曰（《國語翼解》卷二，頁一九）：此六十律旋宮之法也。《淮南子》
曰：戊子為黃鍾之宮，庚子為無射之商，壬子為夷則之角，甲子為仲呂之徵，
丙子為夾鍾之羽。黃鍾為宮則在戊子，若黃鍾為商則在庚子，為角則在壬子，
為徵則在甲子，為羽則在丙子。黃鍾為五子，五子為五聲也。〖校勘〗○萬
青案：陳瑑所引出《續後漢書·聲音第五》，錢塘《淮南子補注》亦引之。

　　○黃永堂曰（《國語全譯》，頁一三五）：聲以和樂，根據五聲製成的八類
樂器來調和樂曲。

　　○陳其射曰（《中國古代樂律學概論》，頁二六〇）：聲是用律來調準的，
音樂是用調準的聲來合成的。

　　○萬青案：黃翔鵬云：「這是倒裝句結構，意思需要從後往前推。單個的
音叫作『聲』。聲是用律來調準的，用調準的聲來合成音樂。」（氏著《黃翔鵬
文存》，頁 752）從語法結構上看，這是介賓結構中的介詞賓語前置，下文亦
同。

　　金石以動之，

【集解】

　　○韋昭曰（《國語》卷三，頁一八）：鍾磬所以動發五聲。〖校勘〗○陳

樹華曰（《春秋外傳考正》卷三，頁一二）：嘉靖本「磬」始誤「石」。○秦鼎曰（《國語定本》卷三，頁二〇）：「鐘磬」，舊作「鐘石」，今從明本。○汪遠孫曰（《國語明道本考異》卷一，頁一九）：公序本作「動發」。○萬青案：姜恩本本處無注文。集賢殿校本、黃刊明道本及其覆刻本、上善堂本、董增齡本、寶善堂本、吳曾祺本、徐元誥本等作「發動」。陳奐已校出黃刊明道本與許宗魯本、金李本之異。《儀禮經傳通解》卷二七引注文亦作「發動」。叢刊本同金李本。張一鯤本、鄭以厚本、詩禮堂本、薈要本、文淵閣本、文津閣本、道春點本、千葉玄之本、冢田本、徐元誥本等「磬」即作「石」字。二乙堂本「鍾磬」作「金石」。「石」、「磬」皆可通，以「磬」字更合。「動發」、「發動」義亦相會，唯語序不同，或各有所本。就習慣性上而言，似「動發」更合。又集賢殿校本、黃刊明道本及其覆刻本、上善堂本、寶善堂本、吳曾祺本、徐元誥本等「聲」下有「也」字。陳奐已校出黃刊明道本與許宗魯本、金李本之異。又《文獻通考》卷一三四引作「鐘磬所以動五聲也」。

　　○秦鼎曰（《國語定本》卷三，頁二〇）：《增》：七「之」字皆指聲律。

　　○萬青案：《禮書》卷一二七云：「《春秋傳》曰：『入門而金作。』《國語》曰：『金不過以動聲。』又曰：『金石以動之。』先儒謂：凡樂，先擊鍾，次擊鼓。是也。」則釋「金」為「鐘」無疑義。又北宋陳暘《樂書》卷四九云：「石，樂之器也；聲，樂之象也。古之人為磬，尚象以制器。豈貴夫石哉？尚聲以盡意而已。故舜命夔典樂，擊石，拊石，以象上帝玉磬之音。則磬之為器，其音石，其卦乾，其位西北，而天屈之，以為無有曲折之形焉。所以立辨也，故於方有西、有北，於時有秋、有冬，於物有金、有玉，以分有貴賤，以位有上下，而親疏長幼之理皆辨於此矣。古人之論磬，謂其有貴賤焉，有親疏焉，有長幼焉。此三者行，然後萬物成，天下樂之。故在廟朝聞之，君臣莫不和敬；閨門聞之，父子莫不和親；族黨聞之，長幼莫不和順。夫以一器之成，而功化之，敏有至於此，則磬之尚聲可知矣。《書》之言球必以鳴先之者，亦此意歟？磬師所掌，不過教眡瞭擊之而已。眡瞭言掌擊笙磬頌磬則鐘舉矣。小胥凡縣鐘磬，半為堵，全為肆，則鐘磬皆在所編也。於鐘言編，則磬舉矣。鐘磬常相待以為用，《國語》曰『金石以動之』是也。」（同前，本卷頁2～3）則「金石」之「石」亦指「磬」而言，無誤。則韋注此處字作「磬」、作「石」皆可，而以「磬」與「鐘」更相配合。「磬」作為禮器較早出現，韋昭之時亦當經見，故韋注釋「石」為「磬」亦有其理據與可能性。

絲竹以行之，

【集解】

○韋昭曰（《國語》卷三，頁一八）：弦管所以行之。〖校勘〗○汪遠孫曰（《國語明道本考異》卷一，頁一九）：「絃」，公序本作「弦」。「弦」、「絃」正俗字。○萬青案：姜恩本本處無注文。集賢殿校本、薈要本、黃刊明道本及其覆刻本、上善堂本、寶善堂本、吳曾祺本、徐元誥本等字作「絃」，「之」下有「也」字。審《儀禮經傳通解》卷二七引注文作「管絃所以行之」。雖「管絃」與「弦管」語序不同，義亦可通。

○萬青案：項陽《金石以動之·絲竹以行之》（《人民音樂》2015 年第 12期）謂：「中國音樂多聲思維的相關文獻見於《國語·周語下》，其表述由周景王（西元前？～西元前 520）二十三年將鑄無射鐘所引發。單穆公和伶州鳩與周景王對話，對圍繞編鐘樂懸多層次的內涵深入展開。中國多聲思維有著自己的軌跡，而且有著文化發展的必然性。這既涉及周代文化的整體意義亦顯現周代文化的特殊性，只有將這些加以辨析方能感受到何以中國音樂在三千年前便有多聲思維的記載，而且有著重要的理念支撐。這種理念恰恰是由於國家制度下的禮樂存在而形成。在西周早期階段，自周公制定禮樂制度，在最高禮制儀式用樂中便形成了以樂懸為主導的樂隊組合形態，是為禮樂的核心為用。換言之，樂隊組合圍繞樂懸而建，這就是後世稱之為『華夏正聲』之國樂──雅樂意義。所謂雅樂樂隊，是以樂懸領銜，樂懸具禮器、祭器、重器與樂器的多功能意義。說其為禮器，這裏指有聲禮器，即禮器組合中可以音聲為用者；說為祭器，是講樂懸在國之大事中屬祭祀為用，因而可視之為祭器的類型；作為重器，是講在周代，樂懸與鼎、簋一樣具制度下的等級意義，不可隨意擁有，這當然體現了擁有者的身份、權力與地位。《周禮》中對樂懸使用依身份有所謂『宮、軒、判、特』之分。我們看到，無聲禮器有天子九鼎八簋之制，其下遞減，具有數量的規定性。作為有聲禮器的樂懸，《周禮》卻只規定了陳設的方位而沒有規定具體數量，這顯然是基於有聲禮器作為樂器特殊性意義的考量。我們知道，商代編鐃非懸，磬為懸已定卻數量較少。進入周代，這金之屬的鐘類樂器方以懸為主要特徵。因此周之樂懸泛指編鐘與編磬。再有，雖然有學者從湖南寧鄉商代編鐃上測出了雙音結構，但從筆者對同一套商鐃實地考察的情狀看，還難以說雙音為實用，畢竟對於側鼓部的測音存在不穩定因素，很難把握。也就是說商代鐃與磬更多為一器一音的樣

態。進入周代，隨著冶煉技術與鑄造工藝的不斷發展，乃至樂師之不斷領悟，終於使得編鐘雙音技術成熟並得以廣泛運用，然而，即便如此還是由於在其時成本過高而顯現成組成編樂鐘數量上不足。從當下多地出土西周早期墓葬看，最多就是四、五件（如隨州葉家山曾侯墓），中期到八件一組，晚期達十六件一組，編磬與編鐘相輔相成亦不斷增加，可見編鐘與編磬的數量隨時代發展、冶煉與鑄造技術的成熟呈遞增狀態，這是內部擴充，在依制按方位陳設的意義上不斷增加樂懸編列數量。從出土的實際狀況可知，在周公時代，樂懸雖因數量不足以支撐起獨立樂曲的演奏，卻由於顯赫的身份和地位，在最高級別樂隊組合中不可或闕，或稱最高禮制儀式樂隊圍繞樂懸組合展開，如此其在樂隊中的擔當便有可辨析的空間。既然有『六樂』存在，既然『國之大事』中為用，樂懸的一器一音或一器雙音且因數量之少，都不足以獨立承擔整體用樂。由於樂懸禮樂核心為用的性質，領銜於樂隊，因此，在六樂中由樂懸演奏骨幹音級（構成旋律意義，失之簡約，如同當下西方樂隊中貝司所起到的作用，當然也會隨著樂懸內部數量的增加而有旋律豐富性）；旋律的豐富性或稱完整性意義交於絲竹，這樣的方式實際上形成多聲部，而這樣組合和演奏方式依制是為必須，以致成為「定式」，這就是『金石以動之，絲竹以行之』，絲竹以琴瑟笙簾等樂器為之（如同西方樂隊中小提琴以及銅管、木管之擔當），如此簡繁相間，既可顯現獨立的旋律線條，有著各自的旋律層次感，揉在一起即為『和』，所謂『和而不同』，與此同時即便依當下認知還具有縱向的『和聲』意義，這樣的形態是否具多聲思維呢？在下以為是不言而喻的。需要明確的是，此時的絲竹樂器基本為一器多音，每件樂器亦可獨立演奏旋律，因此，《國語·周語》的表述是將同一樂隊組合的樂器分成兩類：金石與絲竹，卻又集於一體，這至少有兩個甚至多個『聲部』的意義。畢竟金石之器在其時為簡，而絲竹樂器為繁，各自有旋律線卻又相和，這是典型的多聲思維。」雖非專門釋本文之義，要亦有助於理解。

詩以道之，

【音義】

　　○《舊音》曰（《國語補音》卷一，頁二五）：音蹈。《補音》：徒到反。或作「導」。〖校勘〗○萬青案：張一鯤本、李克家本、鄭以厚本、道春點本、千葉玄之本、冢田本、秦鼎本、高木本等此處不取音注，唯云：「道，或作『導』。」

○沈鎔曰（《國語詳注》第三，頁九）：去聲，下同。

【匯校】

　　○萬青案：姜恩本「道」作「導」。《五行大義》、《初學記》卷十五、《太平御覽》卷五六五引無此句。

【集解】

　　○韋昭曰（《國語》卷三，頁一八）：道己志也。誦之曰詩。《書》曰：「詩言志。」〖校勘〗○孔廣栻曰（《國語解訂譌》）：《東都賦》注：「道，由也。誦之曰詩。」四字，一本無，《集傳》有。○汪遠孫曰（《國語明道本考異》卷一，頁一九）：公序本下有「誦之曰詩」四字。○萬青案：姜恩本本處無注文。集賢殿校本、薈要本、黃刊明道本及其覆刻本、上善堂本、寶善堂本、吳曾祺本、沈鎔本、徐元誥本等無「誦之曰詩」四字。陳奐已先於汪遠孫校出。

　　○冢田虎曰（《增注國語》卷三，頁二七）：道，言也。上下七句之字，皆之聲律。

　　○秦鼎曰（《國語定本》卷三，頁二〇）：《書》曰，《舜典》，下同。

　　○籛跋本曰（國家圖書館藏王籛校跋本）：《東都》注：「道，由也。」

　　○萬青案：如果從韋昭的釋義來看，「道」字恐即如《補音》作「徒到」，而不可讀作「蹈」。宋庠謂「或作『導』」之「導」字恐誤。《說文·言部》：「詩，志也。」（《說文解字》，頁51）或即本《書·舜典》「詩言志」之言。《漢書·藝文志》：「誦其言謂之詩，詠其聲謂之歌。」或韋注所本。

　　歌以詠之，

【集解】

　　○韋昭曰（《國語》卷三，頁一八）：詠，詠幾也。《書》曰：「歌永言，聲依永。」〖校勘〗○汪遠孫曰（《國語明道本考異》卷一，頁一九）：公序本重「詠」字。○萬青案：姜恩本本處無注文。集賢殿校本、黃刊明道本及其覆刻本、上善堂本、寶善堂本、吳曾祺本、徐元誥本等亦不重「詠」字，陳奐已先於汪遠孫校出。又集賢殿校本、許宗魯本、金李本、叢刊本、張一鯤本、李克家本、鄭以厚本、二乙堂本、詩禮堂本、薈要本、文淵閣本、文津閣本、道春點本、千葉玄之本、冢田本、黃刊明道本及其覆刻本、上善堂本、秦鼎本、董增齡本、高木本、寶善堂本、吳曾祺本、沈鎔本、徐元誥本等本書所參《國語》各本「幾」皆作「詩」，《儀禮經傳通解》引字亦作「詩」。是遞修本、顧

校明本、正學本「幾」字為「詩」字之誤。又徐元誥《集解》「書曰」作「書云」。

　　○千葉玄之曰（《韋注國語》卷三，頁二五）：「詩言志，歌永言」，見《書·舜典》。

　　○萬青案：如果按照《漢書·藝文志》「詠其聲謂之歌」的解釋，此處之「詠」恐非「詠詩」，秦鼎引冢田虎《增注國語》「七『之』皆指聲律」可參。故「詩以道之」之「之」與「歌以詠之」之「之」意義當同。

　　匏以宣之，

【音義】

　　○宋庠曰（《國語補音》卷一，頁二五）：白交反，下「越之匏」同。〖校勘〗○萬青案：張一鯤本、李克家本、鄭以厚本、道春點本、千葉玄之本、冢田本、秦鼎本、高木本等此處不出音注，已經移至前文。

【集解】

　　○韋昭曰（《國語》卷三，頁一八）：宣，發揚也。〖校勘〗○萬青案：姜恩本本處無注文。揚，薈要本誤作「暢」，黃刊明道本及其覆刻本、寶善堂本誤作「楊」。

　　○萬青案：韋昭前文已釋「匏」為「笙」。笙在曲藝伴奏中有四種作用：1.增加樂器色彩；2.吹出曲調的內在節奏；3.唱者換氣時，笙能延長吹奏，使曲調不中斷；4.笙是樂隊的定律樂器。也就是說，笙具有渲染氛圍的作用。故謂「匏以宣之」。《禮記·禮運》「宣祝嘏辭說」鄭玄注：「宣，猶揚也。」（阮刻本《十三經注疏》，頁 1425）《孔子家語·禮運》「宣祝嘏」王肅注：「宣，謂播宣揚之。」（《景印文淵閣四庫全書》第 695 冊，頁 74）或韋注所本。

　　瓦以贊之，

【匯校】

　　○鄭良樹曰（《國語校證（上）》，《幼獅學誌》第七卷第四期，頁 1～29）：《太平御覽》引「瓦」作「土」。

　　○蕭旭曰（《群書校補》，頁九八）：《御覽》卷 565 引「瓦」作「土」。

　　○萬青案：上文，《初學記》引作「竹尚商，絲尚宮，匏土尚徵」，而上文「絲竹以行之，匏以宣之」，則此處依次為「土以贊之」，是《太平御覽》作「土」字之本。但今《國語》各本以及他書字皆作「瓦」。

【集解】

　　○韋昭曰（《國語》卷三，頁一八）：贊，助也。〖校勘〗○萬青案：姜恩本本處無注文。

　　○《國語考》曰（日本弘化二年寫本）：陰極也。

　　○萬青案：韋昭注可從。《國語考》注文未知所指，暫繫於此時。

　　革木以節之。

【匯校】

　　○蕭旭曰（《群書校補》，頁九八）：徐元誥《集解》本「革」誤作「草」。

　　○萬青案：《國語集解》之原印本、點校本皆誤。

【集解】

　　○《國語考》曰（日本弘化二年寫本）：陽極也。

　　○黃永堂曰（《國語全譯》，頁一三六）：節，打節拍。古樂用鼓、柷敔擊節和止樂。

　　○蔡仲德曰（《中國音樂美學史資料注譯（增訂版上）》，頁一九）：「金石」七句涉及金、石、絲、竹、匏、瓦（即土）、革、木，說明至遲在公元前6世紀下半葉已出現八音分類法，值得注意。

　　○萬青案：陳其射認為：「這是把各種樂器包括人聲在內調配運用。」（《中國古代樂律學概論》，頁260）黃翔鵬說與陳其射同。

　　物得其常曰樂極，

【匯校】

　　○陳樹華曰（《春秋外傳考正》卷三，頁一二）：《初學記》引無「極」字。

　　○萬青案：《五行大義》、《太平御覽》卷五六五、《錦繡萬花谷》卷三二引亦無「極」，恐皆據《初學記》。當然，從對文的角度看，下句「曰聲」，「聲」為一個音節，故此處或省「極」字。然下句又云「極之所集」，故此處不得省「極」。

【集解】

　　○韋昭曰（《國語》卷三，頁一八）：物，事也。極，中也。〖校勘〗○萬青案：姜恩本注唯後三字。

　　○冢田虎曰（《增注國語》卷三，頁二七）：金、石、絲、竹、匏、土、

革、木，物各得其常而不相變亂，此之謂樂之至道也。凡道之至者曰之「極」。

　　○皆川淇園曰（日本京都大學圖書館藏皆川淇園批校本）：極，猶至也。

　　○牟庭曰（國家圖書館藏校注本）：「極」字似誤。據下文當作「樂正」。正之所集曰聲，謂樂器之正者。集而作之者，曰五聲也。注非。

　　○萬青案：董立章釋本句為「樂器的製作符合常規便稱為標準樂器」（《國語譯註辨析》，頁135），是以「極」為「標準」之義。

　　極之所集曰聲，

【彙校】

　　○陳樹華曰（《春秋外傳考正》卷三，頁一二）：《初學記》引「極」作「樂」。

【集解】

　　○韋昭曰（《國語》卷三，頁一八）：集，會也。言中和之所會集曰正聲。〖校勘〗○冢田虎曰（《增注國語》卷三，頁二七）：本注「正聲」當為「五聲」。○汪遠孫曰（《國語明道本考異》卷一，頁一九）：「聲」字誤，公序本作「集」。○萬青案：姜恩本無「集會也言」四字。黃刊明道本及其覆刻本、上善堂本、寶善堂本、吳曾祺本、徐元誥本等「集，會也」之「集」誤作「聲」，陳奐已先於汪遠孫校出。又黃刊明道本及其覆刻本、上善堂本、寶善堂本、吳曾祺本、徐元誥本等「正聲」下有「也」字。董增齡本「和」作「龢」。

　　○冢田虎曰（《增注國語》卷三，頁二七）：物得其常而集，是極之集也。

　　○萬青案：董立章釋本句為「標準樂器合奏所發出的悅耳之聲稱為樂聲」（《國語譯註辨析》，頁135），似較韋注更合語境。

　　聲應相保曰龢，

【彙校】

　　○陳樹華曰（《春秋外傳考正》卷三，頁一三）：《初學記》引無「應」字。

　　○萬青案：《太平御覽》卷五六五、《錦繡萬花谷》後集卷三二引亦無「應」字。龢，集賢殿校本、姜恩本、詩禮堂本、薈要本、黃刊明道本及其覆刻本、上善堂本、寶善堂本、吳曾祺本、沈鎔本、徐元誥本等作「和」，《儀禮經傳通解》引字亦作「和」。

【集解】

　　○韋昭曰（《國語》卷三，頁一八）：保，安也。〖校勘〗○萬青案：姜恩本本處無注文。

　　○關脩齡曰（《國語略說》第一，頁二五）：五聲應六律以相保合。

　　○帆足萬里曰（《帆足萬里全集》下，頁五二八）：保，和也。相保，不相奪也。

　　○陳其射曰（《中國古代樂律學概論》，頁二六〇）：「聲相應」就是異音間的相互影響，二者達到諧振作用，互為派生。「聲應相保曰和」就是諧振的兩音相互起作用，形成和諧的音響效果。「應」與「相保」都是指異音和諧的和聲關係。

　　○萬青案：陳說可參。

　　細大不踰曰平。

【集解】

　　○韋昭曰（《國語》卷三，頁一八）：細大之聲不相踰越曰平，今無射有大林，是不平也。〖校勘〗○汪遠孫曰（《國語明道本考異》卷一，頁一九）：「林」上，公序本有「大」字，此脫。○萬青案：姜恩本本處無注文。黃刊明道本及其覆刻本、上善堂本、寶善堂本、吳曾祺本等注文「林」上無「大」字。陳奐已校出黃刊明道本與許宗魯本、金李本之異。徐元誥本、上古本則從公序本增。《儀禮經傳通解》引注有「大」字。

　　○黃翔鵬曰（《黃翔鵬文存》，頁二〇二）：此處的「細、大」指的是音高的高、低。《國語》韋昭注由於不理解音律問題，時而把它解釋作鐘體的大小，時而又把「細」字當做質量較輕的非金屬樂器，時而又把「大」字釋為質量輕的樂器體積之「大」，以致概念混亂，不能通讀。

　　○萬青案：黃翔鵬《先秦時代的協和觀念──對〈樂問〉之九的解釋》引錄「聖人保樂而愛財……細大不踰曰平」並云：「『財』是指社會財富。音樂搞得好能夠促進生產發展，財富增加。上層建築對經濟基礎起作用。從這種動機出發，運用樂器要避免浪費。如果很奢侈，反而不好。伶州鳩用這話勸周景王不要花太多的錢去鑄造大鐘。值得思考的是，這話出自一個主管音樂的樂官之口。可以看得出來，這時候，周景王的財政力量已經不行了。樂官伶州鳩和一位大臣單穆公都勸周景王不要這麼干，而且話說得很透，說到如果繼續浪費的話，老百姓要起來造反了。」（《黃翔鵬文存》，頁751）黃翔鵬

又釋「物得其常曰樂極，極之所集曰聲，聲應相保曰和，細大不逾曰平」云：「這純粹是當時的協和概念中物理聲學的術語了。『常』——規律、經常、正常、普遍存在的、有秩序的、非特殊性的事情。『常』務委員，就是一系列有規律出現的工作都由他來干。事物得到它的規律，就叫『樂極』。『極』就是『至』。有了常規的音高，凝練起來就是『集』——樂音形成規律性序列。『聲應相保曰和』，又把『和』字解釋一次，但用『聲相應』來解釋。『相應』——相互影響，相互派生。五度相生，有了宮，徵纔感到協和。正是因為有了徵，宮纔感到更協和。這兩者起到諧振作用，這就是『聲應相保』，相互起作用。『細大不逾曰平』，逾——超越；細大——高低音；聲音的高低互不逾越，這就叫『平』。『平』就是調準。在中國的先秦時期，不僅從哲學思維方面來對待協和問題，從物理學、自然科學方面也有了很多細緻的描繪。」（《黃翔鵬文存》，頁752）陳其射主編《中國古代樂律學概論》謂：「『細大不逾曰平』就是聲音不高不低，是準確的。『平』就是調準了音高，就是同音相校的音高調整這是把異音的相互共振和支持當作和諧律高的聽覺高度。」（同前，頁260）和黃說基本相同，皆可為參。

　　如是，而鑄之金，

【匯校】

　　○萬青案：姜恩本「鑄之」、「磨之」、「繫之」下皆增「以」字，三個「以」字上面都加框，以示補文。

【集解】

　　○韋昭曰（《國語》卷三，頁一八）：鑄金以為鍾也。〖校勘〗○萬青案：姜恩本本處無注文。

　　磨之石，

【集解】

　　○韋昭曰（《國語》卷三，頁一八）：磨石以為磬也。〖校勘〗○萬青案：姜恩本本處無注文。

　　繫之絲木，

【匯校】

　　○秦鼎曰（《國語定本》卷三，頁二○）：繫之絲木，疑衍「木」字。文徵

云：此段八音中言六音器，而不及土木。然則本文「繫之絲木」絕句，「木」
與「土」別有所論，但韋解前久已脫之，今無所考。

　　○萬青案：秦鼎引文徵之言，已見上文。

【集解】

　　○韋昭曰（《國語》卷三，頁一八）：繫絲木以為琴瑟也。〖校勘〗○萬
青案：姜恩本本處無注文。叢刊本「木」誤為「未」。沈鎔《詳注》注文於
「繫」下增「之」字，更為通暢。

　　越之菎竹，

【集解】

　　○韋昭曰（《國語》卷三，頁一八）：越菎竹以為笙管。越，謂為之孔也。
《樂記》曰：「朱弦而疏越。」〖校勘〗○萬青案：姜恩本注作：「越，謂為之
孔也。《禮·樂記》曰：『朱絃疏越。』」集賢殿校本、黃刊明道本及其覆刻本、
上善堂本、寶善堂本、吳曾祺本、沈鎔本、徐元誥本等「管」下有「也」字。
弦，集賢殿校本、文津閣本、黃刊明道本及其覆刻本、上善堂本、秦鼎本、董
增齡本、高木本、寶善堂本、吳曾祺本、沈鎔本、徐元誥本等作「絃」。

　　○秦鼎曰（《國語定本》卷三，頁二〇）：《疏》：越，山於切。

　　○陳瑑曰（《國語翼解》卷二，頁一九）：《儀禮·鄉飲酒》「二人皆左何
瑟，後首挎越」注：「越，瑟下孔也。」

　　○蔡仲德曰（《中國音樂美學史資料注譯（增訂版上）》，頁一九）：越（huó
活），鑿孔。

　　○萬青案：韋昭所釋「越，謂為之孔」之「越」當讀作 huò（《故訓匯纂》
音），蔡仲德已揭出。《經典釋文》音活，又《經典釋文》、《廣韻》音戶括，
同。《儀禮·鄉射禮》「執越內弦」、《大射》「挎越」鄭玄注並云：「越，瑟下孔
也，所以發越其聲也。」（阮刻本《十三經注疏》，頁 995、頁 985）是韋注之
所本。秦鼎引《疏》音注不知何所據，今檢小學書中「越」字音注無此切，當
然此切也不適用於本語境。

　　節之鼓

【集解】

　　○韋昭曰（《國語》卷三，頁一八）：節其長短小大。〖校勘〗○汪遠孫
曰（《國語明道本考異》卷一，頁一九）：公序本作「小大」。○萬青案：《儀禮

經傳通解》引與遞修本同。集賢殿校本、黃刊明道本及其覆刻本、上善堂本、寶善堂本、吳曾祺本、沈鎔本等作「大小」且「大小」下有「也」字。陳奐已校出黃刊明道本與許宗魯本、金李本之異。徐元誥《集解》仍作「小大」且有「也」字。

　　○高木熊三郎曰（《標註國語定本》卷三，頁二〇）：節之鼓，猶言節之以鼓也。

　　○萬青案：以上五句「V＋之＋O」中，其中動詞和名詞之間的關係，名詞所代表的事物應該是動詞所表示動作的憑藉物，即用金鑄造，用石磨，用絲木繫，用匏竹越，用鼓節。因此，高木熊三郎所釋是有道理的。審韋昭注，則以動詞和名詞為動賓關係，以之為直接的動賓關係適用於前四者，但是「節之鼓」則不適用，故韋注「節之鼓」與上面四句不同。因為金、石、絲木、匏竹都是製作樂器的材料，而鼓則是成品樂器。

　　而行之，以遂八風。

【匯校】

　　○鄭良樹曰（《國語校證（上）》，《幼獅學誌》第七卷第四期，頁1～29）：《初學記》、《太平御覽》引「遂」皆作「節」。

　　○張以仁曰（《張以仁先秦史論集》，頁二一三）：《初學記》十五引「遂」作「節」。

　　○蕭旭曰（《群書校補》，頁九八）：《初學記》卷15「節八風成萬物」條注引《國語》曰：「金摩之，石擊之，絲木越之，匏竹節之，鼓而行之，以節八風。」《御覽》卷565引作：「如是金磨之，石擊之，絲木越之，匏竹節之，以節八風。」與韋本斷句不同。有三處異文：磨作摩，繫作擊，遂作節。節，和適，與「順遂」義相會。

　　○萬青案：審《金澤文庫》本《初學記》卷十五引作：「物得其常曰□□□□□□曰聲，、相保曰和，細大不踰□□□□□金摩之，石繫之，絲木越之，匏竹節之鼓而行之，節八風。」審文淵閣四庫本、排印本《初學記》「繫」字誤作「擊」，宋本則不誤。「摩」、「磨」音同可通。《錦繡萬花谷》後集卷三二引作：「物得其常曰樂，樂之集曰聲，聲相保曰和，細大不踰曰平。如是金摩之，石擊之，絲木越之，匏竹節之，鼓而行之，節八風。」《太平御覽》、《錦繡萬花谷》雖然文字不盡相同，恐仍皆據《初學記》。「節八風」之「節」恐涉

上文「節之鼓」而誤，當從《國語》作「遂」。

【集解】

〇賈逵曰：遂，從也。八風，八卦之風也。〖校勘〗〇張以仁曰（《張以仁先秦史論集》，頁二一三）：《文選》注及《音義》皆未引正文。「遂」字前文多見，而訓可合者則無。因從馬、汪繫此。蔣氏未收「遂，從也」一注。王氏亦但收《初學記》所引七字，於傳文「遂」字援《初學記》作「節」。韋訓「遂」為「順」，與賈異。〇萬青案：順、從二字義近，則賈、韋注釋不同，其義則近。

〇韋昭曰（《國語》卷三，頁一八）：遂，猶順也〔1〕。《傳》曰「所以節八音而行八風」也。正西〔2〕曰兌，為金，為閶闔風〔3〕。西北曰乾，為石，為不周。正北曰坎，為革，為廣莫。東北曰艮〔4〕，為匏，為融風。正東曰震〔5〕，為竹，為明庶。東南曰巽，為木，為清明。正南曰離〔6〕，為絲，為景風。西南曰坤，為瓦，為涼風。〖校勘1〗〇秦鼎曰（《國語定本》卷三，頁二〇）：明本無「猶順」之「猶」。順，順達也，使氣不滯也。〇汪遠孫曰（《國語明道本考異》卷一，頁一九）：「順」上，公序本有「猶」字。〇萬青案：姜恩本注唯「遂，順也。《傳》曰『所以節八音而行八風』也」十五字。集賢殿校本、黃刊明道本及其覆刻本、上善堂本、寶善堂本、吳曾祺本、沈鎔本、徐元誥本等無「猶」字。陳奐已校出黃刊明道本與許宗魯本、金李本之異。有無「猶」字並不影響文義。韋昭注文中「×，×也」和「×，猶×也」的注釋格式都是比較常見的。〖校勘2〗〇萬青案：正學本「行」、「八」之間衍「之」字。此處「正西」以及下文「正東」之「正」，集賢殿校本誤作「止」。〖校勘3〗〇汪遠孫曰（《國語明道本考異》卷一，頁一九）：公序本無「風」字，此衍。〇孔廣栻曰（《國語解訂譌》）：《集傳》俱有「風」字。〇萬青案：公序本系統諸本（包括顧校明本、許宗魯本、正學本、李克家本、塚田本、秦鼎本、董增齡本、高木本等）皆無「風」字，而遞修本有「風」字，明遞修本與明道本此處同，然不可據此證遞修本必自明道本。蓋遞修本之祖本非必宋庠校訂之本，或即在明道本、宋庠校本外之別本，參照宋庠本而成者。吳曾祺本、沈鎔本、徐元誥本亦無「風」字，是從公序本。陳奐已先於汪遠孫校出。〖校勘4〗〇萬青案：此處「艮」字，徐元誥《集解》原誤作「坎」，王樹民、沈長雲點校本已改正。〖校勘5〗〇萬青案：徐元誥《集解》「震」原誤作「正」，王樹民、沈長雲點校本改正。〖校勘6〗〇陳樹華曰（《春秋外傳考正》卷三，

頁一三）：許本、萬曆本「离」作「離」。○萬青案：正學本、李克家本、鄭以厚本、二乙堂本、陳仁錫本、詩禮堂本之孔傳鐸本、薈要本、文淵閣本、文津閣本、道春點本、千葉玄之本、冢田本、黃刊明道本及其覆刻本、上善堂本、秦鼎本、董增齡本、高木本、寶善堂本、吳曾祺本、沈鎔本、徐元誥本等字亦作「離」。段玉裁《說文解字注》謂「离」、「離」古通用。

　　○渡邊操曰（《國語解刪補》卷上，頁一六）：見《左傳・隱公五年》。《左傳》無「也」字。

　　○千葉玄之曰（《韋注國語》卷三，頁二五）：注「《傳》曰」，見《左傳・隱公五年》。

　　○關脩齡曰（《國語略說》第一，頁二五）：遂，達也。使氣不滯。

　　○戶崎允明曰（《國語考》）：八風燮和，故陰陽無滯散。

　　○皆川淇園曰（日本京都大學圖書館藏皆川淇園批校本）：遂，達也。

　　○冢田虎曰（《增注國語》卷三，頁二七）：遂八風，言使通之而不閉。《晉語》所謂「關山川之風」是也。

　　○秦鼎曰（《國語定本》卷三，頁二〇）：《傳》曰，隱五年。

　　○董增齡曰（《國語正義》卷三，頁四四～四五）：遂訓順者，謂順其序也。《漢書・律曆志》「至治之世，天地之氣合以生風，天地之風氣正，十二律定」孟康注：「律得風氣而成聲，風和乃律調也。」臣瓚注：「風氣正，則十二月之氣各應其律，不失其序是也。」《史記・律書》「律曆，所以通五行八正之氣」索隱曰：「八正，是謂八節之氣，以應八方之風。」《律書》又言：「閶闔風居西方。閶者，倡也。闔者，藏也。言陽氣導萬物，闔黃泉也。不周風居西北，主殺生。廣莫風居北方。廣莫者，言陽氣在下，陰莫陽廣大也，故曰『廣莫』。條風居東北，主出萬物，條之言條，治萬物而出之，故曰『條風』。明庶風居東方。明庶者，明庶物盡出也。清明風居東南維，主風吹萬物。景風居南方。景者，言陽氣道竟，故曰『景風』。涼風居西南維，主地。地者，沈奪萬物氣也。」《淮南・天文訓》「何謂八風？距日冬至四十五日，條風至」高注：「艮卦之風，一名融，為笙也。」又言：「條風至四十五日，明庶風至。」高注：「震卦之風為管也。」又言：「明庶風至四十五日，清明風至。」高注：「巽卦之風為枳也。」又言：「清明風至四十五日，景風至。」高注：「離卦之風也，為絃也。」又言：「景風至四十五日，涼風至。」高注：「坤卦之風也，為塤也。」又言：「涼風至四十五日，閶闔風至。」高注：「兌卦之風也，為鐘

也。」又言：「閶闔風至四十五日，不周風至。」高注：「乾卦之風也，為磬也。」又言：「不周風至四十五日，廣莫風至。」高注：「坎卦之風也，為鼓也。」是宏嗣兼用《史記》、《淮南》義也。

　　○汪遠孫曰（《國語發正》卷三，頁一三）：《內傳・昭二十六年》疏引賈逵《左》注云：「兌為金，為閶闔風也；乾為石，為不周風也；坎為革，為廣莫風也；艮為匏，為融風也；震為竹，為明庶風也；巽為木，為清明風也；離為絲，為景風也；坤為土，為涼風也。」案：此韋《解》所本。

　　○陳瑑曰（《國語翼解》卷二，頁一九～二○）：八風，詳見《淮南・天文訓》。許叔重注亦備詳八卦方位及八音之器。惟「融風」，《淮南》作「條風」，許注曰：「艮卦之風，一名為笙也。」錢教授曰：《史記・律書》云：「條風居東北，主出萬物，條之言條治萬物而出之，故曰條風。」《呂氏春秋・有始覽》云：「東北曰炎風。」高誘曰：「炎風即氣所生，一曰融風。」是「條風」即「炎風」。「融」、「炎」聲相轉。（瑑案：《洛誥》「無若，火始燄燄」，《史記》作「庸庸」）條者，調也。調即融矣。《周語》云：「立春五日，瞽告有協風至。」亦即此風也。《易通卦驗》云：「立春，條風至。」宋均注云：「條風者，條建萬物之風是也。」《樂記》云：「艮主立春，樂用塤。」此用笙者，服虔《左氏傳》注：「艮音匏，其風融。」「匏」即「笙」。

　　○高木熊三郎曰（《標註國語定本》卷三，頁二○）：遂如字，謂通達無滯也。以八音配八方，無稽已。此「為金」、「為石」皆當削去。

　　○劉成紀曰（劉成紀：《上古至春秋樂論中的樂與神通問題》，《求是學刊》2015 年第 2 期，頁 112～120）：古人之所以認為風與聲是相通的，原因在於風在運動中與物的撞擊是自然之音產生的前提，而這種自然之音（「天籟」）則是人工音樂所要模擬的對象，唯此纔能夠讓音樂與自然的節律相和，也即讓音樂與天地諸神相感相應。同時，風就其本源而言，是氣。或者說，是氣的流動產生了風。這樣，如果我們認為氣是天地自然的元質，那麼，從氣到風再到聲、音、樂，就形成了一個逐步演化或生成的序列。或者反而言之，樂的本源是音，音的本源是聲，聲的本源是風，風的本源是氣。音樂因此是與天地自然同質的，也因此是可以與作為山川之精的神靈實現深層感應的。由此可以得出兩點結論：一是在上古及至春秋時期，人們之所以認為音樂是神性的，是因為這種藝術形式可以穿透視覺的表象，建立與世界本質（「氣」）的無障礙關聯；二是盲人之所以更能實現對自然深層奧秘和眾神之意的領

悟，在於他有比常人更敏銳的聽覺，可以藉助由樂→音→聲→風→氣建立的順暢通道，最終直達世界神性的縱深，完成對世界本質的領悟和認知。

　　○萬青案：關於「遂」字的解釋，仍以賈逵注、韋昭注為貼近原文。關脩齡、皆川淇園、高木熊三郎等人的解釋相同，似皆本關脩齡之說。訓「遂」為「達」未合本文語境。

　　　於是乎氣無滯陰，亦無散陽，

【音義】

　　○宋庠曰（《國語補音》卷一，頁二五）：西旦反。〖校勘〗○萬青案：張一鯤本、李克家本、鄭以厚本、道春點本、千葉玄之本、冢田本、秦鼎本、高木本等此處不出音注。

【集解】

　　○韋昭曰（《國語》卷三，頁一八）：滯，積也。積陰而發，則夏有霜雹。散陽，陽不藏，冬無冰、李梅實之類。〖校勘〗○陳樹華曰（《春秋外傳考正》卷三，頁一三）：從宋本增「是也」二字。○秦鼎曰（《國語定本》卷三，頁二一）：明本「之類」下有「是也」。○汪遠孫曰（《國語明道本考異》卷一，頁一九）：公序本無「是也」二字。○高木熊三郎曰（《標註國語定本》卷三，頁二〇）：注下「陽」字當作「而」。○萬青案：姜恩本本處無注文。集賢殿校本、黃刊明道本及其覆刻本、上善堂本、寶善堂本、吳曾祺本、沈鎔本等「之類」下有「是也」二字。陳奐已校出黃刊明道本與許宗魯本、金李本之異。徐元誥《集解》則無「是也」，當從公序本刪。又靜嘉堂本、上善堂本「冰」誤作「水」。《儀禮經傳通解》卷二七引注「之類」下有「也」字。韋昭注文中句尾「是也」、「也」俱常見，而句尾不著「也」字者也很常見。所以有無「也」、「是也」俱不影響文義，皆可通。高木熊三郎未能理解「散陽」、「陽不藏」是被釋與釋文的關係，故有此論，實不足取。張一鯤本、李克家本、鄭以厚本、道春點本、千葉玄之本、冢田本、秦鼎本、高木本等此處出「雹」音注，云：「雹，弼角切。」《集韻》、《類篇》、《古今韻會舉要》、《洪武正韻》等「雹」字皆音「弼角」，即張一鯤本等之所本。

　　○萬青案：《春秋・僖公三十二年》：「李梅實。」《公羊傳》云：「何以書？記異也。何異爾？不時也。」蓋謂時令反常。《周語上》云：「天地之氣，不失其序。」此處「氣無滯陰，亦無散陽」實即「不失其序」。

陰陽序次，風雨時至，嘉生繁祉，

【音義】

　　○宋庠曰（《國語補音》卷一，頁二五）：繁祉，上扶袁反，下敕里反。
〖校勘〗○萬青案：張一鯤本、李克家本、鄭以厚本、道春點本、千葉玄之
本、冢田本、秦鼎本、高木本等此處不出「繁」字音注。《補音》「繁」字音注
本《經典釋文》、《一切經音義》，「祉」字音注與慧琳《一切經音義》、《說文解
字篆韻譜》音同。

【匯校】

　　○萬青案：姜恩本「序次」作「次序」，批校云：「一作『序次』。」

【集解】

　　○關脩齡曰（《國語略說》第一，頁二五）：嘉生，嘉穀也。繁祉，猶蕃
滋。

　　○冢田虎曰（《增注國語》卷三，頁二七）：嘉生，嘉穀也。

　　○秦鼎曰（《國語定本》卷三，頁二一）：嘉穀蕃滋。

　　○秦同培曰（《國語評註讀本》，頁一七）：謂出產豐盛也。

　　○黃永堂曰（《國語全譯》，頁一三六）：陰陽，天氣。這裏是用陰陽來解
釋天地之間萬物的化生。嘉生，生長茂盛的穀物叫嘉生，這在古代認為是瑞
徵吉兆。

　　○萬青案：序次，依順序運行。「序次」、「時至」句式同。《漢書·郊祀志
上》「故神降之嘉生，民以物序」應劭曰：「嘉穀也。」顏師古注云：「嘉生，
謂眾瑞也。」（中華書局 1962 年點校本，頁 1190）《詩經·周頌·雝》「綏我眉
壽，介以繁祉」鄭箋云：「繁，多也。」（阮刻本《十三經注疏》，頁 596）《說
文·示部》：「祉，福也。」（《說文解字》，頁 7）徐鍇《繫傳》云：「祉之言止
也，福所止不移也。」（《說文解字繫傳通釋》，同前，頁 3）根據其前後文，
「嘉生繁祉」應該是主述關係，「嘉生」主語，「繁祉」為述語，關脩齡、秦鼎
等所釋是，冢田虎、秦鼎之釋當本關脩齡，戶崎允明亦引述關脩齡之說。今《漢
語大詞典》收「嘉生」、「繁祉」（縮印本，頁 1643、頁 5719），皆為名詞。

人民龢利，物備而樂成，上下不罷，

【音義】

　　○《舊音》曰（《國語補音》卷一，頁二五）：音皮。

○沈鎔曰（《國語詳注》第三，頁九）：平聲，下同。

○萬青案：《舊音》音注與《經典釋文》同。

【彙校】

○萬青案：龢，姜恩本、詩禮堂本、薈要本作「和」。黃刊明道本及其覆刻本、上善堂本、寶善堂本、沈鎔本等此處字仍作「龢」，可見黃刊明道本及其覆刻本「和」、「龢」亦同現。徐元誥《集解》「龢」字之「禾」誤作「久」。

【集解】

○韋昭曰（《國語》卷三，頁一九）：罷，勞也。〖校勘〗○萬青案：姜恩本注無「罷」字，「勞」前有「音皮」二字。

○薛安勤、王連生曰（《國語譯注》，頁一三二）：罷通「疲」。

○蔡仲德曰（《中國音樂美學史資料注譯（增訂版上）》，頁一九）：樂成，音樂完成。指音樂收到應有的功效。上文說「樂以殖財」，故此處說「物備而樂成」。

○萬青案：蔡說可參。

故曰樂正。今細過其主妨於正，

【集解】

○韋昭曰（《國語》卷三，頁一九）：細，謂無射也。主，正也。言無射有大林，是作細而大過其律，妨於正聲。〖校勘〗○萬青案：姜恩本注唯「細，无射也」四字。「作細而大」之「大」字，李克家本、董增齡本誤作「太」。集賢殿校本、黃刊明道本及其覆刻本、上善堂本、寶善堂本、吳曾祺本、沈鎔本、徐元誥本等「妨於正聲」下有「也」字。

○關脩齡曰（《國語略說》第一，頁二五）：細，謂聲細，乃鐘也，「重者從細」是也。其主，謂宮音之主，「輕者從大」是也。今無射聲細為正，反大於宮，是為「妨於正」。然其詳未聞，更待再考。

○冢田虎曰（《增注國語》卷三，頁二七）：樂官之長曰樂正。樂器重者從細，而鐘尚羽，則是無射主羽也。而今有大林，則音過其所主，以妨害於正聲。

○牟庭曰（國家圖書館藏校注本）：不得其常，非樂正矣，故曰「妨於正」。

○秦鼎曰（《國語定本》卷三，頁二一）：樂極、樂正，皆謂中和之正音也。《略說》：無射聲細為正，今反大於宮，是為「妨於正」。

○帆足萬里曰（《帆足萬里全集》下，頁五二八）：林鐘和無射者，宜細而大過無射，故曰「過其主」。

○《國語考》曰（日本弘化二年寫本）：細，林也。其主，無射宮也。

○高木熊三郎曰（《標註國語定本》卷三，頁二一）：「今細」二句偏論無射也，不當以大林淆。是時鑄無射，蓋無謬制，但比於大林而見其過細，故云「妨於正」也。

○陳小松曰（《〈國語〉「王將鑄無射而為之大林」考》，見載於《新中華》復刊第 6 卷第 12 期，頁 38～43）：韋注未晰。細謂應無射之細聲者，主謂無射宮聲（上文明言「夫宮，音之主也」），正謂無射正羽聲，言大林之聲大於無射宮聲，是過其主也。蓋覆林鐘子聲，是妨無射正羽聲也。

○蔡仲德曰（《中國音樂美學史資料注譯（增訂版上）》，頁二〇）：樂正，指樂中正和平。主，正，指應有的地位。「細過其主妨於正」，指林鐘聲過大，壓抑無射，無射失去應有的地位，不合於「物得其常」的原則，有礙於中正和平。

○萬青案：陳小松、蔡仲德之釋近似，可參。

用物過度妨於財，

【集解】

○韋昭曰（《國語》卷三，頁一九）：過度，用金多也。〖校勘〗○萬青案：姜恩本注唯「用金多」三字。

○高木熊三郎曰（《標註國語定本》卷三，頁二一）：「用物」句乃指大林。

○蔡仲德曰（《中國音樂美學史資料注譯（增訂版上）》，頁二〇）：用物過度，指鑄大鐘。

○萬青案：高木氏之說拘泥。韋昭之說、蔡仲德之釋皆適用於本語境。

正害財匱妨於樂。

【集解】

○韋昭曰（《國語》卷三，頁一九）：樂從和，今正害財匱，故妨於樂。〖校勘〗○萬青案：正學本「財」誤作「則」。姜恩本本處無注文。集賢殿校本、黃刊明道本及其覆刻本、上善堂本、寶善堂本、吳曾祺本、徐元誥本等「故妨於樂」下有「也」字。董增齡本「和」作「龢」。

○萬青案：蔡仲德從韋注。

細抑大陵，不容於耳，非龢也；

【匯校】

○萬青案：龢，靜嘉堂本字作「龝」，集賢殿校本、正學本、姜恩本、詩禮堂本、薈要本、黃刊明道本及其覆刻本、上善堂本、寶善堂本、吳曾祺本、沈鎔本等作「和」，《儀禮經傳通解》引字亦作「和」。

【集解】

○韋昭曰（《國語》卷三，頁一九）：細，無射也。大，大林也。言大聲陵之，細聲抑而不聞。不容於耳，耳不能容別也。〖校勘〗○山田直溫等曰（日本內閣文庫藏批校本）：李本無「能」字。○汪遠孫曰（《國語明道本考異》卷一，頁一九）：「不」上，公序本重「耳」字，是也。○萬青案：陳奐已先於汪遠孫校出。姜恩本注唯「言大聲陵之，則細聲抑而不聞」十二字。張一鯤本、李克家本、鄭以厚本、道春點本、千葉玄之本、冢田本、秦鼎本、高木本等韋注之下出「別」字音注，云：「別，必列切。」《補音》「別」字音注已見前，《類篇》同。今檢李克家本確實無「能」字，張一鯤本則有「能」字。

○皆川淇園曰（日本京都大學圖書館藏皆川淇園批校本）：此細謂宮，大謂羽也。

○董增齡曰（《國語正義》卷三，頁四五）：《史記‧律書》：無射管長四寸四分三分二。準各計律倍半之法推之，無射鍾當長一尺一寸七分弱。林鍾管長五寸七分四。《樂律表微》曰：「七分四當作十分四。」準服虔說，則林鍾為覆，當得一尺三寸五分，其大于無射者一尺八寸五分，故無射抑而不揚，林鍾陵而不讓也。〖校勘〗○萬青案：今檢《樂律表微》，未見此說，未知董氏何據。

○陳小松曰（《〈國語〉「王將鑄無射而為之大林」考》，見載於《新中華》復刊第 6 卷第 12 期，頁 38～43）：韋注「細，無射也」之語未晰。細當指無射宮鐘最清之聲（羽聲），蓋大林之聲不能盡陵五聲（其理見前），此言無射羽聲為大林所陵不容耳分別五聲，五聲不分，則鐘聲非龢矣。

○蔡仲德曰（《中國音樂美學史資料注譯》增訂版上，頁二〇）：無射細，被壓抑，林鍾大，凌駕其上，二者不能相安，人耳不能容納、辨別，不合於「聲應相保」的原則，所以說「非和」。

○萬青案：陳小松、蔡仲德之說可參。

聽聲越遠，非平也。

【集解】

○韋昭曰（《國語》卷三，頁一九）：越，迂也。言無射之聲為大林所陵，聽之微細迂遠，非平也。〖校勘〗○萬青案：姜恩本本處無注文。迂，集賢殿校本、黃刊明道本及其覆刻本、上善堂本、董增齡本、寶善堂本、吳曾祺本、沈鎔本、徐元誥本等字作「迂」。又徐元誥《集解》「所」字誤作「為」。

○關脩齡曰（《國語略說》第一，頁二五～二六）：越，細大踰越也。遠，謂聽之弗及。

○帆足萬里曰（《帆足萬里全集》下，頁五二八）：越，遠揚也。言大林之聲及遠也。

○牟庭曰（國家圖書館藏校注本）：前篇太子晉曰：「而亦不散越。」注曰：「越，遠也。」又《晉語》「隱悼播越」注、襄十四年《左傳》注及《廣雅》皆曰：「越，遠也。」然則「越遠」謂遠而又遠，聲過大也。注云「微細迂遠」，非。

○高木熊三郎曰（《標註國語定本》卷三，頁二一）：越猶散也。

○石光瑛曰（《國語韋解補正》卷第三，《國立中山大學文學院專刊》第3期，頁365～369）：「迂」有遠義，「越」亦有遠義。又，越者于也。「迂」從于聲，故「越」訓為「迂」，聲轉而義從之。上文「汩越九原」注：「越，揚也。」《外傳》「越」字，韋解多訓為「揚」。「揚」、「越」、「于」皆一聲之轉。（「越」訓「迂」，又見《魯語上》「海鳥曰爰居」章）

○陳小松曰（《〈國語〉「王將鑄無射而為之大林」考》，見載於《新中華》復刊第6卷第12期，頁38～43）：韋注「言無射之聲，為大林所陵」之語未晰。亦當云無射之羽聲為大林所陵，此言無射羽聲為大林所陵，迂遠難聞，鐘聲不得謂之平也。《左傳·昭二十一年》傳：「二十一年春，天王將鑄無射。伶州鳩曰：王其以心疾死乎？夫樂，天子之職也。夫音，樂之輿也。而鐘，音之器也。天子省風作樂，器以鐘之，輿以行之。小者不窕，大者不摦，則和於物，物和則嘉成。故和聲入於耳而藏於心，心億則樂。窕則不咸，摦則不容，心是以感，感實生疾。今鐘摦矣，王心弗堪，其能久乎？」杜注：「摦，橫木不入。」孔疏：「摦聲近橫，故為橫大，心所不容，故不入心也。」《左傳》所載，不及《國語》詳盡，而言鐘之聲大則一。傳言「鐘摦」，又言「摦則不容，心是以感，感實生疾」，依注疏所釋，摦為鐘聲橫大，橫大則為心所不容，故

不入心。然鐘聲何以橫大？橫大何以不容？心何以感？感何以生疾？凡斯種種，均難索解者也。盡既推知《國語》無射因有大林而鐘聲洪大之故，則此種種，乃可知矣。蓋無射鐘聲，法本應細，因有林鐘正聲應鐘而加洪，故謂之楓。楓者，橫大。橫大者，不合於理之大也。「楓則不容」即《國語》「細抑大陵，不容於耳」之意，「心是以感」即《國語》「聽樂而震」之意，蓋無射因有大林而鐘聲橫大，橫大而清濁不分，鐘聲不龢，聞不龢之樂而心感動不寧，不寧斯生疾矣。

　　○黃永堂曰（《國語全譯》，頁一三六）：越遠，微細迂遠。

　　○蔡仲德曰（《中國音樂美學史資料注譯》增訂版上，頁二〇）：大聲超越其上，小聲細微迂遠，不合於「細大不踰」的原則，所以說「非平」。

　　○萬青案：「越」、「遠」義同，可看作合成詞。

　　妨正匱財，聲不龢平，非宗官之所司也。

【彙校】

　　○萬青案：姜恩本脫去本處十五字。龢，集賢殿校本、詩禮堂本、薈要本、黃刊明道本及其覆刻本、上善堂本、寶善堂本、吳曾祺本、沈鎔本、徐元誥本等作「和」，下文同。「聲不龢平」以下至「無益於教」以前文字，《國語鈔評》略去。

【集解】

　　○韋昭曰（《國語》卷三，頁一九）：宗官，宗伯，樂官屬焉。〖校勘〗○汪遠孫曰（《國語明道本考異》卷一，頁一九）：「也」作「焉」。○萬青案：黃刊明道本及其覆刻本、上善堂本、寶善堂本、吳曾祺本、沈鎔本、徐元誥本等「焉」作「也」。陳奐已先於汪遠孫校出黃刊明道本與公序本之異。就本句語氣而言，「也」字似優於「焉」字。

　　○關脩齡曰（《國語略說》第一，頁二六）：句上蓄「則」字。宗官，猶今謂本官也。下言「非臣之所聞也」，以本官不司言之。

　　○薛安勤、王連生曰（《國語譯注》，頁一三三）：司，管轄。

　　○李宏峰曰（《禮崩樂盛：以春秋戰國為中心的禮樂關係研究》，頁一一三）：「細」本指代高音樂器，「主」指「宮音」（伶州鳩前面有論「夫宮，音之主也」）。「細過其主妨於正」，就是說本來應該位於高音區演奏的樂器，卻逾越「宮」音進入了低音區演奏。結合上文單穆公所論可進一步推知，伶州

鳩所說「過其主」的「細」，正是指景王所欲鑄「無射均」編鐘中的「林鐘」（g¹）而言。因為本應位於高八度「羽」的樂鐘，要被景王做成低八度的「大林」，所以伶州鳩認為這是「細過其主」。又因為樂隊合奏時低音鐘的存在使音響混濁，高音被抑制、低音被凌越，整體音響模糊不清晰，因此伶州鳩有「細抑大陵，不容於耳，非和也；聽聲越遠，非平也」之論（伶州鳩認為「細大不逾曰平」，低音鐘超越了宮音，音響自然「非平也」。）同時，伶州鳩也看到了鑄造大鐘「用物過度妨於財」的弊端。以貴重金屬作高音樂器，其形制小、用料少、不至浪費；以價格相對低廉的絲等材料作低音樂器，即便形制稍大也不至勞民傷財。若反其道而行之，則不僅樂隊音響沉渾不清，又浪費大量錢財，既無益於樂又無補於政。伶州鳩的這種認識，與單穆公對景王的勸諫是一致的。

　　○萬青案：宗官指樂官，或此處特定語境下的語義。

**　　夫有龢平之聲，則有蕃殖之財。**

【音義】

　　○《舊音》曰（《國語補音》卷一，頁二五）：音煩。《補音》：扶袁反。〖校勘〗○萬青案：張一鯤本、李克家本、鄭以厚本、道春點本、千葉玄之本、冢田本、秦鼎本、高木本等此處不出音注。

【匯校】

　　○萬青案：姜恩本、黃刊明道本及其覆刻本、上善堂本、寶善堂本等「龢」作「和」。

【集解】

　　○韋昭曰（《國語》卷三，頁一九）：樂以殖財也。〖校勘〗○萬青案：姜恩本本處無注文。

　　○萬青案：韋昭引本文為釋。

**　　於是乎道之以中德，詠之以中音，**

【集解】

　　○韋昭曰（《國語》卷三，頁一九）：中德，中庸之德舞也。中音，中和之音也。〖校勘〗○薈要本曰（《摛藻堂四庫全書薈要·國語》卷四後，頁一）：第二十三頁前三行「中德，中庸之德聲也」，刊本「聲」訛「舞」，據宋本改。

○陳樹華曰（《春秋外傳考正》卷三，頁一三）：「舞」字疑衍，宋本作「聲」。
孔氏（繼涵）云：「『聲』字亦衍。」○孔廣栻曰（《國語解訂譌》）：「舞」亦作
「聲」。或云：「聲字亦衍。」陳竹厂云《樂》傳有「舞」字。○黃丕烈曰（《校
刊明道本韋氏解國語札記》，頁五）：段云：「聲」字亦衍也。○戶崎允明曰（《國
語考》）：舞，疑愆。○冢田虎曰（《增注國語》卷三，頁二八）：本注疑衍「舞」
字。○秦鼎曰（《國語定本》卷三，頁二一）：明本「舞」作「聲」。《札》：「『聲』
字亦衍也。」《略》：即上文所謂「詩以道之，歌以詠之」也。德音，德與音
也。○汪遠孫曰（《國語明道本考異》卷一，頁一九）：「聲」，公序本作「舞」，
《考正》云：「『舞』字疑衍，曲阜孔氏繼涵曰：『聲字亦衍。』」○籛跋本曰
（國家圖書館藏王籛校跋本）：「聲」字亦衍，《集傳》有「舞」字。○萬青案：
姜恩本注唯「中庸之德，中和之音」八字。集賢殿校本、薈要本、文淵閣本、
文津閣本、黃刊明道本及其覆刻本、上善堂本、寶善堂本等「德舞」之「舞」
字作「聲」，陳奐亦校出。吳曾祺《補正》注文從公序本。沈鎔《詳注》、徐元
誥《集解》注「中庸之德」下無「舞」字。董增齡本「和」作「龢」。

　　○冢田虎曰（《增注國語》卷三，頁二八）：即上文所謂「詩以道之，歌以
詠之」也。

　　○秦鼎曰（《國語定本》卷三，頁二一）：《周禮》：樂六德，曰孝友祗庸中
和。樂有中和者，蓋八音、五聲相和相濟。則自然無過、不及之病也。

　　○董增齡曰（《國語正義》卷三，頁四六）：《周官·大司樂》：「以樂德教
國子，中、和、祗、庸、孝、友。」鄭注：「中猶忠也。和，剛、柔適也。祗，
敬。庸，有常也。」《呂氏春秋·適音篇》：「何謂適？衷音之適也。何謂衷？
大不出鈞，重不過石，小大輕重之衷也。……衷也者，適也，以適聽適則和
矣。」蓋先有樂德，而後有德舞與中音也。

　　○蔡仲德曰（《中國音樂美學史資料注譯》增訂版上，頁二〇）：這二句
意思是，音樂必須以「中德」為內容，以「中音」為手段。按，《國語·周語
下》云：「古之神瞽考中聲而量之以制。」「中聲」即「中音」，亦即中而不淫
之聲。單穆公認為「耳之察和也，在清濁之間；其察清濁也，不過一人之所
勝」，「中音」、「中聲」就是在「一人之所勝」的範圍之內的和諧的樂音。《國
語》提出「中音」、「中聲」的範疇，認為樂音必須中而不淫，對後世有重要影
響。

　　○萬青案：此即上文所謂「政象樂」。

德音不愆，以合神人，

【集解】

　　○韋昭曰（《國語》卷三，頁一九）：合神人，謂祭祀享宴也。〖校勘〗○萬青案：姜恩本本處無注文。享，集賢殿校本、黃刊明道本及其覆刻本、上善堂本、寶善堂本、吳曾祺本、沈鎔本、徐元誥本等作「饗」。陳奐已校出黃刊明道本與許宗魯本、金李本之異。

　　○戶崎允明曰（《國語考》）：以合神人，謂祭則神寧之，令則民從之，下二句其解釋也。

　　○黃永堂曰（《國語全譯》，頁一三六）：德音，歌功頌德的音樂。不愆，不間斷。合神人，指祭祀享宴配著歌功頌德的音樂進行所以合乎神人的需要。

　　○趙望秦等曰（《白話國語》，頁一○三）：愆，過失。

　　○蔡仲德曰（《中國音樂美學史資料注譯》增訂版上，頁二○）：德音不愆，即既不失「中德」，又不失「中音」。以合神人，以樂和神人。

　　○萬青案：此處「德音」，即上文「中德」、「中音」。故訓中「愆」字多釋為「過」、「失」之義。釋作「不間斷」，恐為語境義、

神是以寧，民是以聽。

【匯校】

　　○汪遠孫曰（《國語明道本考異》卷一，頁一九）：公序本此下有注文「聽從也」三字。

　　○萬青案：陳奐已先於汪遠孫校出。黃刊明道本及其覆刻本、上善堂本、寶善堂本、吳曾祺本等無「聽從也」三字注文，徐元誥《集解》從公序本增。集賢殿校本亦有此三字注文。按說，「聽」字俗淺，不必出釋。

【集解】

　　○韋昭曰（《國語》卷三，頁一九）：聽，從也。〖校勘〗○萬青案：姜恩本本處無注文。

　　○湛若水曰（《格物通》卷五九，頁一六）：先王之作樂也，將以平心宣化，阜民殖財，昭格天神也。如匱財罷民以逞淫心，聽之不和，比之不度，惡在其為樂哉？周景王欲鑄無射，逮崩而鍾不和，失其道矣。為人君之尊，莅中國而操制作之權者，可不慎其禮樂之本乎？

○冢田虎曰（《增注國語》卷三，頁二八）：寧，不降災殃也。聽，不違政令也。

○萬青案：《周語上》「十五年，有神降於莘」章謂「神饗為民聽，民神無怨」，亦即此處神寧民聽之義。

若夫匱財用，罷民力，以逞淫心，

【音義】

○宋庠曰（《國語補音》卷一，頁二五）：敕領反。〖校勘〗○萬青案：張一鯤本、李克家本、鄭以厚本、道春點本、千葉玄之本、冢田本、秦鼎本、高木本等此處不出音注。《補音》「逞」字音注 4 見，皆音「敕領」，審慧琳《一切經音義》「逞」字即有音「敕領」者。

【匯校】

○籛跋本曰（國家圖書館藏王籛校跋本）：《治要》無「若」字，「罷」作「疲」。

○萬青案：《群書治要》卷八引省「若」字。駿河版「匱」形近似「遺」。罷，《群書治要》卷八引作「疲」，「罷」、「疲」同。又駿河版《群書治要》卷八引「淫」作「谿」，鐮倉本、天明本則字作「淫」，與《國語》同。

【集解】

○韋昭曰（《國語》卷三，頁一九）：逞，快也。〖校勘〗○萬青案：姜恩本本處無注文。

○宋庠曰（《國語補音》卷一，頁二五）：逞快，苦夬反。〖校勘〗○萬青案：張一鯤本、李克家本、鄭以厚本、道春點本、千葉玄之本、冢田本、秦鼎本、高木本等此處不出音注。《補音》「快」字音注與《經典釋文》、《廣韻》、《玉篇》、《集韻》等同。

○蔡仲德曰（《中國音樂美學史資料注譯》增訂版上，頁二〇）：逞，快心，稱願。逞淫心，使縱慾放蕩之心得到滿足。「若夫」三句，指「鑄無射而為之大林」事。

○萬青案：「匱財用」、「罷民力」之「匱」、「罷」都是狀態詞，不具有延續性，不當帶賓語，故此處當為使動用法。按照韋昭的解釋，「逞」字的用法當和「匱」、「罷」同。《國語》「逞」字 7 見，韋昭 5 處施注「快也」。

聽之不龢，比之不度，

【音義】

〇宋庠曰（《國語補音》卷一，頁二五）：如字。〖校勘〗〇萬青案：張一鯤本、李克家本、鄭以厚本、道春點本、千葉玄之本、冢田本、秦鼎本、高木本等此處不錄《補音》音注。

【匯校】

〇萬青案：龢，集賢殿校本、姜恩本、詩禮堂本、薈要本、黃刊明道本及其覆刻本、上善堂本、寶善堂本、吳曾祺本、沈鎔本、徐元誥本等作「和」，《群書治要》引字亦作「和」，《儀禮經傳通解》引字則作「龢」。

【集解】

〇冢田虎曰（《增注國語》卷三，頁二八）：比之聲律，細大不度也。

〇秦鼎曰（《國語定本》卷三，頁二一）：不度，不中鈞石之數也。

〇萬青案：黃翔鵬云：「《國語》伶州鳩論樂則更進一步把同音、異音的共振現象區別為好幾種不同情況：客觀上比照兩個樂音，判定他們頻效相同，就叫作『比』。主觀上能動地去調節一個發音體，使它的頻率和另一樂音相同而可發生共振，就叫『平』或『調』；兩個樂音，頻率相同、或可成簡單整數比而共振時，稱作『和』或『調』。固有頻率成簡單整數比的兩個發音體，一件發生振動，因而激起另一件發生共振現象，叫作『應』。」（氏著《黃翔鵬文存》，頁351～352）可參。

無益於教，而離民怒神，非臣之所聞也。」王不聽，卒鑄大鍾。

【音義】

〇宋庠曰（《國語補音》卷一，頁二五）：遵聿反。

〇冢田虎曰（《增注國語》卷三，頁二八）：離，力智反。

【集解】

〇韋昭曰（《國語》卷三，頁一九）：財匱，故民離。樂不和，故神怒也。〖校勘〗〇萬青案：姜恩本本處無注文。董增齡本「和」作「龢」。凡《國語》正文字作「龢」者，注文字亦作「和」，下文同。鐮倉本《群書治要》卷八引注「故神」作「神故」，逆序之後意思不變。

〇蔡仲德曰（《中國音樂美學史資料注譯（增訂版上）》，頁二〇）：教，

教化。

　　○萬青案：「離民怒神」恰和上文「神是以寧，民是以聽」形成對比。

　　二十四年，鍾成，伶人告龢。

【匯校】

　　○孔廣栻曰（《國語解訂譌》）：《詩‧簡兮》疏引「和」作「縣」。

　　○萬青案：鐮倉本《群書治要》「二十」引作「廿」。二十四年，姜恩本、《國語鈔評》另行起。龢，集賢殿校本、姜恩本、詩禮堂本、薈要本、黃刊明道本及其覆刻本、上善堂本、寶善堂本、吳曾祺本、沈鎔本、徐元誥本等作「和」，下同。《群書治要》、《太平御覽》卷四九五、卷五七五引字亦作「和」。《通鑑外紀》卷八「二十四年」下有「春」字，或本《左傳》「二十一年春」。

【集解】

　　○韋昭曰（《國語》卷三，頁一九）：伶人，樂人也。景王二十四年，魯昭二十一年。〖校勘〗○錢跋本曰（國家圖書館藏王鏊校跋本）：《治要》注作「伶人，樂人」四字。下十三字無。○萬青案：姜恩本本處無注文。集賢殿校本、黃刊明道本及其覆刻本、上善堂本、董增齡本、寶善堂本、吳曾祺本、徐元誥本等「二十一年」下有「也」字。「景王二十四年，魯昭二十一年」，《國語鈔評》誤略作「景王二十年」。

　　○孔晁曰：昭二十一年。〖校勘〗○張以仁曰（《張以仁先秦史論集》，頁二一三）：蔣氏誤為二十九年。

　　○萬青案：此處之告和，指的是「鑄無射而為之大林」之鐘和，伶州鳩認為這樣不符合規則，而不符合規則則要出問題，故而其所論主要從政治的角度，而「王崩、鐘果不龢」也恰好證實了這一點。

　　王謂伶州鳩曰：「鍾果龢矣。」對曰：「未可知也。」

【匯校】

　　○陳樹華曰（《春秋外傳考正》卷三，頁一三）：李善注《鄒陽‧獄中書》引《國語》「伶」作「泠」。

　　○萬青案：《國語》前文已有「伶州鳩」三字，陳氏不出，而於「中德中庸之德舞也」條下出之，不知何故。

【集解】

　　○韋昭曰（《國語》卷三，頁一九）：州鳩以為鍾實不和，伶人媚王，謂之和耳，故曰「未可知也」。〖校勘〗○籛跋本曰（國家圖書館藏王籛校跋本）：《治要》無「耳」字、「也」字。○萬青案：姜恩本本處無注文。

　　○萬青案：鎌倉本《群書治要》引注無「耳」字，駿河版、天明本《治要》無「耳」字與「也」字。

　　王曰：「何故？」對曰：「上作器，民備樂之，則為龢。

【音義】

　　○宋庠曰（《國語補音》卷一，頁二五）：盧各反。和也。

　　○沈鎔曰（《國語詳注》第三，頁九）：入聲。

　　○萬青案：此處「樂」為情感傾向動詞，故宋庠出音以辨明。

【匯校】

　　○牟庭曰（國家圖書館藏校注本）：「王曰何故對曰」六字似衍文。當刪正。

　　○萬青案：姜恩本「備」誤作「滿」，批校云：「滿，一作備。」

【集解】

　　○韋昭曰（《國語》卷三，頁一九）：言聲音之道與政通也。

　　○湛若水曰（《格物通》卷五九，頁一六～一七）：夫樂者，和也。和生於心，感於民者也。苟樂作而民有怨咨，則何以成其和氣而達諸聲音乎？故功成治定而禮樂可興。為人君者，其可不慎其所以和民心之道哉？

　　○關脩齡曰（《國語略說》第一，頁二六）：備，咸也。

　　○戶崎允明曰（《國語考》）：《祭統》：無所不順之謂備。或訓盡也，咸也。《月令》「農事備收」，共有「備」義。

　　○冢田虎曰（《增注國語》卷三，頁二八）：備，猶「農事備收」之「備」，讀為「盡」。

　　○皆川淇園曰（日本京都大學圖書館藏皆川淇園批校本）：備，猶云不匱也。為和，猶謂之和也。

　　○高木熊三郎曰（《標註國語定本》卷三，頁二一）：備，猶盡也。

　　○黃永堂曰（《國語全譯》，頁一三六）：「上作器」二句，即《禮記·樂記》所言「聲音之道與政通」的道理。《呂氏春秋·適樂》言「樂無太平和者

是也。」即樂器製作不超過制度，適聽就是平和。景王製的無射鍾不符合古制，不適聽，就不平和。

〇萬青案：關脩齡、高木熊三郎釋「備」字是，此處作全然性總括類副詞。

今財亡民罷，莫不怨恨，臣不知其和也。

【匯校】

〇陳樹華曰（《春秋外傳考正》卷三，頁一三）：元、弘、嘉本此「龢」字亦作「和」，與宋本合，蓋轉寫從省。

〇籛跋本曰（國家圖書館藏王籛校跋本）：罷，《治要》作「疲」。

〇萬青案：吳勉學本、張一鯤本、李克家本、鄭以厚本、閔齊伋本、二乙堂本、陳仁錫本、《國語髓析》、文淵閣本、文津閣本、道春點本、千葉玄之本、冢田本、秦鼎本、董增齡本、高木本等此「和」字亦作「龢」。《群書治要》引「罷」作「疲」，又鎌倉本正文引「和」作「咊」。

【集解】

〇韋昭曰（《國語》卷三，頁一九）：亂世之音怨以怒，故曰「不知其和也」。〖校勘〗〇籛跋本曰（國家圖書館藏王籛校跋本）：《治要》無「也」。〇萬青案：姜恩本注「不知其和也」作「不和」。

〇高木熊三郎曰（《標註國語定本》卷三，頁二一）：民之怨恨與音之怨怒，其義不同，勿混說。民怨恨，故知樂之不和云爾。未言及亂世之音。

〇黃永堂曰（《國語全譯》，頁一三六）：「今財亡民罷」三句即《禮記・樂器》所言「亂世之音怨以怒」的道理，故伶州鳩說「不知其和」。

〇萬青案：韋昭此處引《禮記》之語以釋《國語》。但是此處「怨恨」的主語實是民，故高木熊三郎駁之，韋昭此處不過串講句義，不必求與原句一律。

且民所曹好，

【音義】

〇宋庠曰（《國語補音》卷一，頁二五）：呼報反。下「所好」同。

〇沈鎔曰（《國語詳注》第三，頁九）：去聲。

鮮其不濟也；

【音義】

〇宋庠曰（《國語補音》卷一，頁二五）：箋詣反。〖校勘〗〇萬青案：張

一鯤本、李克家本、鄭以厚本、道春點本、千葉玄之本、冢田本、秦鼎本、高木本等此處不出「濟」字音注。

【匯校】

　　○籛跋本曰（國家圖書館藏王籛校跋本）：《治要》無「也」字，下句注同。

【集解】

　　○賈逵曰（《本邦殘存典籍による輯佚資料集成》）：曹猶共也。

　　○韋昭曰（《國語》卷二，頁一九）：曹，羣也。〖校勘〗○萬青案：姜恩本本處無注文。

　　○董增齡曰（《國語正義》卷三，頁四六）：《詩·公劉》毛傳：「曹，羣也。」孔疏：「《漢書》每云『曹』，曹者，輩類之言。」

　　○汪遠孫曰（《國語發正》卷三，頁一三）：「曹，羣」，《詩·公劉》毛《傳》文。《詩》疏云：「《漢書》每云『吾曹』。曹者，輩類之言，故為羣也。」

　　○陳瑑曰（《國語翼解》卷二，頁二〇）：《詩·公劉》「乃造其曹」傳：「曹，羣也。」《史記·平準書》「分曹循行郡國」注：「曹，輩也。」《楚辭·招魂》「分曹並進」注：「曹，耦也。」義皆相近。

　　○高木熊三郎曰（《標註國語定本》卷三，頁二一）：曹，猶俱也。

　　○萬青案：韋昭注文或本毛傳。「曹」字在本句中分別作「好」、「惡」的狀語，表示範圍。「鮮」、「不」構成雙重否定。

　　其所曹惡，鮮其不廢也。

【音義】

　　○《舊音》曰（《國語補音》卷一，頁二五）：一故反。〖校勘〗○萬青案：一故，張一鯤本、李克家本、鄭以厚本、道春點本、千葉玄之本、冢田本、秦鼎本、高木本等作「烏路」。《舊音》「惡」字音注「一故」已見前。《漢書》顏注「惡」字多處即音「一故」。

　　○沈鎔曰（《國語詳注》第三，頁九）：去聲。

【匯校】

　　○陳樹華曰（《春秋外傳考正》卷三，頁一三）：《呂覽·貴因篇》高誘注引作「眾曹所好，鮮其不濟，湯武是也；眾曹所惡，鮮其不敗，桀紂是也」。

　　○萬青案：《國語》作「民所曹」，《呂氏春秋》作「眾曹所」，「曹」字語

義和用法都不完全相同。在《國語》中作狀語，類似副詞「俱」。《呂氏春秋》中「曹」為「儕」、「輩」之義，作中心詞。

【集解】

○張以仁曰（《國語虛詞集釋》，頁四五）：疑此「鮮其」之「其」字為句中助詞，無義。

○萬青案：張以仁之說可從。

故諺曰：『眾心成城，

【匯校】

○萬青案：徐元誥《集解》「心」誤作「志」，點校本未改。

【集解】

○韋昭曰（《國語》卷三，頁一九）：眾心所好，莫之能敗，其固如城也。〖校勘〗○萬青案：姜恩本本處無注文。

○汪遠孫曰（《國語發正》卷三，頁一四）：《藝文類聚・居處部三》引《風俗通》曰：「眾心成城，俗說眾人同心者，可共築起一城。」

○萬青案：《國語》六處引諺。《說文・言部》：「諺，傳言也。」（《說文解字》，頁 53）《白氏六帖事類集》云：「眾心，《國語》『眾心成城』，言以眾心為城。」（北京：文物出版社 1987 年影傅增湘舊藏南宋紹興本，卷三，頁 54）《藝文類聚》卷六三引《風俗通》曰：「眾心成城。」又引《俗說》曰：「眾人同心者，可共築起一城，同心共飲，雒陽酒可盡也。」（唐歐陽詢撰，汪紹楹校：《藝文類聚》，上海古籍出版社 1965 年版，頁 1137）《太平御覽》卷一九二引曰：「《國語》曰：眾心成城，言以眾心為城。」（《四部叢刊》本，本卷頁 4）《御覽》或本《白帖》。

眾口鑠金。』

【集解】

○賈逵曰：鑠，消也。眾口所惡，雖金亦為之消亡。〖校勘〗○張以仁曰（《張以仁先秦史論集》，頁二一四）：《文選・鄒陽・獄中上書自明》注引無「雖」、「亦」二字，蓋脫。（馬氏、蔣氏未見《史記索隱》例，故亦無此二字。王氏則「眾口」以下皆無。）「消亡」作「銷亡」（上「消也」仍作「消也」），《慧琳音義》卷四十一「消也」作「銷也」，卷八十五則作「消金也」。銷、消

正假字（《說文》：「銷，鑠金也。」「消，盡也。」）。韋注大同，文字小異。

　　○韋昭曰（《國語》卷三，頁一九）：鑠，消也〔1〕。眾口所毀〔2〕，雖金石猶可消之也〔3〕。〖校勘1〗○陳樹華曰（《春秋外傳考正》卷三，頁一三）：元明諸本「銷」作「消」。案：李善引賈逵《國語注》曰：「鑠，銷也。眾口所惡，金石為之銷亡。」韋氏全用賈說。○汪遠孫曰（《國語明道本考異》卷一，頁一九）：「銷」，公序本作「消」，賈本作「消」。○錢跋本曰（國家圖書館藏王錢校跋本）：《治要》作「消」，又無「之也」二字。○鄭良樹曰（《國語校證（上）》，《幼獅學誌》第七卷第四期，頁1～29）：馬國翰曰：「《文選·鄒陽·獄中上書自明》注、《江文通·雜詩》注、《枚叔·七發》注、《張景陽·七命》注並引賈注云：『鑠，銷也。眾口所惡，金為之銷也。』」案：《史記·魯仲連鄒陽列傳》索隱引賈注作「鑠，消也。眾口所惡，雖金為之消亡」，視《文選》注引為長。○萬青案：姜恩本本處無注文。集賢殿校本、薈要本、黃刊明道本及其覆刻本、上善堂本、寶善堂本、吳曾祺本、沈鎔本、徐元誥本等字作「銷」，下「可消」字亦同。陳奐亦校出黃刊明道本與許宗魯本、金李本之異。又沈鎔本、徐元誥本無「之」字。文淵閣本、文津閣本此處字作「銷」，下字自作「消」。〖校勘2〗○秦鼎曰（《國語定本》卷三，頁二一）：一說「毀」當作「呴」，字之誤也。〖校勘3〗○萬青案：集賢殿校本、陳仁錫本、黃刊明道本及其覆刻本、上善堂本、寶善堂本、吳曾祺本等無此「之」字。陳奐已校出黃刊明道本與許宗魯本、金李本之異。李克家本此處「消」作「銷」。《冊府元龜》卷五三四引注字皆作「銷」，《群書治要》引注字皆作「消」。「消」、「銷」同。

　　○渡邊操曰（《國語解刪補》卷上，頁一六）：眾口鑠金，言眾口所呴，雖金亦消鑠也。韋注謬。

　　○千葉玄之曰（《韋注國語》卷三，頁二七）：眾口鑠金，渡邊氏曰：言眾口所呴，雖金亦消鑠。韋注謬。

　　○帆足萬里曰（《帆足萬里全集》下，頁五二八）：眾口所煦，能使金錫消鑠。

　　○戶崎允明曰（《國語考》）：太宰純曰：眾口所呴，雖金亦銷鑠也。按：後說似鑿。

　　○汪遠孫曰（《國語發正》卷三，頁一四）：《太平御覽·珍寶部十》、《風俗通》曰：「眾口鑠金，俗說有美金於此，眾人咸共詆訿，言其不純，賣金者

欲其售，因取鍛燒以見真，此為眾口鑠金。」

○王煦曰（《國語釋文》卷一，頁二七）：《漢書》「眾口鑠金，積毀銷骨」，見鄒陽《獄中上書》。應劭《風俗通義》襲用之，不知「羣輕折軸、眾口鑠金」已見於《張儀傳》，則在戰國時矣。又《鄧析子》云：「眾口鑠金，三人成虎。」則又在春秋時矣。然未有先於泠州鳩者。殆周諺之最古者也。

○高木熊三郎曰（《標註國語定本》卷三，頁二二）：鑠，鎔也。言金之堅亦為鎔化也。春臺曰：眾口所向，雖金必銷鑠，注謬。

○萬青案：渡邊操、千葉玄之、帆足萬里皆早於高木熊三郎，三氏所述意義相同，千葉玄之云引自渡邊操。從戶崎允明、高木熊三郎的注文可知，實渡邊操襲用太宰純之說。日本《國語》研究史上，後出著作襲用前人而不注出的現象比較普遍。

今三年之中而害金再興焉，

【匯校】

○陳樹華曰（《春秋外傳考正》卷三，頁一三）：「三」上，元明諸本有「今」字，從宋本刪。

○汪遠孫曰（《國語明道本考異》卷一，頁一九）：公序本「三」上有「今」字，《治要》同。〖校勘〗○萬青案：陳奐已校出黃刊明道本與許宗魯本、金李本之異。

○籤跋本曰（國家圖書館藏王籤校跋本）：《治要》有「今」字，與原刻同。

○張以仁曰（《國語斠證》，頁一一五）：金、秦、董本皆有「今」字。又汪中《校文》云：「宋無『金』字。」按：各本皆有「金」字。《校文》蓋誤「今」為「金」也。

○萬青案：集賢殿校本、姜恩本、黃刊明道本及其覆刻本、上善堂本、寶善堂本、吳曾祺本、沈鎔本等無「今」字，徐元誥本則從公序本增。

【集解】

○韋昭曰（《國語》卷三，頁一九）：害金，害民之金，謂錢、鍾也。〖校勘〗○萬青案：姜恩本本處無注文。董增齡本「錢」下增「與」字。《文章正宗》卷四附錄本篇內容，真德秀篇末云：「韋氏謂：害金，害民之金，謂錢及鍾也。」（）引述韋注有「及」字。「與」、「及」連詞。

　　○呂邦燿曰（《國語髓析》卷三，頁一四）：「害金再興」與「離民之器二焉」相應。

　　○黃永堂曰（《國語全譯》，頁一三六）：害金，耗費金錢。再興，兩度製作東西。

　　○萬青案：黃永堂以「害」為耗費可參，然釋「金」為「金錢」則誤。「再」字此處為基數詞。

　　懼一之廢也。」

【集解】

　　○韋昭曰（《國語》卷三，頁一九）：二金之中，其一必廢。〖校勘〗○錢跋本曰（國家圖書館藏王籛校跋本）：《治要》無「之」字，有「也」字。○萬青案：姜恩本注「二金」前有「言害民之金則」六字。集賢殿校本、黃刊明道本及其覆刻本、上善堂本、寶善堂本、吳曾祺本等「廢」下有「也」字，今檢《群書治要》引注有「也」字，而《冊府元龜》引注則無「也」字。

　　○吳昌瑩曰（《經詞衍釋》，頁五七）：一，猶皆也。……言鑄鐵鑄鐘，害民之事再興，恐皆之廢也。韋注失之。

　　○徐元誥曰（《國語集解》卷三，頁二五～二六）：「一」疑當訓「皆」也。懼一之廢，謂懼錢、鍾必皆廢也。《大戴禮・衛將軍文子篇》曰：「若吾子之語審茂，則一諸侯之相也。」盧辯注曰：「一，皆也。」《禮記・大傳》曰：「五者一得於天下。」王引之曰：「一，皆也。」是「一」有「皆」義，字或作「壹」。韋訓為「一」之「一」，言「其一必廢」，則其他之一不可廢，不為妄作矣，似于傳意未合。

　　○石光瑛曰（《國語韋解補正》卷第三，《國立中山大學文學院專刊》第3期，頁365～369）：一之廢，謂一朝而廢也。上文「三年之中，害金再興」言害民之事一再為之，恐其敗乃一朝而至，不待再也。注以廢屬金言，恐非傳旨。

　　○張以仁曰（《國語虛詞集釋》，頁四五）：《衍釋》之訓疑是。

　　○來可泓曰（《國語直解》，頁一七二）：一，指一起，一股腦兒。一說指鑄錢、鑄鍾二者之中必廢其一。

　　○蕭旭曰（《群書校補》，頁九八）：下「之」字，猶必也，參見拙著《古書虛詞旁釋》，韋注甚確。言有其一必敗，況二乎？吳昌瑩《經詞衍釋》、徐

元誥並謂「一」訓皆，張以仁從之，未得。「懼皆之廢也」，不辭甚矣。

　　○萬青案：韋昭注不誤，蕭旭已揭出之。解「一」為皆、為「一朝」者皆未當。

　　王曰：「爾老耄矣！何知？」

【音義】

　　○宋庠曰（《國語補音》卷一，頁二五）：莫報反。

　　○萬青案：《補音》音注與《經典釋文》、《一切經音義》、《龍龕手鑒》、《玉篇》、《類篇》等同。

【匯校】

　　○籤跋本曰（國家圖書館藏王籤校跋本）：《治要》「何知」下無注文。

【集解】

　　○韋昭曰（《國語》卷三，頁一九）：八十曰耄。耄，昏惑也。〖校勘〗○萬青案：姜恩本本處無注文。顧校明本「惑」誤作「感」。徐元誥《集解》不重「耄」字。《冊府元龜》卷五三四引注作「八十曰耄。老耄，昏惑」。

　　○陳瑑曰（《國語翼解》卷二，頁二〇）：《曲禮》：「八十、九十曰耄。」錢詹事曰：陸德明《釋文》本或作「八十曰耊，九十曰耄」，蓋《禮記》古本也。毛《傳》、《說文》及王肅注《易》、郭璞注《爾雅》皆主《曲禮》為義。漢人說耊，服虔、馬融曰七十，何休曰六十，義各不同。要當以八十為正也。瑑案：「耄」亦當主《曲禮》「九十」為義。《說文》亦云：「年九十曰㠯耄。」《釋名》云「七十」，今韋云「八十」，義亦各異。要當以「九十」為正也。

　　○高木熊三郎曰（《標註國語定本》卷三，頁二二二）：耄似病者，不限年。按州鳩此對頗得正，而文有條理，蓋州鳩之言止于此也。至于下章多失條理而義難通。蓋後人效此章偽撰竄入者。

　　○萬青案：審《詩·大雅·板》「匪我言耄」毛傳云：「八十曰耄。」（阮刻本《十三經注疏》，頁549）或韋注所本，此後《左傳》杜預注亦言「八十」，或即本韋昭注。另外還有七十、九十兩種說法。韋昭著《辨釋名》，今已不存。但是從其《國語解》可知其主張，恐怕是不讚同《釋名》七十之說的。審畢沅《釋名疏證》云：「蓋耄者髮白貌。人生七十是尟有不白髮者，故七十、八十、九十可通稱耄也。」（《釋名疏證補》卷三，本卷頁11）其說較為通達。本文語境下的「耄」當為貶斥義，昏瞶、糊塗。此與《左傳》「蹇叔哭師」秦穆公

謂蹇叔云：「爾墓之木拱矣，何知？」語義效果、語氣同。

二十五年，王崩，鍾不龢。

【匯校】

〇萬青案：姜恩本本行單獨一行。

【集解】

〇韋昭曰（《國語》卷三，頁二〇）：崩而言鍾不和者，明樂人之諛。〖校勘〗〇籛跋本曰（國家圖書館藏王籛校跋本）：《治要》「崩」上有「王」字，無「鍾」字、「者」字，末「也」字亦無。〇萬青案：姜恩本本處無注文。集賢殿校本、黃刊明道本及其覆刻本、上善堂本、寶善堂本、吳曾祺本、沈鎔本、徐元誥本等無「者」字，「諛」下有「也」字。陳奐已校出黃刊明道本與許宗魯本、金李本之異。《群書治要》引注文作「王崩而言不和，明樂人之諛」。

〇牟庭曰（國家圖書館藏校注本）：「龢」字誤，當作「御」。不御，則是廢也。注非。

〇萬青案：韋注「樂人」，即上文「伶人」。

【本篇輯評】

〇柳宗元曰（《柳宗元全集校注》，頁三一六四～三一六五）：鐘之大不和於律，樂之所無用，則王妄作矣。單子詞曰：「口內味，耳內聲，聲味生氣。氣在口為言，在目為明。言以信名，明以時動。名以成政，動以殖生。政成生殖，樂之至也。若視聽不和，而有震眩，則味入不精。不精則氣佚，氣佚則不和。於是有狂悖之言，有眩惑之明，有轉易之名，有過慝之度。出令不信，刑政放紛。」而伶州鳩又曰：「樂以殖財。」又曰：「離人怒神。」嗚呼！是何取於鐘之備也？吾以是怪而不信。或曰：移風易俗則何如？曰：聖人既理定，知風俗和恒而由吾教，於是乎作樂以象之。後之學者述焉，則移風易俗之象可見，非樂能移風易俗也。曰：樂之不能化人也，則聖人何作焉？曰：樂之來，由人情出者也。其始非聖人作也，聖人以為人情之所不能免，因而象政令之美，使之存乎其中，是聖人飾乎樂也。所以明乎物無非道，而政之不可忘耳。孟子曰：「今之樂猶古之樂也。」「與人同樂，則王矣。」吾獨以孟子為知樂。

〇穆文熙曰（《國語鈔評》卷一，頁三五）：單公之論，猶在於樂。州鳩則

直以民心之好惡言之。其利害更精切矣。

○張邦奇曰（《張文定公養心亭集》卷七《釋國語》，頁六～七）柳子非單子，取於鍾之備也恌而不信。柳子蓋不知樂者也。且其言曰：「樂之來，由人情出也，其始非聖人作也。聖人以為人情之所不能免，因而象政令之美，使之存乎其中，是聖人飾乎樂也.」然則樂果無用物也？樂本可以無作，聖人特狥人情而為之，是聖人導人之欲也。又病其然，又強假而文飾之，則聖人所以宣八風之氣，所以平天下之情者，於樂何有？吾故曰柳子不知樂者也。柳子又曰：「孟子曰：今之樂猶古之樂也。與人同樂則王矣。吾獨以孟子為知樂。」且予聞之，孔子之答顏淵曰：「樂則韶舞。」又曰：「放鄭聲。」今樂、古樂何可同也？柳子固不知樂，然亦不知孟子。

○鐘惺曰（《史懷》卷三，頁三）：和龢者，形與物相安之謂也。器小受大，物過於形，滿則溢，傾則危，凡事皆然。孔子所以致敢於欹器也。大哉言乎，天人消息之理，不出此一事一言得之。〖校勘〗○萬青案：千葉玄之引鐘伯敬云：「王將鑄無射而為之大林，單穆公曰：『無射有林，耳不及也。』又曰：『其察清濁也，不過一人之所勝。』又曰：『細抑大陵，不容于耳，非和也。』和者，形與物相安之謂也。器小受大，物過于形，滿則溢，傾則危，凡事皆然。孔子所以致感于欹器也。大哉言乎，天人消息之理不出此一事一言，得之。」（《韋注國語》卷三，頁 27）可相參。

○紀大奎曰（《古律經傳附考》卷四，頁一～六）：余讀《周官》所載周律之制，可謂備矣。六呂不用，故缺焉。諸儒之誤若彼，不亦宜哉！至《國語》始有六間之律，律呂不可兼用，於茲益信。余考古經傳言律，《周官》而外，《外傳國語》最詳焉。顧州鳩之言七律、單子之論大林，或未有灼然之說，而《國語》二篇遂與大司樂同為千古疑案，豈不惜哉？王不聽單穆公之言，因思州鳩論武王尚無射之旨，復以其意問之，州鳩因極言無射之不可過，以見羽宮之斷不可為之大林也，聲之低者曰大，自中聲下之，至下宮大呂而止，不可踰也。聲之高者曰細，自中聲上之，至上羽無射而止，不可過也，故曰「大不踰宮，細不過羽」。正宮為聲之主，自宮而上次第以及羽，凡五聲皆統於宮，若為之大林，使羽之上更有五聲，則黃鍾宮之所不及，下文所謂「細過其主」是也，重者從細，器重則從其聲之細也。輕者從大，器輕則從其聲之大也。從細者，自最高之律起第而下之也。從大者自最低之律起，第而上之也。金最重，自無射羽聲起為第一鍾，以次而下，未有高於無射者，故曰「尚羽」。

石次重，尚角則自姑洗角聲起為第一聲，以次而下，其蕤賓夷則無射三聲，以函鍾小呂夾鍾應之也。瓦絲質最輕，從大呂下宮起與黃鍾應者未第一聲，以次而上，故曰「尚宮」，尚下宮也。匏竹輕於金石而重於絲，一曰利制，一曰尚議。中律之聲謂之制，即前篇所謂以制度律均鍾者是也。呂氏云次制十二筒，蓋陰陽二聲皆由中聲制之。又曰一也者制令，此中律之聲所以謂之制。議即制之別名也。匏竹皆以中律合第一聲，以次而下，故曰「利制」，又曰「尚議」。自第一聲而下，皆以陰聲應陽聲者，然竹之陰聲仰吹使高即為陽，是竹可以陰含陽，較之金石之但得一聲，與絲音之必待柱按者未尤利。且竹匏又皆以一器而兼七音，故皆曰利制也。總而計之，輕者從大，皆尚宮，重者從細分三等，石次於金，匏竹次於石，尚羽、尚角、尚制，其遞降皆三聲焉。革木止有一聲，則無所謂尚矣。夫輕者尚宮，大呂之下有聲，是踰宮也，重者尚羽，無射之上有鍾，是過羽也。踰宮過羽，蕩越於中律七聲之外陽病而散，陰病而滯，聲離其極，則物失其常矣。夫中律者樂之極，猶陰陽之有太極也。陽自極而上之於六，陰自極而下之於六，此陰陽之正聲而物之常理也。故曰「物得其常曰樂極」。得其極，則自陽之上以至於中音亦得七，自陰之下宮而上之以至於中音亦得七，陰陽之數皆集於中，而為七聲之正，大呂之下，無射之上，七音不能相集於中極，而不可以為聲矣。故曰「極之所集曰聲」。中極所集之七聲，除極聲以一制令，此外皆得陰陽之兩應，故曰「聲應相保」。曰和由是細大二鈞，不踰此中極上下七聲十二律之外，則高不過亢，低不過濁，故曰「細大不踰曰平」，樂從和，從聲應相保之和也。所謂聲以和樂者也。和從平，從細大不踰之平也，所謂「律以平聲」者也。然後「氣無滯陰，亦無散陽，」陰陽序次，人民和利，物得其常，樂得其極，所以謂之樂正也。若無射之上為之大林，細而踰者五聲焉。為正宮主聲之所不及統，故曰「細過其主妨於正」。細至大林，則鍾器愈重而過於石，故曰「用物過度妨於財」。夫細極而過其主，欲以細鈞之聲應之，則以高濟高而抑塞愈甚，是細抑也。欲以大鈞之聲應之，則中越一鈞，陵亂而不相接，是大陵也。細抑大陵，非陰陽聲應相保之正矣，故曰「不容於耳」，非和也。耳所不及，愈聽而愈覺其遠，非平也。妨正匱財，聲不和平，非守官之所司，蓋伶之職在於守先王之律。無射有林，非其守之所及，故曰「臣之守官弗及也」。「道之以中德，詠之以中音」者，蓋天地之音統於七，自中聲上之至無射而七，自中聲下之至大呂而亦七，則六陰六陽皆在中音統攝之內，故十三律之聲，被之於樂，皆中德之所道中

音之所詠所謂「德音不愆，以合神人，神是以寧，民是以聽」也。故樂也者，德之發也，聞其樂而知其德，若縱極於無射之上以逞其淫心，則非中音統攝之所及，聽之不和而比之不度，於是乎中德亡矣。豈治民事神之道哉？州鳩之言樂，可謂深切著明矣。

　　○孫琮曰（南京圖書館藏《山曉閣國語選》卷一）：從「聲」字生出氣、味、精等義，從「耳」字生出口、目、心等義，又從鑄鐘帶入鑄大錢以離民意，名言至理，絡繹奔會。三代以下議論，那能到此。單穆公曰「無益於樂而鮮民財」，伶州鳩曰「無益於教而離民怒神」，看得天地人一理，而又以人事為主，可以補《樂經》之亡。

　　○秦同培曰（《國語評註讀本》，頁一六）：此篇兩人議論各有精彩，單公之言大而正，伶州鳩之辭切而要。兩番諫言，各有意致。明乎從多方面討論，立論自有生發，何患枯窘哉！

　　○來可泓曰（《國語直解》，頁一七二～一七三）：單穆公和伶州鳩反對的理由，由於身份不同，職司不同，所以著眼點和論述的側重面也就不同。但其「樂以知民」、「樂以成政」的結論則是一致的。單穆公是王室卿士，地位高，職司重，他以政治家特有的敏銳洞察力首先高屋建瓴地指出：制禮作樂，應符合制度，「故聖人慎之」。州鳩是樂官，掌管製造樂器和演奏樂曲等具體事務，地位較低。所以祗能從自己實際職司出發，加以論述。首先敘述琴瑟等各種樂器的製作，以及與宮、商、角、徵、羽五聲如何定音。從而指出「樂以殖財」，說明音樂能增殖財富。他們都主張作樂在於「以樂和民」、「以樂成政」，而不是其他。那麼，他們反對周景王鑄鐘，是否還寓有深層次的意義呢？他們都沒有說，也不敢明說，這就是景王不配作樂。雖有天子的職位，假使沒有聖人的德性，是不敢去製禮作樂的；雖有聖人的德性，假使沒有天子的職位，也是不敢去製禮作樂的。周景王雖有天子之位，而無聖人之德，妄想作樂，是愚而好自用。